U0497143

古文化常识速读本

李微微 著

国学小书院

中国华侨出版社

前言

中华民族是一个富有智慧且生命力旺盛的民族。作为世界上唯一未曾中断的文明，华夏文明犹如镶嵌在东方世界的闪耀明珠，为世界文明和进步做出巨大贡献。

每个民族都有自己独特的传统文化，它是民族繁衍生息的根基和血脉。对于我们国家来讲，这种独特的文化就是指历经沧桑而积淀传承下来的精华部分，是中华民族五千年文明智慧的珍贵结晶。

对于国家来说，学习、继承、发扬优秀传统文化是民族延续的根本，也是立足世界文化的基础。在经济全球化的当下，我们不断发展优秀传统文化，坚持民族的才是世界的，以中华文化为精神，大步迈向民族复兴之路，努力绽放更加灿烂的民族文明之花。

而对于个人来讲，学习和掌握必要的国学文化，不仅可以开阔视野、增加知识储备、提高个人素质，更有助于树立正确的世界观、人生观和价值观。优秀的传统文化让我们可以看成败、鉴得失、知兴替；可以情飞扬、志高昂、人灵秀；

可以知廉耻、懂荣辱、辨是非。

　　学国学、用国学具有深刻的意义。鉴于此，为了帮助读者了解和掌握优秀的国学文化，编者对纷繁复杂、浩如烟海的传统文化知识进行了取舍和提炼，荟萃了最具代表性、读者最感兴趣的内容，进行分类介绍。全书分为传统礼仪、典章制度、兵制刑法、学术经典、三教九流等共10个篇章，涵盖了国学文化各领域的重要内容和基本常识。为了方便学习，本书采用问答的形式，把每一个知识点浓缩在数百字之间，以小见大，深入浅出，让你在获得知识的同时，领略传统国学文化的魅力。

目录 Contents

第一章 传统礼仪

礼仪起源于何处 …………………………………… 003

礼仪有什么社会作用 ……………………………… 003

礼仪制度是周公制定的吗 ………………………… 004

"三礼"包括什么 …………………………………… 005

上朝都有哪些礼仪 ………………………………… 005

朝聘有什么礼仪 …………………………………… 006

皇帝登基有什么仪式 ……………………………… 007

皇帝大婚有什么礼仪 ……………………………… 008

册立太子有什么礼仪 ……………………………… 009

古代帝王为何要"祭天" …………………………… 010

"圜丘祭天神"指的是什么 ………………………… 010

"方丘祭地神"指的是什么 ………………………… 011

"宗庙祭人神"指的是什么 ………………………… 011

古代帝王为何热衷"泰山封禅" …………………… 012

帝王饮食都有什么礼仪 …………………………… 013

古人有什么敬称和谦称 …………… 014

什么是"燕礼" …………………… 015

什么是"三跪九叩"礼 …………… 015

什么是"四拜" …………………… 016

何时要使用"拱手礼" …………… 016

什么是"兄弟之礼" ……………… 017

什么是"夫妻之礼" ……………… 018

什么是"婆媳之礼" ……………… 019

什么是"闺媛之礼" ……………… 019

"九拜"包含哪些内容 …………… 020

古代年龄都有哪些称谓 ………… 021

"冠礼"指的是什么 ……………… 022

"笄礼"指的是什么 ……………… 023

什么是"回访礼" ………………… 023

什么是"彩礼" …………………… 024

餐桌上有什么礼仪 ……………… 024

"祝酒"都有什么礼仪 …………… 025

"以茶待客"是什么礼仪 ………… 026

衣冠服饰有什么礼仪 …………… 027

什么时候要"斋戒" ……………… 027

"守节"指的是什么 ……………… 028

古代乘车有什么礼仪 …………… 028

什么是"田猎之礼" ……………… 029

什么是"征战之礼" ……………… 030

什么是"凶礼" …………………… 031

古人求子有什么礼仪 …………… 032

婴儿出生有什么礼节 …………………………… 032

"乡饮酒礼"是怎么回事 ………………………… 033

"傩仪"指的是什么 ……………………………… 034

"打千"指的是什么 ……………………………… 035

第二章　典章制度

典章制度指的是什么 …………………………… 039

什么是禅让制 …………………………………… 039

我国历史上第一个王朝是什么 ………………… 040

中国早期六大文化区系分别是什么 …………… 040

"中国"指的是哪里 ……………………………… 041

"天下"的范围有多大 …………………………… 041

"四夷"仅指四个民族吗 ………………………… 042

古代的"九州"指的是哪里 ……………………… 043

"三通"指的是什么 ……………………………… 043

"郊社大典"是祭什么 …………………………… 044

"社稷"为何成为国家的代称 …………………… 044

何时有"皇帝"这一称呼 ………………………… 045

何时将皇帝称为"万岁" ………………………… 045

为何把皇帝称为"陛下" ………………………… 046

皇后的称谓是怎样来的 ………………………… 046

圣旨前为何要有"奉天承运皇帝，诏曰"八个字 … 047

"尚方宝剑"是一柄什么剑 ……………………… 047

古代的一夫多妻制有什么特点 ………………… 048

003

"宗法制"指的是什么 …………………… 048

"分封制"指的是什么 …………………… 049

为何称皇帝的坟墓为"陵" ………………… 049

中国历史上一共有多少个皇帝 …………… 050

改元和改朝换代是一回事吗 ……………… 050

什么是"临朝称制" ………………………… 051

"宦官"始于何时 …………………………… 052

宫女制度是从何时开始的 ………………… 052

"皇太子"是怎样一种角色 ………………… 053

"密建皇储"是怎么一回事 ………………… 053

何谓"三宫六院七十二嫔妃" ……………… 054

皇帝的龙袍上有几条龙 …………………… 055

"三公九卿"指的哪些官 …………………… 055

什么是"三省六部制" ……………………… 056

"三省"有什么职能 ………………………… 056

"六部"有什么职能 ………………………… 057

"五监"指的是哪些部门 …………………… 057

什么是"行省制度" ………………………… 058

古时为何称官府为"衙门" ………………… 058

何时有"丞相"一职 ………………………… 059

"十三曹"指的是什么 ……………………… 059

"三辅"是什么名称 ………………………… 060

"三司"指哪三个部门 ……………………… 060

"政事堂"是什么场所 ……………………… 061

"御史台"是官职名还是官署名 …………… 061

"路、军、府、州"各指什么 ……………… 062

"锦衣卫"是干什么的 …………………… 063
"内阁"是什么机构 …………………… 063
唐宋时期的"大学士"做什么工作 …… 064
"南书房"是读书的地方吗 …………… 064
"军机处"是什么机构 ………………… 065
"理藩院"是什么机构 ………………… 065
"总理衙门"就是清朝的外交部吗 …… 066
"总督"比"巡抚"官职大吗 ………… 066
"道台"是官职名吗 …………………… 067
"司礼太监"主要做什么工作 ………… 067
"钦差大臣"有什么权力 ……………… 068
"循吏"与"酷吏"有什么区别 ……… 068
官员"品阶"是怎样区分的 …………… 069
为什么称古代的官帽为"乌纱帽" …… 070
"顶戴花翎"指的是什么 ……………… 070
我国古代有什么样的爵位制度 ……… 071
古代官员的"俸禄"是多少 …………… 072
"世卿世禄制"指的是什么 …………… 072
古代官员"致仕"指的是什么 ………… 073
"举孝廉"指的是什么 ………………… 074
什么是"九品中正制" ………………… 074
"科举制"是什么制度 ………………… 075
"恩科"指的是什么 …………………… 076
"捐纳"是怎么一回事 ………………… 076
"太学"是古代的大学吗 ……………… 077
"鸿都门学"指的是什么 ……………… 077

005

"洋务学堂"始于何时 …………………… 078
"京师大学堂"是我国第一所大学吗 …… 079
"通儒院"是一个什么样的机构 ………… 079
"私塾"是一个什么样的机构 …………… 080
中国古代"四大书院"指的是哪里 ……… 080

第三章 兵制刑法

我国最早的剑是青铜剑吗 ……………… 085
总督、都督、提督都有哪些权力 ……… 085
为何古人要随身携带佩剑 ……………… 086
我国古代的盔甲是怎样的 ……………… 086
"十八般兵器"指的是哪些兵器 ………… 087
我国从何时起有火炮 …………………… 088
古代作战都有什么阵法 ………………… 088
为什么把参军称作"入伍" ……………… 089
为什么把人头称为"首级" ……………… 089
"击鼓而进，鸣金收兵"都有什么来历 … 090
"三十六计"始于何时 …………………… 090
"围魏救赵"为何备受称赞 ……………… 091
象棋中的"楚河汉界"究竟在哪里 ……… 092
"背水一战"里有什么典故 ……………… 092
"云台二十八将"都有谁 ………………… 093
"法""律"分别指的什么 ………………… 094
中国第一部成文法是什么 ……………… 094

《竹刑》是谁做的 …………………………… 095

"三尺法"是指法律么 ………………………… 095

"发号施令"的"令"是什么意思 …………… 096

《秦律》的主要内容是什么 …………………… 096

《唐律疏议》对后世有什么影响 ……………… 097

《宋刑统》有哪些内容 ………………………… 097

《明大诰》里讲的是什么 ……………………… 098

"奴隶制五刑"指的是什么 …………………… 098

肉刑是何时废除的 ……………………………… 099

"封建制五刑"指的是哪些刑罚 ……………… 100

何时有了徒刑 …………………………………… 100

什么是迁刑 ……………………………………… 101

笞刑为何主要责打臀部 ………………………… 101

什么是烹刑 ……………………………………… 102

什么是象刑 ……………………………………… 102

腰斩是一种什么样的刑罚 ……………………… 103

斩首和枭首有什么不同 ………………………… 103

"凌迟"的残酷在哪里 ………………………… 104

"大理寺"是一个什么机构 …………………… 104

"登闻鼓"有什么作用 ………………………… 105

什么是神判巫术 ………………………………… 105

古代审讯中的"五听"指什么 ………………… 106

"三法司会审"是一种审判制度吗 …………… 107

"八议"是一种特权制度吗 …………………… 107

古代审案为何要用"惊堂木" ………………… 108

何时有了"监狱" ……………………………… 109

"诏狱"指的什么狱 …………………………… 109
"班房"是指监狱吗 …………………………… 110
为何犯人要剃光头 …………………………… 110
古代可以花钱免刑吗 ………………………… 111
"十恶不赦"都包括哪"十恶" ……………… 111
古代真的有免死金牌吗 ……………………… 112
"秋决制度"是怎么回事儿 …………………… 113
古代死刑为何选在午时三刻执行 …………… 113
"株连九族"的"九族"指的是哪九族 ……… 114
"连坐"是怎样一种刑罚 ……………………… 114
古代也可以离婚吗 …………………………… 115
"七出"指的是什么 …………………………… 115
什么是"三不出" …………………………… 116
"八旗制度"有什么特色 ……………………… 116
何时有了"文字狱" ………………………… 117

第四章　四书五经

"四书五经"指的是什么 ……………………… 121
《论语》讲的是什么内容 …………………… 121
《论语》的注释有很多版本吗 ……………… 122
《孟子》写的是什么内容 …………………… 122
《孟子》对后世有何影响 …………………… 123
《大学》是怎样一本书 ……………………… 124
《大学》到底是谁写的 ……………………… 124

《大学》有什么现代意义 …………………… 125
《中庸》是怎样一本书 ……………………… 126
《中庸》的作者是谁 ………………………… 126
《诗经》写的是什么内容 …………………… 127
《诗经》是如何集结成册的 ………………… 128
《诗经》的体例分类是怎样的 ……………… 129
《诗经》为何又被称为《毛诗》 …………… 129
《尚书》讲的是什么内容 …………………… 130
《礼记》是怎样一本书 ……………………… 130
为何《礼记》日盛，而《仪礼》日衰 ……… 131
《周易》是怎样一本书 ……………………… 132
《周易》的作者是谁 ………………………… 132
《春秋》是一本怎样的书 …………………… 133
什么是"春秋三传" ………………………… 133
《春秋》有什么史料价值 …………………… 134

第五章　诸子百家

诸子百家，果真是有一百家吗 ……………… 137
诸子百家有哪些流派 ………………………… 137
儒家是一个什么样的流派 …………………… 138
孔子是一个怎样的人 ………………………… 138
孔子真有"弟子三千"吗 …………………… 139
"孔门四科"是指什么 ……………………… 140
"孔门十哲"是指哪十位贤哲 ……………… 140

孔子说"朽木不可雕也"是指谁 …………… 142

孔子为何一再表彰闵损讲孝道 …………… 142

孟子是一个怎样的人 ………………………… 143

孔子是孟子的老师吗 ………………………… 143

孟母三迁讲的是什么故事 …………………… 144

为何说《道德经》充满智慧 ………………… 145

荀子是怎样一个人 …………………………… 145

荀子有哪些文学成就 ………………………… 146

为何说《荀子》是先秦思想的集大成者 …… 146

墨子姓什么 …………………………………… 147

墨子是一个怎样的人 ………………………… 148

《墨子》一书的主要内容是什么 …………… 148

墨家的十大主张有哪些 ……………………… 149

"墨子救宋"讲的是什么故事 ……………… 150

墨子在军事上有什么成就 …………………… 150

墨家为何会迅速消亡 ………………………… 151

庄子是怎样一个人 …………………………… 152

《庄子》有何突出成就表现 ………………… 152

道家和道教是一回事吗 ……………………… 153

列子是怎样的人 ……………………………… 154

《列子》是怎样成书的 ……………………… 154

韩非是怎样一个人 …………………………… 155

韩非的思想有哪些 …………………………… 156

《韩非子》主要讲的是什么内容 …………… 156

商鞅的一生是怎样的 ………………………… 157

商鞅变法的主要内容是什么 ………………… 157

商鞅变法有何历史意义 …………… 158

商鞅为何最后被车裂 ……………… 159

申不害是怎样的人 ………………… 159

申不害的"术"主要是讲什么 …… 160

申不害有哪些哲学思想 …………… 160

许行是何许人 ……………………… 161

许行的思想核心是什么 …………… 162

告子是怎样的人 …………………… 162

告子与孟子有怎样的论战 ………… 163

杨朱是怎样的人 …………………… 163

杨朱有怎样的政治主张 …………… 164

公孙龙是何许人 …………………… 165

"白马非马"讲的是一个什么样的典故 …… 165

惠施是怎样一个人 ………………… 166

惠施有怎样的哲学思想 …………… 167

惠施与庄子为何能成为挚友 ……… 167

孙武是何许人 ……………………… 168

《孙子兵法》主要讲了什么内容 … 168

孙武的军事思想对后世有何影响 … 169

孙膑的名字是怎样来的 …………… 169

《孙膑兵法》主要讲了什么内容 … 170

鬼谷子是怎样的人 ………………… 171

纵横家是做什么的 ………………… 171

苏秦的历史成就有哪些 …………… 172

张仪是怎样的人 …………………… 172

田骈的思想成就有哪些 …………… 173

慎子的法学思想有哪些	174
尹文是何许人	174
邹衍的学术思想有哪些	175
吕不韦是怎样一个人	176
吕不韦的历史功绩有哪些	176

第六章　学术经典

我国历史上第一部编年体通史著作是什么	181
"二十四史"指的是哪些书	181
我国第一部史学评论专著是什么	182
我国第一部完整的编年体史书是什么	182
我国第一本纪传体通史是什么	183
我国第一本纪传体断代史是什么	184
我国第一本国别体史书是什么	184
我国第一部词典是什么	185
《孝经》是谁写的	185
《白虎通义》讲了什么内容	186
《后汉书》是谁写的	187
《三国志》记载了哪些历史	188
《晋书》是谁编写的	188
《宋书》讲了什么内容	189
《止足传》是《梁书》首创的吗	190
为什么说《魏书》"钩沉致远"	190
《周书》是谁写的	191

《南史》记载的是哪些朝代的事件 …………… 192
《北史》记载的是哪些国家的兴衰 …………… 192
《隋书》的重要历史意义是什么 ……………… 193
《唐书》为何有新、旧之分 …………………… 194
《二十四史》中哪一部篇幅最长 ……………… 194
《明史》写了什么内容 ………………………… 195
《明实录》讲了什么内容 ……………………… 196
《明会典》为何要进行三次编修 ……………… 197
《明大诰》主要讲了什么内容 ………………… 198
《增广贤文》为何被誉为蒙学经典 …………… 199
《大清会典》为何被称为"清朝宪法" ………… 199
《竹书纪年》的名字是怎么来的 ……………… 200
《水经注》写了什么内容 ……………………… 201
《大唐西域记》是谁写的 ……………………… 202
《徐霞客游记》有什么重要贡献 ……………… 202
《洛阳伽蓝记》有什么样的文献价值 ………… 203
《贞观政要》为什么被视为从政指南 ………… 204
清代戏曲"双璧"指的是哪两部著作 ………… 205
《列女传》讲了什么内容 ……………………… 206
《商君书》主要讲了什么内容 ………………… 206
《黄石公三略》讲了什么内容 ………………… 207
《淮南子》讲了什么内容 ……………………… 208
《盐铁论》主要讲了什么内容 ………………… 208
《朱子语类》主要讲了什么内容 ……………… 209
《传习录》的主要内容是什么 ………………… 210
《永乐大典》是世界上最大的百科全书吗 …… 211

《四库全书》中的"四库"是什么意思 ………………… 211
《康熙字典》为何有巨大的影响力 ………………… 212
《菜根谭》有什么深远的影响 ……………………… 213
《齐民要术》是现今最早、最完整的农学著作吗 …… 213
《农政全书》主要讲了什么内容 …………………… 214
《梦溪笔谈》为何被称为"中国科技史上的里程碑" … 215
《文心雕龙》讲了什么内容 ………………………… 216
《博物志》讲了什么内容 …………………………… 216
《太平广记》描写了什么内容 ……………………… 217
"三言二拍"指的是什么 ……………………………… 218
《弟子规》的书名有什么含义 ……………………… 219
《随园诗话》有什么学术价值 ……………………… 220
《黄帝内经》是"黄帝"所著的吗 …………………… 220
《说文解字》讲了什么内容 ………………………… 221
《广雅》是中国最早的词典吗 ……………………… 222
《切韵》是最早的韵书吗 …………………………… 223
《马氏文通》是研究什么的著作 …………………… 223
《百家姓》讲了什么内容 …………………………… 224

第七章　名家名作

《离骚》写了什么内容 ……………………………… 229
杜甫的《石壕吏》抨击的是谁 ……………………… 229
曹植的《洛神赋》写了什么 ………………………… 230

李煜的婉约词为何会打动人心 …………… 230
李清照的词有什么样的艺术风格 …………… 231
《钗头凤》为何会脍炙人口 …………… 232
韩愈的《师说》有什么影响 …………… 233
柳永和青楼有着怎样的故事 …………… 233
为何说《聊斋志异》"鬼话连篇" …………… 234
罗贯中的《三国演义》是事实吗 …………… 235
施耐庵的《水浒传》写了什么 …………… 236
吴敬梓的《儒林外史》抨击了什么 …………… 237
冯梦龙的《东周列国志》写了什么内容 …………… 238
李宝嘉创作《官场现形记》的原型是什么 …………… 238
《朱子家训》为何会流传千年而不衰 …………… 239
《小窗幽记》是一本什么样的书 …………… 240
王永彬的《围炉夜话》是怎样的一本书 …………… 240
王国维的《人间词话》是怎样的一本书 …………… 241
关汉卿《窦娥冤》是一个什么样的故事 …………… 242
《琵琶记》主要讲了什么内容 …………… 243
《西厢记》和《莺莺传》有什么不同 …………… 244
《牡丹亭》讲的是什么故事 …………… 245
《长生殿》讲了什么故事 …………… 246
《金瓶梅》的作者兰陵笑笑生到底是谁 …………… 247
《老残游记》的主题思想是什么 …………… 248

第八章　正本清源

汉字是由仓颉创造的吗 ……………………… 251
竖写的汉字何时开始"横行" ………………… 251
"壹、贰、叁"等大写数目字，本意就是指数字吗 … 252
打败仗为什么被称作"败北" ………………… 252
"博士"最早是个官名吗 ……………………… 253
孔庙为什么称文庙 …………………………… 253
"拖油瓶"到底是指什么 ……………………… 254
古时已有"走后门" …………………………… 254
"万岁"指的就是皇帝吗 ……………………… 255
陈世美真的是负心郎吗 ……………………… 256
潘美真的是奸臣吗 …………………………… 257
包拯真的是丞相吗 …………………………… 258
唐伯虎未曾点秋香 …………………………… 258
陈子昂成名靠炒作 …………………………… 259
孔明真的草船借箭 …………………………… 260
"胎教"自古就有 ……………………………… 261
"出家"并非易事 ……………………………… 262
太监不等于宦官 ……………………………… 263
"倒霉"原来是"倒楣" ………………………… 263
"碑"和"丰碑"是一回事吗 …………………… 264
"五毒"原来是良药 …………………………… 265
刀笔吏是什么人 ……………………………… 265

"新婚燕尔"原指弃妇的哭诉 …………… 266

"呆若木鸡"原指一种高的境界 ………… 267

差强人意是夸奖人的 …………………… 268

"素面朝天"原指女子美丽 ……………… 268

"千金"原指男儿身 ……………………… 269

"慈母"来源于一件伤心事 ……………… 270

"五服"指的是五件衣服吗 ……………… 271

"冠冕"并不皆"堂皇" …………………… 272

为何喝酒时要"先干为敬" ……………… 272

"二百五"跟苏秦有关 …………………… 273

"石破天惊"原指一种奇境 ……………… 274

为何愚笨之人被称为"傻瓜" …………… 274

诸葛亮不曾用过"空城计" ……………… 275

为何"男左女右" ………………………… 276

第九章 咬文嚼字

"橄榄枝"不能随便抛 …………………… 281

"捉刀"与"捉笔"有何不同 ……………… 281

为何要说"红得发紫" …………………… 282

"囧"为何被称为"21世纪最牛的古汉字" …… 283

"黎民"原本不是指百姓 ………………… 283

"家父"与"令尊"有什么区别 …………… 284

"豆蔻年华"一直被乱用 ………………… 285

破镜重圆是夫妻"专利" ………………… 285

"震撼"还是"震憾" ……………………………… 286
"狙击"还是"阻击" ……………………………… 287
"竹杠"岂可随便"敲" ……………………………… 287
"失足"只是一个礼节性的问题 …………………… 288
"期间"还是"其间" ……………………………… 289
"东道主"一词有什么典故 ………………………… 290
"雷"有哪些解读 …………………………………… 291
"登徒子"是"好色之徒"吗 ……………………… 291
"三昧"还是"三味" ……………………………… 292
"望其项背"到底是赶上还是赶不上 ……………… 293
"屡试不爽"是每次都成功的意思 ………………… 294
"莘莘学子"经常被误用 …………………………… 294
"光年"是一个长度单位 …………………………… 295
"两口子"最早不是指两个人 ……………………… 295
"大方之家"不是大方 ……………………………… 296
"箪食瓢饮"不是"箪食壶浆" …………………… 297
"书香门第"的"香"指的是什么 ………………… 297
古代的"姓"和"氏"是两回事儿 ………………… 298
"明日"黄花非"昨日" …………………………… 299
"忍俊不禁"是指已经笑了 ………………………… 300
"七月流火"指的是"天气变凉" ………………… 300
"望门投止"被误用 ………………………………… 301
"文不加点"是指才思泉涌 ………………………… 302
"蒲柳之姿"是指未老先衰 ………………………… 302
"不刊之论"是赞美之意 …………………………… 303
"惨淡经营"并不指生意萧条 ……………………… 303

"乱七八糟"的"七"和"八"是什么意思 ……… 304
"卖关子"卖的是什么 ……………………… 305
"巧夺天工"赞的是人工 …………………… 306
"大传"和传记无关 ………………………… 306
"劳燕"本就"分飞" ……………………… 307
美事何须"染指" …………………………… 308
"人面桃花"不是指相貌 …………………… 308
"三甲"不是指的"前三名" ……………… 309

第十章　三教九流

"三教九流"原本指的是职业 ……………… 313
老子是不是太上老君 ……………………… 313
道家和道教有何关系 ……………………… 314
唐三藏果真去西天取经了吗 ……………… 315
列子为何被尊称为冲虚真人 ……………… 315
孙武的军事思想对后世有何影响 ………… 316
苏秦的合纵有怎样的外交技巧 …………… 316
是邹衍创立了阴阳学吗 …………………… 317
古代师爷没有地位吗 ……………………… 318
春秋战国时期为何刺客盛行 ……………… 318
绍兴师爷为何备受关注 …………………… 319
算命是如何起源的 ………………………… 320
商人在古代有什么地位 …………………… 320
晋商为何能够一枝独秀 …………………… 321

胡雪岩为何被称为"红顶商人" ………………… 321
张謇为何成为"状元商人" …………………… 322
天下武功是源自少林吗 ……………………… 323
镖师李尧臣如何名震江湖 …………………… 324
武训也是一个乞丐吗 ………………………… 324
"生旦净末丑"指的是什么 …………………… 325
什么人能做私塾先生 ………………………… 326
古代媒婆都是专职的吗 ……………………… 326
管仲是"娼妓业"的鼻祖吗 …………………… 327

第一章 传统礼仪

中华是礼仪之邦，"礼"在社会中无处不在，出行有礼、坐卧有礼、宴饮有礼、婚丧有礼、寿诞有礼、祭祀有礼、征战有礼等等。这里的"礼"包含了礼制的精神原则与礼仪行为两大部分，礼仪是礼制的精神核心，更是中国传统文化的核心。如果不了解礼仪，就不能真正理解中国传统文化，更无法继承传统礼仪中的精髓，那么，弘扬中华文明就是一句空话。

礼仪起源于何处

关于礼仪的起源,有五种不同的说法:一是礼生于天神;二是礼为天地人的统一体;三是礼从人的自然本性中产生;四是礼是人性和环境矛盾的产物;五是礼生于理,起源于俗。

从理论上说,礼的产生是为了维护"人伦秩序",避免矛盾和冲突的发生。很久以前人类就以群居的方式生活在一起,而在群体生活中,人与人之间的关系必须妥善处理,要做到男女有别,老少有异,因此,随着长时间的积累就形成一系列的"人伦秩序",最初的礼就是这样产生的。

从具体仪式上来说,礼产生于原始宗教的祭祀活动。但是,随着人类对自然与各种社会关系的深入了解,原始的祭祀活动远不能满足日益复杂的现实关系。于是,人们就将祭祀活动中的一系列行为融入各种人际交往中,由此衍生出各种各样的礼仪。

礼仪有什么社会作用

自从有了人类文明,便有了礼仪文化,它影响并制约着人们的思想、言论以及行为。那么,礼仪从古延续至今有什么样的作用呢?总的来说有以下几个方面的作用:

第一,礼是治国的方法和根本。在世界其他民族中,"礼"一般指的是礼貌和礼节,但在我国,"礼"却用于治国,这也是我国传统文化的一大特色。《左传·隐公十一年》中有"礼,经国家,定社稷,序民人,利后嗣者也"。可见,在古人眼里,"礼"在治国安邦上可以起到纲领性的作用。

第二,礼是"法度之通名"。在古代,国家的法律,如礼仪法、行政法都可以统称为"礼"。在中国古代,中央与地方、上级与下级以及并列关系的处理原则和方式上,都是"礼"的具体体现。

第三，礼是一切社会活动的准则。早在先秦时期就有很多学者认为人的活动应当符合"德"的要求，即要体现出"仁、义、行、忠、信"等的要求。为此，专门制定出一套行为规范，像如何侍奉父母、如何尊敬师长、如何举行婚礼、如何穿戴丧服等等，后来这些行为规范被统称为"礼"。礼便成了衡量人类社会活动的重要标尺。

第四，礼是人际交往的方式。人们在交往中，礼所规定的范围包括：对不同的人应持有怎样的态度和方式、与人交谈时应有怎样的言谈举止以及在不见面的情况下，该如何恰当地表达相互的情感和态度。如果行为合乎准则，就会给人留下有教养的好印象。

礼仪制度是周公制定的吗

"礼"在我国传统文化中已延绵数千年之久，具有中华文化的原始性和普遍意义，同时还兼备伦理风范。

《尚书·大传》中说："周公摄政，一年救乱，二年克殷，三年践奄，四年建侯卫，五年营成周，六年制礼作乐，七年致政成王。"由此可见，是周公最先制定了"礼"。

周公，名姬旦，周文王姬昌的第四子，因其封地在周，故被称为周公。周公在摄政时，按周朝制度和殷商之礼，形成以血缘关系为联系的宗法制度和等级制度，后又结合宗法制和等级制衍生出一套完整而严格的礼仪制度。

"忠"和"孝"是周公制礼的出发点，其主要目的是为了维护君权和父权。这种政治与伦理相统一的理论，就是礼的思想基础。周公制礼实质上确立了贵贱尊卑的等级秩序和制度。周公这次制礼的内容涉及十分宽泛，上至"君臣朝廷尊卑贵贱之序，下及黎庶车舆衣服宫室饮食嫁娶丧祭之分"，大到国家的政治制度，小到个人的日常行为，都做出了详尽而严格的规定，任何人不得逾越。在周公制礼之后，便出现了君臣有位，尊卑有等，贵贱有别，长幼有序的社会规范。因此可以说礼仪制度的建立与周公有密不可分的联系。

"三礼"包括什么

"三礼"之名始于东汉郑玄,是指《周礼》《仪礼》和《礼记》。

《周礼》是儒家经典,世传为周公旦所著,所涉及的内容丰富至极。大至天下九州,天文历象;小至沟洫道路,草木虫鱼。凡邦国建制,政法文教,礼乐兵刑,赋税度支,膳食衣饰,寝庙车马,农商医卜,工艺制作,各种名物、典章、制度,无所不包。可以称得上是汉族文化史之宝库。

《仪礼》也称《礼经》或《士礼》,是儒家十三经之一,主要讲述了上古贵族生活中的主要礼节和仪式,其中以记载士大夫的礼仪为主。

《礼记》是由西汉礼学家戴德和他的侄子戴圣共同编著。《礼记》是研究中国古代社会情况、典章制度和儒家思想的重要著作。它阐述的思想,包括社会、政治、伦理、哲学、宗教等各个方面,其中《大学》《中庸》《礼运》等篇具有极其丰富的哲学思想。

"三礼"是中国古代礼乐文化的理论形态,对中国后世的政治制度、文化传统、社会思想以及伦理观念具有深远的影响。

上朝都有哪些礼仪

朝,是指在清晨入宫料理朝政。通常将上朝的礼仪简称为"朝仪"。在我国古代,君臣一般要在鸡鸣天亮时入朝去参加朝会。古代的朝仪通常分为常朝仪和大朝仪两种。

常朝仪是指皇帝与大臣在朝堂上办理政务的礼仪。礼仪主要涉及听朝的场所、时间及与听朝相关的仪式和特殊规定。我们平常所说的"朝仪",若不加特殊说明都是指常朝仪。

常朝仪的类型多种多样,如根据皇帝登朝的时间不同,可分为早朝、午朝、晚朝;根据觐见人员的身份不同,有皇太子朝、诸王朝等的区分。常朝仪时,位次有很明确和严格的规定。按规定,天子面向南,三公面向北以东为上,孤面向东以北为上，卿大夫面向西以北为上，王族在路门右侧，面向南以东为上，大仆大佑以及大仆的属官在路门左侧，面向南以西为上。朝仪之位已定，天子和臣子揖礼，礼毕退朝。

而大朝仪是相对于常朝仪来说，是一个非常庄重的典礼，它要比常朝仪规模更大、更隆重。在大朝仪时，皇帝大会文武百官，有时还包括外国使臣。在大朝仪期间，皇帝一般不会处理国家政事。

在我国古代，举行大朝仪的时间大都是在元旦、冬至及大庆之日。在大朝仪那天，皇帝会和文武百官及地方官吏、各国使者等欢聚一堂，恭贺佳节。据唐代《开元礼》记载，元旦这一天，皇帝、皇后首先要接受以太子为代表的宗室皇亲的朝贺，然后是文武百官的朝贺，最后接受少数民族以及外国使者的朝贺，每次朝贺之后还要举行规模更大的宴会以示庆贺。

朝聘有什么礼仪

中国自古以来就很重视国与国之间、地区与地区之间的交际礼仪。从周代开始，中国的统治者就希望通过一系列的外交礼仪，相互制约从而避免战争的发生。这种礼仪便是"朝聘"。

具体来说，朝聘是诸侯定期朝见天子的礼制，为古代宾礼之一。按照规定，诸侯各国君主要定期朝见天子，向其献奉财物（即职贡），并报告诸侯国的治理情况，否则将会受到贬爵、削地、讨伐等处罚。朝聘表明诸侯对天子具有政治上的臣属或从属及经济上的贡物关系。

诸侯朝见天子的形式有三种：第一种为"小聘"，即每隔一年派大夫朝见天子；第二种为"大聘"，即每隔三年派卿朝见天子；第三种为"朝"，每隔五年诸侯亲自朝见天子。

先秦时期，朝聘已经成为外交关系中一个重要的社会现象，在结交盟友、巩固邦国之间的友好关系上起到了重要的作用。朝聘实现了不同地区、不同部落与国家之间的联系和沟通，因而在加强其外交联系与政治从属性（指诸侯朝见天子与诸侯朝见霸主）的同时，也在客观上促进了区域文化的传播与交流。

皇帝登基有什么仪式

登基也就是即位，是指获得或继承最高的统治权力。登基是新皇即位后举行的最为盛大和复杂的礼仪活动，也是古代社会政治活动中的头等大事。这一活动仪式烦琐，场面庞大，涉及人数非常多。

《文献通考》中说："事莫大于正位，礼莫盛于改元。"在中国古代，家与国是密不可分的。无论是谁登上皇位，都享有对全体臣民的统领权以及对全国土地的支配权。因此，各朝皇帝不管是经过浴血奋战夺得皇位，还是凭借血缘关系世袭了皇位，都要举行隆重的登基仪式，通过一系列的祭天、告祖等活动，表明自己获得的皇位是合法且不可侵犯的。

从宏观上来看，历代的登基仪式，包括以下几个方面：

一、由皇帝亲自或委派专门的官吏去祭祀天、地、宗社，祭告自己受命于天和祖宗。

二、皇帝穿戴衮冕礼服端坐在御殿之上，接受文武百官的拜贺行礼，以及称臣上奏，确立君臣之分。

三、在国家内外颁布即位诏书，同时宣布改元、大赦天下等。

一般来说，开国君主的登基典礼会更加隆重。有奏乐、舞蹈、鸣钟鼓、赐宴等多种喜庆仪式。不过，若是因为旧天子驾崩新皇继位，登基典礼就会因为丧事的影响简单化，奏乐、赐宴等仪式将不举行。

皇帝大婚有什么礼仪

自古以来，婚礼就是人生大礼，只有结婚才能"上以事祖庙，下以继后世"。而作为一国之主的皇帝，其婚礼则更是国家大典。下面就以清代皇帝的婚礼为例，说明皇帝婚礼与官民婚礼有何不同之处。

由于皇后是从记名秀女中挑选出来的，所以婚礼前一般不再进行"问名"与"纳吉"礼，同时改"纳征"为"大征"，以示婚礼的规模之大。皇帝的婚期多由钦天监来推定，所以也没有"请期"这个仪式。此外，皇帝贵为天子，不可能在大婚时进行"亲迎"礼，会提前派遣使节到皇后府邸对皇后进行册立，然后将其迎入宫中，因而称之为"奉迎礼"。所以，皇帝大婚包括下面几个环节：

婚前礼：纳彩和大征。

成婚礼：册立、奉迎、合卺、祭神。

婚后礼：庙见、朝见、庆贺、颁诏、筵宴。

皇帝大婚与官民婚礼相比除了非常铺张外，还有一个很大不同，即迎娶皇后的凤舆是帝王专用的明黄色轿，并非与百姓一样的红色喜轿，上面并没有"喜"字，而是在车内放置御笔"龙"字。皇后乘坐凤舆入宫时，要头戴龙凤同和纹的红缎盖头，一手持金质双喜"如意"，一手持苹果，以示平安如意。

不过，这种阵容强大、豪华铺张的婚礼并非每个皇帝都能举行的，只有在幼年即位的皇帝才能享此殊荣，而成年后才坐上宝座的皇帝，只是象征性地补行一个仪式。

册立太子有什么礼仪

历代皇帝对册命分封太子、同姓王、公主、皇后及妃嫔等都非常重视，以确保皇权始终掌握在一家一姓人手中。所以，中国古代就形成了一套特殊的册命分封制度，而册立太子是所有的册封礼中最为重要的礼仪。太子作为皇室至亲，是国家的储君，是皇位的继承者。历朝历代都把册立皇太子看作关乎国家生死存亡的大事，所以，册立太子的礼仪都很严格和隆重。

历代册立太子的礼仪都有所差异，但大都包括以下几个程序：

一、祭祀：册立之前的某天，由皇帝或皇室成员指派一名官员主持祭告天地、社稷、宗庙的活动，以此来诏告天地、社稷和祖先，获得他们的同意和许可，使被册立的太子成为顺天应命的合法储君。

二、仪仗准备：册立当天，在指定的宫殿设立皇帝、太子及文武百官的位次，并布置好仪仗、宫位等。日出前两刻，太子要身着绛纱袍，在三师、三傅等太子属官的护从下，提前到达册立宫殿。日出时，皇帝要乘舆到达册立太子的宫殿，面向南坐在御座上和文武百官一起参见皇帝。

三、宣读诏书：皇帝传旨，宣布册立太子，宰相代为宣读诏书，随后太子行礼谢恩，上前接受册命诏书，返回原位交于太子的从官保管。接着宰相向太子授玺印、绶带，太子行礼谢恩，上前接受然后退回原位。

四、谢礼：太子先独自向皇帝行三跪九叩大礼，再率领太子属官与文武百官向皇帝行礼。皇帝向太子讲一些教训、勉励的话，然后起驾回宫。

五、受礼：文武百官向太子行拜见礼，并致贺。

六、拜庙：太子得到册封后要拜谒太庙，并到后宫朝拜皇后，同时百官向皇后致贺。

古代帝王为何要"祭天"

祭天起源于上古时期,是中华民族最为隆重庄严的祭祀仪式。"祭天"这一仪式,被看作是人与天的"交流"方式。通常皇帝认为自己是天的儿子,是"受命于天"来管理和统治人间的。所以,为了更好地统治国家,中国历代封建皇帝都大建祭天神坛,非常重视"祭天"这一仪式。

祭天大典是封建皇帝为了体现"君权神授"的思想,其目的是为了宣扬神权以维护皇权。所以这一仪式极其隆重烦琐。当然,"祭天"这一礼俗也表达了人们对大自然的尊崇和祈求风调雨顺、安居乐业的美好愿望。

"圜丘祭天神"指的是什么

祭祀在我国古代是一件非常重要的事情。根据不同类别的神灵以及参祭者的不同身份,对祭祀的时间、地点、方式以及所用歌舞、祭品种类和规格都有严格规定。这和古人对自然界的认识以及等级观念都有很大的关系。《礼记·王制》中说:"天子祭天地,诸侯祭社稷,大夫祭五祀。"可见,只有天子才有资格祭祀天与地。

就祭天而言,一定要在冬至那天,并且祭祀仪式必须在南郊举行。因为古人认为天阳地阴。冬至日,天气转暖阳气上升,选择这一天可与天神相交接。方位上,南方为阳,所以选择南郊,因此把祭祀天神的地方建造成露天三层的圆形天的形状——圆形,也称为圜丘,象征着天。古代把单数一、三、五、七、九称为"阳数",也叫"天数",而九则是阳数之极,表示至高至大,而天子皇帝也是至高至大,所以整个寰丘都采用九和九的倍数以示天子的权威,同时还含有"九五之尊"的寓意。在祭祀时,要在圜丘上堆积柴草,焚烧玉帛,祭牲等,使天神在烟气之中享受到人们的敬奉。

"方丘祭地神"指的是什么

古代就有"父天而母地"的说法,可见人们早在远古时候就已经萌生了对土地的崇拜之情,大地生长五谷,养育万物,犹如慈爱的母亲。因此,古文献记载土地神是"社",祭礼叫"宜"。在殷商甲骨文里已有对社土的祭祀,还有大量祭祀山岳河流的记录,主要目的是祈求农作物的丰收。

据记载:"圆丘大坛,祭天也;方泽大折,祭地也。"说的是祭祀大地要在夏至日这一天,并且要在北郊的泽中方丘上举行。因为天气从夏至日这一天开始逐渐转凉,万物开始衰败凋零,这是一个阳尽阴止的日子。方位上,北郊也属阴象。天圆地方,选择方丘祭地,体现了法地的思想,也表示了人们对土地的敬重。

具体到礼仪来说,祭地礼仪与祭天大致相近,但用不是燔燎而是瘗埋,也就是在祭祀之后挖坎穴将祭品埋入土中。祭地用的牲畜取黝黑之色,用玉为黄琮,黄色象土,琮为方象征地。祭祀场面非常宏大,祭品丰富,礼仪复杂,过程十分隆重,期间皇帝需要跪拜70余次,耗时大约2小时。

"宗庙祭人神"指的是什么

宗庙祭祀来源于对上古祖先的崇拜。"万物本乎天,人本乎祖"。《释名》中对宗庙这样解释:"宗,尊也;庙,貌也。宗庙即先祖形貌所在地。"所以,宗庙即祖先亡灵的寄居之地。祭祀祖先要在宗庙中进行。

宗庙祭祀是古代社会很重要的祭礼。宗庙祭祀要遵循以下两个原则:一、世代祭祀的对象为家族的"太祖",即家族史上有着特殊功绩的第一代祖先。二、祭祀近几代的祖先。

在祭祀的方式上,有"周祭"与"合祭"两种方式。周祭,是施行于殷商之后的一种大型祭礼，采用多种不同的形式轮番祭祀先王及其配偶，整个过程相当烦琐，大约需要一年的时间。合祭，是按照周代礼制规定，王室七代以上的祖先平时都收藏于太祖庙中，五年祭祀一次。

对于宗庙祭祀，周代有严格的规定，《礼记·王制》中说："天子七庙，三昭三穆，与太祖之庙而七。诸侯五庙，二昭二穆，与太祖之庙而五。大夫三庙，一昭一穆，与太祖之庙而三。士一庙，庶人祭于寝。"昭、穆都是宗庙的排列顺序。每个庙都面向南，昭庙在左，穆庙在右，依次排列。周代宗庙中的神主一般由桑、栗等木制成，平时都收藏起来，祭祀时才会取出。祭祀当天，要供上酒肉，还要奏乐和舞蹈。祭祀完毕，参加祭祀的宾客与同姓诸侯分食祖宗享用过的祭品。

古代帝王为何热衷"泰山封禅"

在泰山上举行的天地祭祀仪式称为"封禅"。与祭天、祭地相同，封禅也起源于原始崇拜。

《史记·封禅书》中说："此泰山上筑土为坛以祭天，报天之功，故曰封。此泰山下小山上除地，报地之功，故曰禅。"帝王自以为"受命于天"，为答谢天地之恩，便到最接近天神的泰山祭祀。并积土为坛增泰山之高，以示对浩荡天恩的感激之情。

然而，并非每个帝王都可以去泰山封禅，必须是太平盛世或天降祥瑞才可前往。司马迁《史记·封禅书》中记载："每世之隆，则封禅答焉，及衰而息。"意思是说，帝王当政期间，要使天下太平，民生安康，只有做出一定的功绩才可封禅。至于天降祥瑞，则一直比较神秘。一般认为帝王贤明，自会出现太平盛世。太平盛世将来之时，通常会天降祥瑞以示祥兆，即所谓的"国之将兴，必有征祥。"

封禅时，都会写封禅祷文，表达受天之命，祈求天地保佑和恩赐降福，无疑也是在昭告天下"君权神授"不可不尊。所以，封禅作为一种祭祀天地的典礼，最重要的作用是加强封建帝王的统治地位。此外，封禅还有粉饰太平、宣扬德政的作用。

据史书记载，自秦代到清朝2000多年间，先后有秦始皇、汉武帝、唐高宗、唐玄宗、宋真宗、清代康熙、乾隆等十二位帝王到泰山封禅，其中汉武帝更是先后六次前往泰山封禅。历代帝王通过封禅、朝拜泰山展示皇权国威，而泰山也因帝王封禅成为国家祭天圣坛。

帝王饮食都有什么礼仪

御膳也就是帝王所享用的饮食。对御膳的重视，早在周代就已经兴起，并在礼制上做出了相应的规定，称为"御膳礼仪"。御膳礼仪是一种比较重要的宫廷礼仪，它虽然极具个人色彩，却受专门的管理机构掌控，也有一套精致而烦琐的礼仪。

对于天子来说，无论是宴请宾客还是独自进膳，场面都非常奢华。在周代时，御膳的种类和规格已经非常复杂。御膳席分为私席和官席。私席是亲友故旧之间的宴会，通常设在天子或国君的宫室内。官席指天子、国君招待朝臣或异国使臣而设的宴席，这种宴席通常规模较大。

皇帝地位尊贵，所以皇帝吃饭时也有一套专门的礼仪，并且还有专门的叫法，即"传膳"、"进膳"或"用膳"等。

每到吃饭时，皇帝会命御前侍卫"传膳"。负责御膳的大小官员，便立即命令有关的太监将准备好的饭菜迅速从御膳房抬进来，按照传膳的规定布菜。每道菜盘上都会摆着一块小银牌，据说只要饭菜中有毒，银牌就会变黑。看过银牌后，皇帝还会叫随身太监把每样饭菜都尝一遍，这叫"尝膳"。

总之，皇宫中的御膳无论是在质量还是数量上，都奢华精致，其礼仪更是异常复杂。

古人有什么敬称和谦称

中国的封建社会时代，礼节颇为繁杂，对人与人之间的称呼也有相应的要求，于是便有了称谓礼仪。称谓礼仪涵盖的范围包括：如何称呼他人和自己，如何让称呼符合对方和自己的身份，以及双方的关系等等。

中国人有谦虚的美德，其表现在称谓上，便是敬称对方、谦称自己，特殊情况下还要避讳。

所谓敬称指的是对他人表示尊敬的称呼。敬称一般用于下面几种情况：

1.古人常把品德高尚、德才兼备、智慧超群的人称为"圣"。如尊称孔夫子为"孔圣人"。后来又将它用于对帝王的敬称，如称皇帝为"圣上"。

2.古人为了表示敬意，通常会用与对方相关的事物来称呼对方。如"陛下"。"陛下"专指对帝王的尊称，"陛"是指皇宫殿前的台阶，"陛下"原意是指站在台阶下，后引申为借指自己地位卑下，专指对帝王地位的尊称。

3.古人在称呼对方的亲属时，为了表示敬重通常会加上"令"、"尊"、"贤"等字。如称呼对方的父母为令尊、令翁和令堂。其中，"令"有"善"、"美"之意。而"尊"通常用于称呼对方父辈以上的亲属，如称呼对方的祖父为尊祖、尊上。"贤"主要用于称呼对方叔父及以下的亲属，如称对方的叔父为贤叔，兄弟为贤兄、贤弟，还有贤侄、贤婿等。

谦称是相对于敬称而言的，是对自己的一种谦虚的称呼。谦称一般用于下面几种情况：

1.从先秦的一些文献中可以知道，当时的贵族都有对应的称谓。如《老子》中说："王侯自称孤、寡、不谷。"王侯称孤道寡，是谦称自己德行浅少；"谷"有善的含义，"不谷"即"不善"。

2.在称呼自己一方的亲属时，常加上家、舍等词来表示谦的含义。如：家母、家父、舍弟、舍妹等。

3.在对方面前称呼自己的妻子时,也要用谦称,如"内人"、"内子"、"拙荆"等。

在社交活动中,一般用敬称来抬高对方的身份和地位,使对方获得心理上的满足;一般用谦称来称呼自己,这表现了说话者的谦逊和修养。

什么是"燕礼"

燕礼是古代嘉礼中的一种,是本着沟通感情的目的,在闲暇时与下属举行宴饮的礼仪。《周礼·春官·大宗伯》说:"以飨燕之礼,亲四方之宾客。"在《仪礼》中,也有一篇记载燕礼的礼法。

燕礼的对象或是荣归的臣僚,或是新建功勋的属官。有时,燕礼也没明确的目的,只是帝王简单的宴请群臣。

燕礼开始之前,要把各种器物按规定的位置放好。比如:将肴馔陈设在路寝(天子、诸侯听政、处理事务的地方)的东侧,而编钟、编磬、钟、鼓等乐器陈设在堂下的东、西两阶之间。

参加燕礼的人由于身份和地位的差别,在席位的安排上也要尊卑有序。国君一人在堂上,宾的席位在堂上的户、牖之间。席位安排的原则是:地位越尊贵,离国君的距离越近。士没有资格在堂上就座,其席位安排在庭中的东方。

什么是"三跪九叩"礼

"三跪九叩"是清朝朝会时最重要的礼仪。古代是以拜两次作为大朝仪的常礼。到了清朝初年,朝会大典改为三跪九叩首。按照清朝的规定,皇帝在举行大朝仪时,皇帝乘舆行至保和殿,下舆后先到中和殿升座休息,接受在典礼中的侍班、导从、执事等各官行三跪九叩礼。到太和殿升座之后,在大乐声中,再接受文武百官行三跪九叩礼。辛亥革命后，清王朝灭亡，三跪九叩礼也随之被废除了。

清朝男子行跪拜大礼的具体动作是：行礼者肃立，按先后左右的顺序放下马蹄袖，跪在地上，上身挺直，臀部放在脚后跟上，磕头三次后，起立，然后同样的动作做三遍，礼毕。

什么是"四拜"

四拜是古时相见礼。"四拜"之礼始见于《战国策·秦策一》：苏秦被赵肃侯拜相以后，有事路过家乡洛阳时，那位曾经很看不起他的嫂嫂"蛇行匍伏，四跪自拜而谢"，但这并非古代的常礼。古代的寻常之礼，不过是一拜或者再拜，即使是人臣对君主，也只需再拜即可。四拜乃是谢罪的加拜之礼，如《孟子·万章下》："以君命将之，再拜稽首而受。"

顾炎武《日知录》卷二十八说："古人未有四拜之礼，唐李涪刊误曰：夫郊天祀地止于再拜，其礼至重，尚不可加。"但紧接着他又解释道："自唐以下即有四拜。《大明会典》：'四拜者，百官见东宫、亲王礼，见其父母亦行四拜。其余官长及亲戚朋友相见，止行两拜礼。'是四拜唯于父母得行之。"可见，到了明朝时期，四拜才作为正式的大礼开始流行。

另外，民间又有"人三鬼四"之说，即：对上司、长辈行叩拜之礼时要磕三个头，而对死去的亲人行叩拜之礼时要磕四个头。

何时要使用"拱手礼"

拱手礼是在见面或是表达感激时常用的一种礼节，至今已有两三千年的历史，从西周起就开始在同辈人见面和交往时使用。古人通过这种程式化的礼仪，以自谦的方式来表达对他人的敬意。直到现在，拱手礼仍是人们交往中重要的礼节之一。

行拱手礼时，双腿站直，上身挺直或微俯，双手互相握住合于胸前。一般情况下，男子应该右手握拳在内，左手在外，女子则正好相反。如果是为丧事行拱手礼，男子应该左手握拳在内，右手在外，女子则正相反。

什么是"兄弟之礼"

《礼记·中庸》中说："君臣也，父子也，夫妇也，昆弟也，朋友之交也；五者，天下之达道也。"在传统礼仪中，将兄弟之间的关系与君臣、父子、夫妇、朋友这四种关系并列，由此可见其重要性。

我国古代社会的家庭，多为一夫多妻制，家族中有同父同母的兄弟，也有同父异母的兄弟，这样一来自然就有了亲疏的差别。如在《周礼》中，规定：正妻的长子为嫡长子，有继承父权的权利，他的子孙后代所成的系统称为大宗。而他的弟弟们则需要分出去另立系统，称为小宗。妾所生的儿子都称为庶子。嫡长子的地位高于庶子。嫡长子所生的儿子，也按这种规范划分为大宗与小宗。这就是我国历史上的宗法制。

因为宗法制区分出了尊卑、亲疏和长幼的区别，人们便制定出一些礼仪规范来约束彼此的行为和权利。总体而言，"兄友弟恭"是兄弟之礼的基本原则。

对于兄长来说，要"长兄如父。"即兄长要像父亲般慈爱，同样也要担负起对弟弟的父亲般的教育责任。而作为弟弟，面对兄长要恭敬和顺从，并且要心怀感激之情。

总之，在等级制度分明的古代社会，在强调男尊女卑、长幼有序的等级秩序中，兄弟之礼作为家庭礼仪的重要内容显得尤为重要，这也是古代家庭礼仪的重要内容。

什么是"夫妻之礼"

夫妻之礼是儒家思想所提倡的,具体是指婚后夫妻相处时应遵循的行为规范。其核心是"夫为妻纲,夫义妇从"。这种格局产生于父权制社会,是父权制和私有制社会的重要特征,我们由此也可以看出,古代社会更多是把妇女看作家庭的一种私有财产。

夫妻之礼,首先是丈夫对妻子的责任,也是古礼中对丈夫行为的约束,主要体现出丈夫对妻子的责任,这种责任和约束主要体现在:妻子无家可归时,不能休;妻子和丈夫一起为公婆守孝三年,不能休;妻子曾与丈夫共过患难,丈夫富贵时不能休。如果丈夫违背这些,便是不义之人。

这些约束并不能给古代妇女在婚姻上提供保障。其实"不义之人"只是一种道义上的谴责,并没什么实质上的处罚。与之相反的是,古代社会对妻子的礼仪有着更为严格的要求。

首先,妻子要遵循"三从四德","三从"明确规定女子在不同时期里分别应该服从的人;"四德"则在女子的品德、辞令、仪态和手艺方面做出规范。在古代,女子为了避免到了夫家因为不懂规矩而被休掉,在出嫁之前必修"四德"。

第二,女子必须严守贞节。在婚前要维持贞操,不可与任何男子发生性关系。一旦新婚之夜被发现不是处女,夫家可以以此为由当场休妻。此外,传统礼仪还提倡"宁为玉碎,不为瓦全"的贞节观,如果女子遭人强暴,她要通过自杀来保持自己的贞洁,如果忍辱苟活会被人看不起。如果丈夫去世,妻子要为丈夫守寡不得改嫁。现在看来,这些都是不人道的规则。

尊老爱幼、相夫教子、勤俭节约、知耻守节,这些都是对古代妻子行为的规范。如果稍有违反,轻则受到教导和责备,重则可能会被休掉。

由此可见,古代的夫妻之礼体现出的还是男尊女卑的封建思想,大多都是对妻子的束缚,是男权社会下维持夫权统治的工具。

什么是"婆媳之礼"

在中国古代，在男尊女卑思想的影响下，女子嫁入夫家以后便很少有选择的余地，婆媳之间也存着一种不平等的关系，媳妇只能无条件地听从婆婆的指示，这种不平等在古代的婆媳之礼中体现得更为明显。

古代的婆媳之礼包括：谒拜礼、侍养礼、曲从礼和遗弃礼。

谒拜礼是用来表达敬意的。一般在婚礼的第二天早晨媳妇向公婆行谒拜礼，通过这个礼仪以示对长辈的尊敬之意。这一礼仪，形式烦琐，意味着媳妇将开始遵守新的角色规范，也提醒媳妇作为新的家庭成员，必须适应环境，遵守本家庭或者本家族的规矩。

侍养礼属于媳妇的本职工作，要求媳妇辛勤劳动，对公婆要体贴周到，要像对待自己父母一样侍奉公婆。"侍疾"是侍养礼的一项重要内容，就是在公婆身染疾病时要尽心伺候。

曲从礼指的是指媳妇要绝对服从于婆婆。即便婆婆有过失，媳妇也不可横加指责，更不能到处乱说。

遗弃礼是指婆婆如果不喜欢儿媳妇，或者媳妇对公婆侍奉不周，公婆可以命令儿子将其休掉。如果儿子不肯休妻，婆婆可以强行将媳妇赶出家门，也就是强行遗弃。很明显，这对媳妇是非常不公平的。

总而言之，男尊女卑的思想在古代社会无处不在，婆媳之礼是它的主要体现之一。

什么是"闺媛之礼"

"闺媛"代指女性，闺是指女孩子卧室的房门，媛原意是美好。所谓闺媛之礼，是指从男性利益出发，对家庭中的女性所制定的一系列行为规范。

闺媛之礼始于周代，早在《礼记》中对女性行为就提出了种种规范和要求。在女性的一生中，扮演着闺中女、为人妇、为人母三个角色。《礼记》对每个阶段的不同角色做了相应的礼仪规范。总的来说，闺媛之礼有三个方面的要求：男女有别、仪态柔美和女子无才。

1.男女有别。这种观念在古代礼仪中得到了非常明显的体现。《礼记·曲礼》中对男女之别做了明确规定："男女不杂坐，不同施枷，不同巾栉，不亲授。"就算是亲兄弟姐妹，到了7岁以后也不能坐在一起吃饭；10岁以后，女孩就要跟女教师学习一系列有关闺媛的礼仪。男女之别在日常生活中也处处可见。古时候一些大户人家，一般都有内室和外庭两个部分。男的住在外庭，女的住在内室。不能随便进出。内外不能共用水井、浴室和厕所。

2.仪态柔美。闺媛之礼中对女子的仪态也有非常详细和严格的规定。如班昭的《女诫》中主张"阴以柔为用"、"女以弱为美"。唐代的《女论语》中还记载了"行莫回头，语莫掀唇"、"莫出外庭，出必掩面"、"笑不露齿，行不露趾"等很多苛刻琐碎的规定。这些其实都是病态的审美观念，属于封建思想的糟粕。

3.女子无才。在古代社会，传统家庭更希望女孩有品行、守妇道，要孝敬双亲，会持家，不需要她们聪明有才华。

除了上面这些要求，女孩子在婚姻上只能遵从"父母之命，媒妁之言"，她们没有自由选择的权利，这些归根结底仍然是受"男尊女卑"思想的影响。

"九拜"包含哪些内容

"九拜"是我国古代特有一种跪拜礼，表示对对方崇高的敬意。《周礼》中说"九拜"：一是稽首，二是顿首，三是空首，四是振动，五是吉拜，六是凶拜，七是奇拜，八是褒拜，九是肃拜。这些规定了不同等级的社会成员，在不同的场合应该使用怎样的跪拜礼仪。

"稽首"为"九拜"之一，是最为隆重的跪拜礼。施礼者在行礼时需屈膝跪地，左手按右手，拱手于地，头缓缓叩地后停留一段时间，手在膝前，头在手后。这种礼节最长用在臣子拜见君王时。后来子拜父，拜天拜神，新婚夫妻拜天地、父母，拜祖拜庙，拜墓等，也都行此大礼。

顿首，行礼时头碰到地就起来，因为头接触地面的时间很短暂，所以称为顿首。通常用于下级对上级以及平辈间的敬礼。古人席地而坐，姿势和跪差不多，行顿首拜时，要跪姿，先拱手下至地，再将头叩地便立即抬起。若是在平辈之间行顿首礼，则是请罪的意思。又因为其拜礼至重，人们在有重大事情相求时也用"顿首"。

空首，是两手拱地，引头至手而不着地，是拜礼中较轻的。稽首、顿首和空首，这三拜是正拜。

振动，是两手相击，振动身体而拜。

吉拜，就是正拜，男上左（即左手在上，右手在里），女上右。

凶拜，服丧三年期内，或丧礼用的礼节。男上右，女上左。

奇拜，只拜一次。

褒拜，是行拜礼后为回报他人行礼的再拜，也称"报拜"。

肃拜，是女子之拜，有拜字就需要跪地，不过只是微微低头不需要叩头。

古代年龄都有哪些称谓

古人一般不用数字表示年龄，而是用一种与数字有关的称谓代替。

垂髫：指幼年，古时童子未冠，头发下垂，因而以"垂髫"来代指孩童。

总角：古时儿童束发为两结，向上分开，形状如角，故称总角。所以总角代指八九岁至十三四岁的少年。

束发：男子十五岁。清朝以前汉族男孩成童时束发为髻，因而常用"束发"来指代十五岁左右的青少年。

待年：指女子成年待嫁，又称"待字"或"待字闺中"。古代女子十五岁便到了出嫁的年岁，那时就会把头发梳起插上簪子。清朝时所选的秀女，若是因为年龄小或是其他原因没有成为妃嫔，留住在宫里，也称之为待年。

弱冠：古人二十岁行冠礼，以示成年，但由于年纪尚小，体格不够健壮，故称为"弱冠"。只有青年男子才能称之为"弱冠"。

而立：指男子三十岁。出自《论语·为政》"三十而立"。

不惑：指男子四十岁。出自《论语·为政》"四十而不惑"。

艾：指五十岁。出自《礼记·曲礼上》"五十曰艾"。形容老年头发苍白如艾。

花甲：指六十岁。此词出自中国古代历法，以六十年为一循环，一循环称为一甲子，又因干支名号繁多且相互交错，又称花甲。

皓首：指老年，又称"白首"。

"冠礼"指的是什么

男子成年时所举行的加冠仪式称为冠礼，它是由远古时代氏族社会的成丁礼发展而来。

在氏族社会，男女青年发育成熟之前，都要经过一系列的训练和学习，等身体发育成熟后，便要参加成丁礼，从而正式成为氏族成员，就可以参加氏族内的各种活动。到了周代成丁礼演变为男子的冠礼，并确定为一项制度。冠礼在汉代备受重视，到了唐代开始逐渐衰落，尽管宋元明三代仍被实行，但远没有以前那么隆重，到了清代几乎完全被废止。

古代男子在二十岁举行冠礼。一般满六岁开始接受基础教育，十岁开始外出拜师学习。到二十岁时，身体已经发育成熟，知识体系也已经完备，可以在社会上独当一面，这个时候就可以举行冠礼了。

举行冠礼的最佳日子要通过占卜来确定，由德高望重的长者担任冠礼的主宾，还要邀请一些同僚和朋友来观礼，仪式一般在自家宗庙中进行。

举行冠礼当天清晨，家里要提前把缁布冠、皮牟、爵牟这三顶帽子分别放在三个竹编的盘里，由三位有司捧着依次站立在台阶上。同时还有三套与冠礼相配的成人衣服，冠者则是一副儿童的打扮，在一旁等待冠礼的开始。

"笄礼"指的是什么

笄礼，又叫加笄、及笄，也是我国传统的成人礼，特指汉民族女性的成人之礼。它并非严格意义上的成年礼，而是从属于婚姻，是许嫁之后的一种仪式，与婚嫁有着密不可分的关系。

《说文解字》中解释："笄，簪也。"其实，笄就是一种发饰。在古代，幼年时的女孩是不能用笄的，只有在许嫁后才可使用。

女子在十五岁到二十岁之间行笄礼，只要许嫁便可加笄，若是一直待嫁没有许人，最迟也要在二十岁时行笄礼。女子要经过一段时间的学习后才能行笄礼，但学习的内容与男子大不相同。主要目的还是教导她们在婚后如何相夫教子、敬顺舅姑、操持家务、严守妇道。

在笄礼之前，一般会把宾客中有德才的女性长辈选为正宾。在行礼前三日用笺纸写好请辞送至正宾家中，以示慎重。

笄礼意味着女子即将成为人妇，将扮演着新的角色，意义非凡，所以备受重视。

什么是"回访礼"

自古以来我国就推崇礼尚往来，即认为在纯粹的人情上应该给予对方平等的回报，这样才能维持融洽的亲朋关系，增进彼此之间的感情。

《礼记·曲礼》中说："礼尚往来。往而不来，非礼也；来而不往，亦非礼也。"意思是说，上古礼仪讲究对等，只有拜访者单方面的行为，那就是不懂礼。因为双方地位大致相等，既然对方来拜访，就理应登门回访，否则就会让人觉得自高自大，不懂礼数。在以前，接受拜访而不用回访的只有皇帝君王，士若胆敢如此，那就是一种越礼的行为。所以，在拜访者来访之后，应该进行"回访"，这样"士相见礼"才宣告完毕。进行"回访礼"的最佳时间，是在拜访者来访的第二天。回访当天，主人和拜访者互换了身份，昨日之宾为今日之主，昨日之主为今日之宾。不仅如此，回访者还要带着昨日之宾所携带的礼物前往。这和现代的礼仪真是大相径庭。现代的人们除非是表示拒绝之意，否则是不会原物奉还的。而在古代，讲究以德义相交，而不以财物为重，所以将礼物原物奉还表示的并不是拒绝之意。因此，受礼后一定要奉还。

什么是"彩礼"

彩礼，又称财礼、聘礼、聘财等，是中国旧时婚礼的一个程序。自古以来我国婚姻的缔结，就有男方在婚姻约定初步达成时向女方赠送聘金、聘礼的习俗，这里的聘金、聘礼便称为"彩礼"。

西周时确立了一套完整的婚姻制度，即"六礼"，并为后世所沿袭。在《仪礼》中，对这套制度有着完整详细的规制，而"彩礼"的习俗正是来源于此。"六礼"即纳采、问名、纳吉、纳征、请期、亲迎，其中"纳征"指送聘财，就是现在所讲的"彩礼"。这种形式一直延续至今。

关于彩礼，还有一些不成文的规定，像彩礼送过之后就意味着婚姻正式缔结，这时一般不得反悔。若是女方反悔，彩礼要退还男方；若男方反悔，则彩礼一般不退。男方家向女方家送彩礼的多少，要根据女方家的要求和男方家的经济状况来确定。

餐桌上有什么礼仪

中国的餐饮文化丰富多彩，餐饮已经成为一种常见的社交活动，所以餐桌礼仪也显得尤为重要，尤其对餐桌上的"座次"更为讲究，座次是指隆重的聚会或宴会上同一餐桌上席位的高低。

一般来说，按照聚会的目的和性质，大体可将其分为三种：一种是礼仪性质的，这种宴会要有一定的礼宾规格和程序，如为迎接重要来宾或政界要员的公务性来访；或是为庆祝重大节日或者举行重要仪式等举行的宴会。另一种是交谊性质的，目的是为了沟通感情，发展友谊，表示友好等。如：接风、送行、告别、聚会。第三种是工作性质的，是为了解决某项工作而举行的宴请，以便于在餐桌上商谈工作。通常情况下这三种情况兼而有之。尽管宴会的目的和性质不尽相同，但宾主所遵循的基本礼仪是一致的。

以正式宴会为例，通常座次会提前安排好，以便参加宴会者井然有序地入席，同时也体现出了对宾客的尊重和礼貌。非正式的宴会不必提前安排座次，但就座时也要有上下之分。安排座位时要考虑以下几点：一要以主人的位置为中心。若有女主人参加，则以主人和女主人为中心，以靠近主人者为上，依次排列；二要在最主要的位置上安排主宾和主宾夫人。通常以右为上，也就是主人的右手是最主要的位置。离门最远的、面对着门的位置是上座，离门最近的、背对着门的位置是下座，上座的右边是第二号位，左边是第三号位，依次类推；三要在遵从礼宾次序的前提下，尽可能使相邻者便于交谈；四是主人方的陪客应尽可能插在客人之间，以便与客人交谈，应尽量避免自己的人坐在一起，客人们坐在一起。

"祝酒"都有什么礼仪

祝酒就是敬酒，是指在正式宴会上，由男主人提议因某个事由而与来宾共同饮酒。通常在饮酒时，会讲一些祝愿、祝福的话语，有时甚至还要发表一篇专门的祝酒词。不过，祝酒词的内容越短越好。

在饮酒的过程中可以随时进行祝酒。若要有正式的祝酒词，就应该在特定的时间进行，不能因此而影响来宾的用餐。说祝酒词最恰当的时间是在宾主入座后、用餐前，也可以在吃过主菜后、甜品上桌前进行。

在饮酒特别是祝酒、敬酒时进行干杯，需要有人率先提议，可以是主人、主宾，也可以是在场的人。提议干杯时，应起身站立，右手端起酒杯，或是用右手拿起酒杯后，再以左手托扶杯底，面带微笑，目视其他特别是自己的祝酒对象，同时嘴里说着祝福的话。

有人提议干杯后，要手拿酒杯起身站立。即使是从不喝酒的人，这时也要拿起杯子做做样子。将酒杯举到眼睛的高度，说完"干杯"后，将酒一饮而尽或喝适量。然后，还要手拿酒杯与提议者对视一下，这个过程就算结束。

一般情况下，祝酒要以年龄大小，职位高低，宾主身份为先后顺序。要分清主次，充分考虑好祝酒的顺序，以免出现尴尬和伤害感情的情况。

"以茶待客"是什么礼仪

以茶待客的风俗在我国已有千年的历史，说的就是家里来了客人，主人要送上一杯热气腾腾的清茶。据史书记载：早在东晋，太子太傅恒温就"用茶果宴客"，吴兴太守陆纳曾以茶来招待来访的谢安。饮茶之风在宋代时尤其盛行，并形成一些约定俗成的规范，也就是茶礼，并且一直沿袭至今。

以茶待客最讲究的是真诚。首先，要注重茶的质量。有宾客上门时，主人要用家中最好的茶叶来款待客人。冲茶时要用沸水。若冲茶时水未开，茶叶就会浮在杯面，这是非常不礼貌的。其次，要讲究敬茶的礼节。敬茶时必须恭恭敬敬，用双手捧住茶托或茶盘，举到胸前说"请用茶"。这时客人会轻轻向前移动一下，道一声："多谢！"或是用右手食指和中指并列弯曲轻轻叩击桌面，以示感谢。

总的来说，无论是在社交还是礼仪活动中，茶传递着情谊和敬意，成为感情的载体。

衣冠服饰有什么礼仪

自古以来我国就有"衣冠上国，礼仪之邦"的说法，而"华夏"一词便来源于"冕服华章曰华，大国曰夏"。可见，衣冠服饰礼仪在我国可谓历史悠久，意义非凡。

衣冠服饰的重要之处在于它与人的道德修养密不可分，通常人们认为，人的道德水平越高，他的文采仪表、服饰装扮就应该越发严整。

严整与洁净是衣冠服饰最基本的礼仪。《弟子规》中说："冠必正，纽必结，袜与履，俱紧切。置冠服，有定位，勿乱顿，致污秽。"意思是说，帽子要戴端正，扣子要扣好，袜子要穿平整，鞋带要系紧。一切穿着以严整、端庄为宜。回家后，衣服鞋袜帽子等要保持整洁，放置在固定的位置上避免脏乱。

对古代男子来说，"冠"的佩戴很重要。古代男子在行冠礼之后，在公开场合都要戴冠。该戴冠而不戴冠就是失礼行为。

衣冠礼仪的重要内容包括：衣冠服饰要适合身份、地位、场合。比如，各级官吏与庶民在衣着服饰上，从式样、用料到颜色、花纹，都有明显的区别。不同性别的人穿着也有很大的差异。孩子刚开始学说话时，男孩要佩戴皮制小囊，女孩则佩戴丝织的囊。另外，古代服饰的颜色有素色与喜色之分。白色、黑色、灰色、蓝色通常为素色，红色中大红、朱红、粉红等为喜色。如果在喜庆场合穿素服，或者在丧葬场所穿大红喜服，都是失礼的表现。

什么时候要"斋戒"

中国人在祭祀或行大礼前要沐浴更衣、不吃荤、不喝酒、不与妻妾同房、减少娱乐活动，以示自己的诚心和敬意，这个过程就称为"斋戒"。

斋戒分为斋和戒两个方面。"斋"来源于"齐"，也就是"整齐"，如沐浴更衣、不饮酒，不吃荤。"戒"主要是指戒游乐，比如不与妻妾同寝，减少娱乐活动。

古代斋戒时不吃荤，并不是指不吃肉只吃素，而是不吃葱、蒜、姜、韭菜等有刺激气味的菜。其目的是避免在祭祀或会客时，嘴里发出难闻的气味，造成对神灵、祖先或宾客的不尊敬。

与古时斋戒不同，现在的斋戒更多的是一种宗教礼仪。如在佛教中，"斋"是指清除心的不净，而把禁止身的过非叫作"戒"，斋戒就是守戒以杜绝一切嗜好和欲望的意思。

"守节"指的是什么

在封建宗法的强制或封建道德观念的影响，古时妇女在丈夫死后不得再嫁或未婚夫死后终身不能结婚，以此来保守节操，人们把这种行为称为"守节"。

守节指丈夫死后，立志不嫁，抚育子女，坚守贞操以至老死，这样的妇女称为"节妇"。儒家礼教对妇女有"从一而终"的要求，要求她们在丈夫生前要坚守节操，并且在丈夫死后仍要守节。

从汉宣帝开始对贞洁烈妇有所表彰，然而，守节真正成为习俗却是理学提倡和官方表彰共同作用的结果。理学家认为"饿死事小，失节事大"，寡妇改嫁就是失节。尤其在元明两朝，对殉节、殉烈这些行为尤为鼓励，其中殉节是指妻子为了表明自己从一而终永远忠诚于丈夫，在丈夫死时也要跟着去死。到了清代更重视寡妇守节并抚养幼孤、侍奉公婆，一直到民国时期依然保留着为丈夫守节这一习俗。

古代乘车有什么礼仪

车、轿等交通工具的发明给人们的生活带来了很大的便利。但是，在等级森严的古代社会，它们也被附带了尊贵卑贱的标志。什么样的场合该乘坐什么类型的车，用多少马匹拉车，需要几个人抬轿，用什么样的花纹装饰车身轿身……这些问题在古代都有明确的规定，慢慢地这些规定便演变成后来的乘车礼仪。

因为车成为等级制度的一部分，所以历代都对车服品级做出了明确的规定，任何人不得僭越。如果该乘车的时候而没有乘车也是违背礼制的，要受到相应的惩处。东汉时，巨鹿太守谢夷吾曾乘坐简陋的柴车，只带了两个随从，到所属小县督促春耕。他本意只是想着节省，没想到竟然遭到弹劾并受到降职的处分，原因就是"仪序失中，有损国令"。

古人乘车尚左。一般一车三人，御者居中，骖乘在右，尊者在左。如果车中尊者是国君或主帅，则居于当中，御者在左。车后通常是勇武有力的人，他的任务是执戈御敌，或者在车遇到危险时下车排除障碍、推车。

《礼记·曲礼上》中规定君子乘车，如果经过卿的屋舍就要下车，这是一种礼仪。唐宋以后，轿子逐渐成为一种新的交通工具，于是乘轿礼仪也随之出现，其礼仪和乘车礼仪大同小异。

什么是"田猎之礼"

田猎是指在农事闲暇时，天子、诸侯行围射猎，属于古代军礼的一种。它既是一项娱乐活动也可以借此演习军事。因此，历代君主对田猎礼仪都很重视。

田猎时也有一定的礼规，若违反规定就是暴殄天物的行为。田猎礼法具体规定：田猎时不围捕幼兽，不采鸟卵，不杀有孕之兽，不伤害没长成的小兽，不破坏鸟巢。另外，围猎捕杀要围而不合，不能一网打尽、斩草除根，必须留有余地。田猎之礼的特征是：顺应天道，在不阻碍其他物种繁衍的基础上获取自身所需要的利益；要用人自身的力量去获取猎物；并且食之有度，不暴饮暴食。该礼法对于保护野生动物资源，维持自然界生态平衡有着积极的意义。

有关历代帝王的田猎之事在史籍中有大量记载，并且在出土的殷商甲骨文中也有很多记录，但大都记录的是把田猎作为游戏玩乐的方式，因而荒废政务伤害百姓。然而，田猎有着更为重要的军事意义，最高统治者通常会以田猎的方式来演练军队，以此来展示自己统领和指挥军队的权利，巩固对各部分军事力量的控制，同时还能表明自己对宗庙、社稷、神灵祭祀的重视，更能显示出自己爱护庄稼，勤政爱民，整兵习武不敢稍有松懈的态度，还可借机满足自己射猎、出游的嗜好。因此，历代君王大都借助田猎来融合各种关系，以加强自己的统治地位。

什么是"征战之礼"

所谓征战之礼，其实就是战前的动员和教育，是指军队出征前的一些相关礼节。这些礼节包括祭天、祭地、告庙、祭军神、祭道路之神等。祭祀完毕，出征的军队还有誓师典礼。

出征前的祭天叫类祭，在郊外以柴燔燎牲、币等，把即将征伐之事告之上天，表示恭行天罚，是在以上天的名义去惩罚敌人。祭天的具体时日要通过占卜择定。

出征前的祭地叫宜社。社就是土地神。征伐敌人首先是为了保卫国土，所以叫"宜"。不过古时的人们多将祭社、祭地、祭山川湖海同时举行。祭地的礼节主要是在坎中埋藏玉币、牲犊等。

出征前告庙叫造祢，即祭告祖庙。告庙有受命于祖先的象征意义。

祭军神、军旗称为"祃祭"。军神是谁？一种说法是轩辕黄帝，还有一种说法是指蚩尤。

因为出征必经道路，所以要祭道路之神，称为"軷祭"。祭道路之神，是在道路上封一个小土堆，以树枝草木为神主，驭者一手执辔，一手以酒浇洒车两轮的轴端，再浇车厢前的挡板，然后将酒一饮而尽。祭毕，要驾车从封土上辗轹而过，表示自此以后可以跋山涉水，一往无前。

军队获胜而归，谓之"凯旋"，其时要高奏凯乐，高唱凯歌。如果是天子亲征凯旋，凯旋之日所有大臣都要出城迎接，有时甚至远至数十里之外。如果是名将出征凯旋，有时皇帝会亲率百官出城至郊外迎接，以示慰劳；有时则派遣大臣出城迎接。这都称为"郊劳"。军队凯旋后要在太庙、太社告奠天地祖先，并要有献捷献俘之礼，即报告胜利，献上虏获的战利品。

如果军队打了败仗，则称为"师不功"，或称为"军有忧"。军队回国则以丧礼迎接。国君身穿丧服，头戴丧冠，失声痛哭，并且吊唁死者，慰问伤者，慰劳归来的将士。

什么是"凶礼"

古时把和凶丧有关的一系列礼节统称为"凶礼"，它不仅包括丧葬的内容，还有一些跟灾难有关的礼节。《周礼·春官·大宗伯》就说："以凶礼哀邦国之忧：以丧礼哀死亡，以荒礼哀凶札，以吊礼哀祸灾，以禬礼哀围败，以恤礼哀寇乱。"由此可见，凶礼针对的不仅是一般的吊唁哀悼，还涵盖国家所遭遇的一些灾难。

凶礼包括丧礼、荒礼、吊礼、禬礼、恤礼五种。

丧礼：核心内容是通过对死者遗体的处理，来表达对死者的尊敬，是古代最为重要的礼仪之一。丧礼的具体仪式包括：停尸仪式、报丧仪式、招魂送魂仪式、做"七"仪式、吊唁仪式、入殓仪式、丧服仪式、出丧择日仪式、哭丧仪式和下葬仪式，每个仪式都必须认真对待。

丧服制度也是和丧礼紧密相关的，按照与死者的亲疏关系，依次有斩衰、齐衰、大功、小功、缌麻等五种服期不等的丧服。服丧时间从三年到三月不等。

荒礼：荒有年谷不熟之意，也就是我们常说的灾荒年。《周礼》把疫病流行也包含在荒的范畴内。当别的国家出现灾荒或传染病，民众面临生存危机时，友邻国家应当实行一些举措来表示担忧之情，后把这种行为延伸出来的一系列礼节，称为荒礼。葬死救病是荒礼中最紧迫的事情。因为灾荒中的死人若不能及时被掩埋就会引起很多流行性疾病，对此历代所采取的措施是赐送棺木和丧葬钱。

吊礼：对遭遇水火之灾的地区，派使者前往吊问的礼仪。

禬礼：禬是会合财货的意思。当别国发生重大灾难或是有重大物质损失时，邻国凑集钱财和物品相助，这就是所谓的禬礼。

恤礼：恤是忧的意思。对遭受不幸的国家，派遣使者前往慰问、抚恤的礼仪。

古人求子有什么礼仪

儒家文化认为"不孝有三，无后为大"，所以古代社会特别看重子女之"孝"，把有无子嗣提升到伦理道德的高度。而且，在《仪礼》中也有关于女子"七出"的说法：若是婚后无子，夫家便可以此为由休掉妻子。由此可见，在男权社会中，无论主观还是客观，新婚妻子还有夫家都对怀孕生子有很急切的期待心理，在这种背景下，产生了很多求子的礼俗，其中"拜神求子"是最为重要的礼俗。

在古代，女子希望婚后能尽早生下子嗣，就会由较年长的女眷带着前往寺庙参拜"送子娘娘"。参拜时一定要虔诚恭敬，而对参拜的时间并没有做出详细的规定。求子的女性，要先把水果贡品摆在香案上，拈香跪拜祷告，请求送子娘娘赐子。然后再掷"信杯"，如果掷的是"吉卦"，就表示送子娘娘已经答应赐子与她，她要给送子娘娘怀中的娃娃穿上事先准备好的小衣服，然后再拜。若日后确实怀孕了，还要再来拜谢。还有一些巫术行为夹杂在拜神求子的仪式中，比如"偷子"，也就是在神案上放置一个泥娃娃还有人会在泥娃娃的生殖器上抚摸一番，或者刮下、掐下一些泥巴带回家冲衣或者服用等。这一行为可能来自于女娲黄土造人的传说。

由于地域的差异，我国的不同地方存在着形式多样的求子习俗。归根结底，这些习俗都是人们内心对传宗接代这一传统思想的真实写照。

婴儿出生有什么礼节

在汉民族的传统中，关于婴儿出生时的礼节，在不同地方有不同的表现形式。但总的来看，一般都可分为以下几部分：婴儿诞生，要报喜；三日后，有三朝礼；出生一月，为满月礼；出生百天，行百日礼；一周岁时，行周岁礼。这样才算是完成了对一个新生命的迎接过程。这些礼俗大多寄托着对婴儿的祝福。

1.报喜：婴儿出生后，一般是由孩子的父亲带着红鸡蛋之类的喜物奔赴岳父母家报喜。

2.三朝礼：婴儿出生三天后，要用艾叶、柚叶、老姜煮汤给婴儿洗澡，称为"洗三朝"。当天娘家必须来人给产妇送上鸡、酒、鸡蛋、醋、姜、猪手等补品，并向亲家表示祝贺。

3.满月礼："满月"也叫"弥月"、"足月"、"出月"，即指婴儿出生满一个月。庆贺满月一般会请满月酒，并给婴儿命名、理发、拜床母等民俗活动。当天外婆要送"满月担"，满月担里有鸡、肉、鱼和金团等食物，还有老虎头鞋、帽等。

4.百日礼：民间有风俗，在幼儿百日那天要给他穿百家衣。父母期望孩子健康成长，觉得这需要托大家的福，所以就要让孩子吃百家饭、穿百家衣。所谓百家衣，就是从各家取一块布片，将布片拼合起来做成的服装。百日时，父母或长辈会给小孩子戴长命锁。民间认为，只要在孩子脖子上佩挂这种装饰物，就能辟灾祛邪，"锁"住生命。只是现在很多地方都已经没有这个习俗了。

5.周岁礼：说到周岁礼很容易就想到"抓周"，这是周岁礼最普遍的风俗了。抓周，也叫"试儿"，就是把一些算盘、果木、饮食、官诰、笔、砚、秤等经卷针线之类的物件放在一个盘子里，看小孩最先抓哪样物品，最先抓到的物品就作为以后其成人后所喜欢或从事的与之相关的工作。这一风俗至今仍然广为流传。

"乡饮酒礼"是怎么回事

我国古代地方政府把它作为一种重要的官方礼仪活动。乡饮酒礼其实一种推行德政，教化民众的社会活动，它的举行在当时有着尤为重要的政治作用。整个仪式实际上是在弘扬与宣传封建社会为臣尽忠、为子尽孝、兄弟相亲、邻里和睦、朋友有信、长幼有序等道德伦理规范。它与古代祭祀等礼仪相同，有一套严格的管理制度与程序。

首先，这是一种以宴饮为形式的礼仪，为了表示对宴请宾客的尊重，同时体现礼仪的隆重，它要求各府、州、县行政长官代表朝廷亲自到场参加。其次，只有那些身家清白、齿德具尊的耆老乡绅才有资格成为乡饮酒礼的宾客，其中致仕官员被称为大宾，年高有德者被称作僎宾，稍微年长、有德者被称作介宾。一般均统称为乡饮宾。乡饮宾的选择首先由管理地方文教的儒学官员进行考选、推荐，经地方长官进行三代政审等考核批准后逐级上报本省督核准，之后方准许邀请参加乡饮酒礼。

当地官员们除了按照规定颁发给乡饮宾执照作为嘉奖他们的凭据外，还要赠送牌匾以示荣耀，以此方式来表彰他们在地方的德行义举。同时督抚还会将乡饮宾上报朝廷，经礼部奏请皇帝批准，赏给顶戴荣身。最后地方史志上还会记载下历届乡饮宾的姓名，使他们名垂青史。

每年的正月十五与十月初一分别会举行一次乡饮酒礼，地点是在各府、州、县儒学之明伦堂。这是属于政府的宴请活动，所以当时的制度规定其经费坚决不允许向民间摊派，必须从官钱中开支。

后来由于种种严格礼仪规范的约束，乡饮酒礼变得过于形式化，辛亥革命之后，很多地方已经摒弃了这一礼仪。

"傩仪"指的是什么

傩仪是古代驱鬼逐疫的仪式，字面意思来看是驱逐鬼疫，除灾呈祥，而真正目的则是通过这种仪式活动来祈求风调雨顺，阴阳调和，五谷丰登，天下太平。这一仪式是中国传统文化中多种宗教、民俗和艺术相融合的文化形态的体现。

傩仪历史悠久，早在殷墟卜辞中就有记载，盛行于商周。周代的傩仪主要是为四季驱邪逐疫。周人认为人事的吉凶与自然的运转紧密相关。四季变换，寒暑变异，瘟疫流行，鬼魂便会趁机作祟，所以在恰当的时候必须行傩以驱除邪恶。方相氏是傩仪中的主神。两汉时，傩仪中出现了与方相氏相配的十二兽。魏晋南北朝直至隋唐，方相氏和十二神兽角色，开始由乐人扮演，傩仪随之便加入了娱乐的成分。

傩仪一般在每年的最后一天举行，其形式多样，王室和诸侯代表国家举行的叫

"国傩"，全国上下一起举行的叫做"大傩"，民间举行的叫做"傩戏"。其中傩戏带有浓厚的娱乐成分，而国傩最为隆重，场面也最为壮观。由十至十二岁、身着黑上衣、红裤子的男童，身披熊皮、带着四只眼的假面具，一手挥戈，一手扬盾，排成大队从宫室的角落起跳跃呼号，驱逐疫疠，一直轰赶出宫城，埋入大河，以求一年的平安吉祥。民间傩戏一直延续至今，云南、贵州、四川等地尤其是少数民族聚居区傩戏非常盛行，既保留了原始的痕迹，也添加了当代人的审美特质。

"打千"指的是什么

"打千"即旧时的敬礼，当时在全国范围内广为流传。原本是满族特有的礼仪风俗，后来成为清代男子向人请安时通行的礼节。它是一种介于作揖和下跪之间的礼节，行礼时，要左膝前屈，右腿后弯，上体稍向前俯，右手下垂。

"打千"这一礼节在当今的锡伯族仍然盛行。平时，晚辈见到长辈要行此礼，儿女长时间未见父母后见到父母时要行此礼。此外，老人之间也行此礼，年轻人向长辈"打千"时，长辈只需应一声即为应礼，而老人之间行此礼，一方向另一方打千时，对方也同时要"打千"，即"答千"。锡伯人只在本民族内部使用"打千"礼，妇女间不用行此礼，但男性长辈向同辈妇女行此礼时，对方也须以"打千"的样式应礼。

第二章 典章制度

常言说，没有规矩，不成方圆。大到经国之大业，小到生活之琐事，无不与典章制度息息相关。从很早开始，中国历代统治者就很重视典章制度的建设。《史记》中的"书"及后来各朝正史中的"志"、"录"中就留下了丰富的有关典章制度的记载。此外，还有不少典制方面的书籍，如《文献通考》、《通典》，以及各种"法令"、"律则"、"典章"等等。

典章制度指的是什么

典章制度指的是一个国家基本的政治、法律、文化等各种制度，它是政府在一定时期内行为规范的基本准则。

我们可以通过典章制度了解历代统治手段的沿革。大到经国大业，小到生活琐事，都和典章制度紧密相关。在很多书籍上都有典章制度的记载，《史记》中的"书"以及各朝正史中的"志"、"录"，就留有丰富的相关记载。此外，还有像《文献通考》《通典》《通志》等一些典制专书，以及各种"法令"、"律则"、"典章"、"会要"、"会典"等。

什么是禅让制

禅让制，是中国原始社会部落联盟民主推选首领的制度，指在位君主生前便将统治权让给他人。禅让制的产生，与落后的生产力有关。在上古时期，人类需要共同劳作，将食物平均分配以此来求得生存，所以就要选举出贤能、公正的人来当首领，进行统一的生产劳动和食物分配。

相传尧为部落联盟领袖时，推举舜为继承人，在对舜进行三年考核后，请他做自己的助手。在尧死后，舜继位，后又用相同的方式推举禹为继承人。禹继位后，又举皋陶为继承人，皋陶早死，又以伯益为继承人。不过，禅让制传至禹便告消亡。禹的儿子启杀死原继承人伯益，自己继承王位，从此，父系社会的世袭制便取代了以禅让制为代表的原始部落共和制。

后来禅让之举也曾在中国的王朝更替中出现过，如公元8年西汉孺子婴禅让给新朝王莽；220年东汉献帝刘协禅让给曹魏文帝曹丕等。但这些事件都只是借禅让之名来掩盖夺权之实，与真正的禅让制有着本质的区别。

我国历史上第一个王朝是什么

夏朝是我国历史上第一个王朝,史学界一般将其创立时间确认为公元前 2070 年。

禹是夏朝的创立者。大禹治水有功,舜禅让禹为夏朝的王,夏朝便这样开始了。禹在位期间,夏部落日益强大,私有财产也不断增加,部落联盟首领的权势也越来越大。禹死后,他的儿子启凭借自己的威望和权力杀死伯益,继承了禹的王位,又出兵打败对此不服的有扈氏部落,巩固了自己的王位。从夏启开始,世袭制代替了禅让制,从此标志着我国从原始社会过渡到奴隶社会。

夏朝经历十四代,共十七个王。末代王夏桀荒淫无度、暴虐无道,后商汤起兵反夏伐桀,先后攻灭了桀的党羽韦国、顾国、昆吾国等。公元前 1600 年,夏桀被放逐而饿死,我国历史上第一个王朝就此灭亡。

中国早期六大文化区系分别是什么

在距今约 3000～8000 年,中国曾同时存在六大文化区系,它们相互影响,共同发展,为中国文化源头的开创做出了巨大贡献。这六大区系主要为:北方新石器文化、东方新石器文化、中原新石器文化、东南地区新石器文化、西南地区新石器文化、南方新石器文化。

北方新石器文化,以辽西部和内蒙古中南部为核心区;东方新石器文化,则包括鲁西南和胶东两个分支文化;中原新石器文化,即中国母体文化的黄河流域文化圈,以关中、晋南、豫西为中心地带,辐射整个黄河中游乃至部分下游地区。而北方、东方以及中原三个区系又汇流构成了夏商周三代的黄河文明。

东南地区新石器文化以太湖中心,春秋时的吴越文化就是由此发端而来;西南地区新石器文化,包括江汉平原和四川盆地两个分区,其中江汉文化成为后来的"楚文化"的主要源头；南方新石器文化，以鄱阳湖—珠江三角洲一线为主轴，辐射广大南方地区。西南、南方、东南三区系则最后汇集成了长江文明。

秦始皇统一中国后，六大文化区系彻底融为一体，成为中华文明的源头。

"中国"指的是哪里

"中国"一词最早出现于周朝，至今已有三千余年的历史。因为当时华夏民族已经拥有较为先进的农耕文明，并且建立了一套完善的礼仪制度。而周围的四夷仍旧裹着树叶兽皮以打猎为生，为了和他们区分开来，满足自己的优越感。在这样的心理背景下，人们将华夏民族所居住的区域称为"中国"，即中央之国之意。

当时的"中国"只是一种地理与文化的概念，并不是指一个国家，就类似于"中州"、"中夏"、"中原"、"中华"。由于国家有时统一，有时分裂，所以在不同时期"中国"一词所代表的含义也不同，不过大致在统一时期指全国，而分裂时多指中原。"中国"在古典文献中有时还指京城、中原地区、天子直接统治地区、国内等。

在1912年，当时合汉、满、蒙、回、藏五个大族为一家，定名为中华，全称为"中华民国"简称"中国"，这个称谓才正式被作为国家的名称使用，成为有近代国家概念的政治名词。1949年10月1日，新中国成立时，定名为"中华人民共和国"也简称"中国"。

"天下"的范围有多大

古人将世界笼统地称为"天下"，不同时期所指代的地理范围也不同。

最早是在先秦的古籍中提到"天下"一词，如《诗经·小雅·北山》中有"普天之下，莫非王土；率土之滨，莫非王臣"。这时的天下并不大，主要指夏商周三代王权所统治的范围，具体包括黄河中下游和长江流域的湖北以及江浙地区等地。到了秦代，随着郡县制的设立，"天下"的概念也随之扩大，东、南两边都到了大海边，西、北两边仍旧没有具体的边界。不过，先秦的一些哲学家认为，"天下"远比人们想象的要大，如邹衍是阴阳家的代表人物，他就认为儒家所说的"天下"只占真正天下的八分之一。不过，这种观点在当时并没有被人们所接受。

至明清时期，中国人将"天下"的范围扩大为包括中国以及周边附属国在内的区域。此时，天下已经成为一个政治上的概念，而非地理意义。比如明末清初顾炎武所说的"天下兴亡，匹夫有责"，其中的"天下"便是指国家。很明显，他知道"天下"并没有那么小，而只是将"天下"作为一种政治概念。

"四夷"仅指四个民族吗

古代将中国边区文化较低的各族统称为四夷。据《吕氏春秋通诠·审分览·知度》记载，四夷一般代指东夷、西戎、北狄、南蛮四个部族。

东夷，是华夏族对东方少数民族的统称。在夏商周时期，指生活于今山东淮河地区，活动在今泰山周围的众多部落、方国。秦以后多指居住于朝鲜半岛、日本列岛及琉球群岛等地的外族或中国东北的少数民族。

西戎，是华夏族对西方少数民族的统称。战国以前主要指氐羌系各部落，秦汉以后狭义上是指氐羌诸部，广义则包括中国西部各民族。

北狄，即华夏族对北方少数民族的统称。战国以后，北狄族群华夏化，一部分南下融入胡人之中，成为匈奴的重要来源之一。

南蛮，即华夏族对南方少数民族的统称。南蛮组成复杂，大体可分为百越、百濮与巴蜀三大族系。百越族系分布于长江以南的广大地区，百濮族系分布于今湖南、贵州一带，巴蜀族系分布于今四川、重庆一带。现今南方的少数民族大多由南蛮民族演变而来。

古代的"九州"指的是哪里

《尚书·禹贡》中这样说道：大禹在治水的时候，把天下分为冀州、兖州、青州、徐州、扬州、荆州、豫州、梁州、雍州，合称为"九州"。如今，这九州有各自对应的地域：冀州起自黄河壶口，涉及今山西、河北、河南等省部分地区；兖州起自黄河下游、济水，涉及河北、河南、山东部分地区；青州起自渤海、泰山，涉及河北、山东半岛地区；徐州起自黄海、泰山、淮河，涉及山东、江苏、安徽部分地区；扬州起自淮河、黄海，涉及江苏、安徽、江西及其以南的地方；荆州起自荆山、衡山，涉及、湖北、湖南等地；豫州起自中原、黄河下游，涉及河南、山东等地；梁州起自华山、黑水，涉及陕西、四川、甘肃、青海等地；雍州起自黑水、西河，涉及陕西、内蒙古、宁夏、甘肃、新疆等地。

上面九州的划分，把古时中国的全部疆土囊括在内。所以，九州又一直被当作全国、天下的代名词。除"九州"外，后世又有"十二州"之说。"十二州"比"九州"多出来的地域，主要为今河北最北部、内蒙古、辽宁和黑龙江的一部分。

"三通"指的是什么

"三通"是《通典》《通志》和《文献通考》的合称。

《通典》由唐朝杜佑撰写，全书共二百卷，约一百九十万字，是中国历史上第一部体例完备的政书。其内容涉及食货、选举、职官、礼、乐、兵、刑、州郡、边防等九类，每类又分子目。详尽阐述了唐天宝以前历代经济、政治、礼法、兵刑等典章制度及地志、民族等。

《通志》由南宋郑樵撰写，是一部以人物为中心的纪传体通史。全书二百卷，是自《史记》之后现存的又一部纪传体通史性著作，总序和二十略是全书的精华，对后代史学的发展有着深远的影响。

《文献通考》简称《通考》，由宋元时代著名学者马端临编撰写，是继《通典》《通志》之后，规模最大的一部记述历代典章制度的著作。

总的来说，《通典》以精密著称，《通考》以博通见长，《文献通考》则以详赡见称，三书的宗旨都是贯通古今，是中国古代史籍中的瑰宝。

"郊社大典"是祭什么

古代将祭祀天、地的仪式称为郊社大典。

祭天大典是古代最为隆重的祭典，通常在冬至日这天举行，由皇帝亲自主持仪式。人们认为一旦皇帝疏忽郊社大典，就会导致社会风气的腐败，可能造成王朝的灭亡。祭天大典可在都城南郊进行，北京南部的天坛建筑群就是因此而建。帝王也很钟情于泰山祭天，泰通太，有大之意，即天下名山大川，天子均有权力祭祀。

祭地大典定于北郊，通常在夏至日举行，由皇帝亲去或派人主持祭祀仪式，企盼在帝王的统治下风调雨顺、国泰民安。最初仪式是在树间空地的土丘上举行，后来发展成在都城北郊用土筑坛，并演变成典章制度中最重要的内容之一。北京的地坛建筑群，也就是明清两朝祭祀"皇地祇神"的地方，是我国历史上被使用最久的一座地坛。

"社稷"为何成为国家的代称

社稷，原指古代的土谷之神。

"社"，即土地之神，按方位命名为东方青土，南方红土，西方白土，北方黑土，中央黄土，合称五色土。祭祀时，将五色土覆盖于坛面，象征着实际的国土。后来，人们又把祭土地的地方、日子和礼仪统称为社。

稷，原是周民族的始祖后稷，是西周初期的农业之神，被尊为五谷之长。

古代君主每年都要到郊外祭祀土地神和五谷神，以求国事太平，五谷丰登，后将二者并祭合称"社稷"。根据《周礼·考工记》中记载，宗庙设在王宫左侧，代表血缘，而社稷坛代表土地设于王宫右侧与之相对。所以，社稷逐渐又演变为国家的象征，如《礼记·曲礼下》中记载："国君死社稷"，就是国君与国家共存亡的意思。

何时有"皇帝"这一称呼

皇帝，是皇、帝的合称。"皇者，大也，言其煌煌盛美。帝者，德象天地，言其能行天道，举措审谛。"所以，古人在考量上古贤君的功绩后将能够配得上皇、帝之称的八人合称为"三皇五帝"。三皇是传说中的三个古代帝王，即天皇、地皇和人皇；"帝"，即黄帝、颛顼、帝喾、唐尧、虞舜，是古代著名的贤能君主。不过，这时皇、帝并不是用在同一个人身上，仍是两个称号。秦始皇称帝后首次将二者合为一个称号，他自认为"德兼三皇，功过五帝"，于是将"皇"、"帝"这两个人间最高的称呼合起来作为自己的称号。皇为上，帝为下，上天下地乃万物之主，皇帝便成了意指天地的无上君主。自此，皇帝成了封建王朝最高统治者的专称，享有最高的权力和荣誉。

何时将皇帝称为"万岁"

起初，"万岁"并不是专指皇上。

先秦时代，古人将上天称为万岁，即永恒存在的万能之天。军队得胜归来振臂高呼万岁，以示对上天的赞美之情。这一时期，还将"死"讳称为"万岁"，如《战国策·楚策》中记载，楚王游云梦，仰天而笑曰："寡人万岁千秋后，谁与乐此矣？"

秦至汉代初期，臣子在朝见国君时会将其称为"万岁"，但这时仍不是皇帝的专属称谓，民间在遇到值得庆贺的事情时也会三呼万岁来表达喜悦之情。至汉武帝时，唯儒家思想为尊，儒家将"万岁"定于皇帝一人，自此皇帝便成了最高封建统治者的代名词。臣子口中的"万岁爷"就是皇帝,除此以外谁也不敢自称"万岁"。明朝大宦官魏忠贤权倾朝野,虽然他从不把皇帝放在眼中,但也只敢以"九千岁"自居。

为何把皇帝称为"陛下"

封建时代臣民将皇帝称为"陛下"。如司马迁《史记·秦始皇本纪》中就有记载:"今陛下兴义兵,诛残贼,平定天下。"不过,陛下原是指宫殿的台阶,又特指皇帝座前的台阶,起初并不是皇帝的称谓。皇帝临朝时,"陛"的两侧要有执兵器的侍卫站而成列,以示威风且可防不测。为显示皇权的至高无上,大臣们上朝有事参奏时不能直接对皇帝说,而要先对站在"陛下"的侍卫说,再由其转达。后来,人们就用"陛下"作为对皇帝的直接称呼,表示自己虽然是在对皇帝说话,但不敢忘记在礼仪上自己原本是没有这个资格的。

皇后的称谓是怎样来的

古代皇帝拥有后宫三千佳丽,在众多妻妾中,正妻称为"皇后"。

在周朝以前,天子之妻皆称为"妃",周朝开始则称为"后"。在上古氏族部落中,"后"字的意思为有权威的女性长辈,在甲骨文的卜辞中,"后"还经常被用来代指氏族中的女性首领。所以尊称皇帝之妻为"后"。如《礼记·曲礼下》所载:"天子之妃曰后。"至秦始皇统一六国,改天子为皇帝,皇帝的"后"才正式被定名为"皇后"。皇后的产生需经过皇帝册立,要诏告天下,普天同庆,同时还有一项正式隆重的立后仪式,以示其权威非同寻常。皇后在礼仪上与皇帝平等,出同车、入同座。皇后在后宫的地位就如同天子,拥有自己的官署,负责管理后宫,是众妃子之主,妃子见皇后要行礼,就和见皇上时行的礼一样。

圣旨前为何要有"奉天承运皇帝，诏曰"八个字

古代皇帝的诏书，为显示其合法性通常会在前加一段特殊的文字。如魏晋南北朝时期，皇帝的诏书前多有"应天顺时，受兹明命"八个字，强调皇权是天命所归，他人不得窃夺。至唐代，诏令分为册书、制书等七种形式，通常在皇帝的即位诏令中会有天命所归的话，如德宗即位册文有"昊天有命，皇王受之"。宋代的诏令在唐代的基础上又有所改进，大多都以"朕绍膺骏命"或"朕膺昊天之眷命"开头。

今天我们常见的"奉天承运皇帝，诏曰"，主要是在明代被广泛使用。明太祖为加强中央集权，诏书开头用"奉天承运"、"承天受命"等字样，以凸显其受命于天，君临天下的气势。清承明制，诏书也多以"奉天承运皇帝，诏曰"开头，以"布告天下咸使闻知"结尾。直至1912年，宣统皇帝发布退位诏书，意味着"奉天承运皇帝，诏曰"式诏书退出历史舞台。

"尚方宝剑"是一柄什么剑

古代皇帝收藏于"尚方"的剑称为尚方剑。尚方是秦朝时设立的一个官署，也作上方，其职责是掌管制造供应御用器物。尚方宝剑象征着最高的权力，若某个大臣得到了尚方宝剑，他便有了特许的权力。如《前汉书》中记载，朱云上书皇帝就曾说"臣原赐尚方斩马剑，断佞臣一人以厉其余"。可见，持有尚方宝剑的人有先斩后奏的特权，那他一定是皇帝最信任的人。当然先斩后奏也必须按照律法行事，尤其不能触怒君主。明末辽东督师袁崇焕就是用御赐尚方宝剑杀了东江总兵毛文龙。而毛文龙本人也有尚方宝剑，只是没有派上用场。但袁崇焕对毛文龙先斩后奏，就引起了明思宗的不满，这也成为袁崇焕日后被处决的原因之一。

除了尚方宝剑，皇帝还可赐予臣子符节、丹书铁券、黄马褂等作为荣誉的象征。其中符节和尚方宝剑一样，持有者有先斩后奏的特权，而丹书铁券和黄马褂更多的是一种赏赐，有的也可用来抵免死罪。

古代的一夫多妻制有什么特点

我国古代实行的其实是一夫一妻多妾制，并不是我们通常所说的一夫多妻制。但妻子之间的地位是不平等的，正是由于这种差别才有了嫡庶制，它也是我国古代婚姻制度的核心内容。

通常，一个男子只能有一位正妻，称为嫡妻。嫡妻与丈夫享有同等的地位，在服制、车制等礼仪制度方面享受相同待遇，即便是皇后与皇帝也是如此。嫡妻的子女为正宗、大宗。在宋元之前，无特殊许可而有两位正妻的会被强制离婚，并处以一年以上徒刑和相应的杖刑处分。

庶妻便是除嫡妻以外的其他配偶，通常也称作姬妾，庶妻地位低下，可以买卖。如嫡妻的同族陪嫁女子和一些没有经过正式婚姻仪式的女性都可称为妾，如婢女或妓女等贱民女子。庶妻的子女为旁支、小宗。宋元以前，若男方把妾扶正为妻就可能被处以一年半的徒刑。但宋元以后，嫡庶的差别逐代减弱，并且把妾扶正也成为一种十分普遍的现象。

"宗法制"指的是什么

宗法制度是指王宗贵族按血缘关系分配国家权力的一种制度，是由氏族社会父系家长制演变而来的，其目的是在于建立完整的世袭统治。

宗法制确立于夏朝，在周朝得到完善，其核心是"嫡长子继承制"，实质是一种以父系血缘关系亲疏为准则的遗产继承法，这种遗产不仅包括财富、封地，也包括至高无上的权力。按照宗法制，只有嫡长子才是王位或爵位的唯一合法继承人，庶子为小宗，即便是比嫡长子年长或更有才能也无权继承王位。

宗法制具有一定的相对性。如诸侯对天子而言是小宗，但在其封地内却是大宗。诸侯嫡长子以外的儿子为卿大夫，卿大夫对诸侯而言是小宗，但在他的采邑内却是大宗。从卿大夫到士也是如此。后来，各王朝统治者对宗法制加以改造，逐渐建立了由政权、族权、神权和夫权组成的封建宗法制，对后世有着深远的影响。

"分封制"指的是什么

古代皇帝或国王分封诸侯的制度称为分封制。周天子将王畿以外的所有土地，划分为大小不等区域分封给各路诸侯。统治诸侯的君主被称为"天子"、"君王"或"国君"，诸侯应尽镇守疆土、随从作战、交纳贡赋和朝觐述职等义务，完全服从于天子。诸侯在自己封疆内，又对卿大夫实行再分封，卿大夫再将土地和人民分赐给士。这样层层分封下去，就形成了等级森严的贵族统治阶层，顶层为天子，接下来是诸侯，然后为卿大夫，最后为士。

在一定程度上，分封制可以稳定政治秩序，保卫王畿。但在诸侯国内很容易出现强国兼并弱国的局面，从而削弱中央集权。春秋时的楚王问鼎，就是诸侯国挑战分封制的典型例子。所以，秦始皇统一全国后立即废除分封制，实行郡县制。魏晋以后，尽管历代王朝还存在分封制，但性质已经完全不同了。

为何称皇帝的坟墓为"陵"

最初将底边为四边形的大土山称为"陵"。封建统治者为表现自己崇高的地位，生前享尽富贵荣耀，就连死后也要尽享哀荣，所以在建造坟墓时不仅占地广阔，封土也要赶得上山陵之高。由此帝王的坟墓便有了"陵"这一别称。

大概是从战国中期开始,帝王坟墓被称为"陵",据《秦始皇本纪》记载:"秦惠文王葬公陵,悼武王葬永陵,孝文王葬寿陵",君王墓称"陵"便是由此开始的。汉朝之后,皇帝的陵墓还有称号,如汉武帝陵称为"茂陵",唐太宗李世民的陵墓称为"昭陵"等。

依规定,皇帝的墓可高达九丈,但历代皇帝的陵墓总是远超这个高度。不仅如此,皇帝还规定百姓的坟墓要限制在三尺以下,否则就是违法,要接受严苛的处罚。

中国历史上一共有多少个皇帝

自公元前221年秦始皇称帝开始,至1912年溥仪在辛亥革命后宣布退位,期间的2133年间,我国共产生封建王朝皇帝494人。其中有73人生前未在位,是死后被追封为皇帝的;边疆少数民族政权君王251人;历代农民起义建元、称帝者约100人;封建割据称帝者约有60人。另外还有一个不可忽视的君王,便是"中华帝国皇帝"袁世凯。

在这494名皇帝中,清朝的康熙皇帝在位长达61年,是在位时间最长的一位皇帝。乾隆在当了60年的皇帝后表示不敢超越祖父功德,于是便主动退位当了太上皇。乾隆皇帝直到89岁才寿终正寝,是史上最长寿的皇帝。位居长寿皇帝第二位的便是史上唯一的女皇帝武则天,她活到了82岁。

在所有皇帝中,年龄最小的是东汉殇帝,他不到1岁便继位,8个月后夭折了。还有一位境况更凄惨的皇帝,即金朝末代的完颜承麟,他是史上在位时间最短的皇帝,刚刚当上皇帝就被入城的蒙古军杀死了,从继位到被杀还不到半天。

改元和改朝换代是一回事吗

年号是汉武帝的一大发明,专用于皇帝的纪年。通常,新皇帝即位后要改变纪年的年号,称为"改元"。新皇帝若使用其他皇帝的年号,就会被认为是藩属、臣服的象征。同一皇帝在位期间也可改元,如汉武帝用过11个年号,唐高宗改了14次年号,而武则天在位21年，改元多达18次。从明代开始，规定一个皇帝只能用一个年号，自此人们才能用年号来称呼皇帝，如明成祖年号是永乐，明成祖就是永乐皇帝。

据《辞源》统计，中国古代皇帝共有704个年号，清末的"宣统"是最后一个年号。清灭亡后，"中华民国"采用公历纪年，至此意味着长达两千余年的年号纪年方法宣告结束。

改朝换代与改元不同，改朝换代是朝代更迭，是新的朝代代替旧的朝代，如隋至唐、明至清。改朝换代是一定会改元的，但改元却未必意味着改朝换代。

什么是"临朝称制"

男尊女卑的思想在古代十分盛行，后宫不得干预政事，但在特殊时期，可由皇后、皇太后或太皇太后等女性统治者代替皇帝行使权力，这种现象即为"临朝称制"。

最早在班固的《汉书·高后纪》中对临朝称制有所记载："惠帝崩，太子立为皇帝，年幼，太后临朝称制，大赦天下。"这里所说的太后，就是指西汉时的吕后。吕后，便是我国历史上临朝称制的第一人，此后，章德窦太后、女皇武则天、清朝慈安、慈禧太后都曾临朝称制。临朝称制多在皇帝幼小无法亲政时施行，女主临朝称制虽享有皇帝的权力，但在发布命令时，不是直接使用懿旨，而是用制书的形式以皇帝之名颁行天下。这样，可避免皇帝亲政后太后以懿旨干预政务，以杜绝将来皇权产生二元化的弊端。

历史上，皇后代夫行政的事情也是存在的，但必须经由皇帝的同意。不管皇后有多大的权利，都不能算是取代皇帝执政，只能算是皇帝的助手或秘书。这时皇后即便临朝，也不能算是称制，诏书等一切事宜仍旧是皇帝说了算。

"宦官"始于何时

宦官是中国古代专供皇帝、君主及其家族役使且阉割掉外生殖器的男性，又称寺人、阉人、阉官、宦者、内官、内侍、内监等。先秦和西汉时期的宦官不一定都是阉人，但自东汉开始，为避免后妃与内侍私通，保护后宫贞节，维护皇族血统，所有宦官一律为阉人。

如今，我们常把宦官称为太监。其实，太监本为官名，唐高宗时改殿中省为中御府，以宦官充任太监，少监，此后太监才成为宦官的别称。到了明代，宦官的权势日益增大，人们就把所有宦官都尊称为"太监"。严格来说，宦官只是负责宫廷杂事的奴仆，不能参与国家政务，但因每日相伴于皇帝左右，很容易接触到中央权力，所以在历史上也存在着宦官掌握国家政务大权的情况。

另外宦官虽然不男不女，但同样也有情感上的需要，《后汉书·刘瑜传》中记载："常侍黄门亦广妻娶。"可见，古代宦官娶妻纳妾也是常有之事。

宫女制度是从何时开始的

古时把宫中供役使的女子统称为宫女。历代选拔宫女的程序都相当复杂，并且有着极高的要求。宫女必须从良家子女中选拔，入选者体态必须健美、模样周正、声音动听、举止得体，仪态举止稍有不当者即被淘汰。历代宫女的数量各有不同。西汉初年只有十几名宫女。到汉武帝时，宫女突破一千名。到东汉桓帝时，宫女则多达五六千人。而唐开元、天宝年间，宫女总数高达四万之多。此后，数量有所减少，如清代不到三千宫女。清代宫女在选拔范围上也有所变化，只从内务府包衣佐领下的女子中选取。

宫女入宫后也分为不同的情况，较为优秀的可成为宫中女官，资质平平且地位低下者只能充当普通奴役。也有极少数被皇帝宠幸，擢升为皇帝嫔妃。宫女也有可能被皇帝当作奖品赏赐给功臣、亲属或与外族联姻等，王昭君就是如此。绝大多数宫女整日在宫中劳碌，直到满 25 岁甚至是 30 岁才能出宫婚配。

"皇太子"是怎样一种角色

皇太子是国家的储君，是中国皇帝正式继承人的封号。通常，皇太子为嫡长子，即皇后所生的第一个儿子。在没有嫡子的情况下，就在诸位庶子中挑选德行最好的那个皇子作为皇太子。皇太子的地位仅次于皇帝本人，如唐朝太子拥有东宫，东宫的官员完全仿照朝廷的制度配置，还拥有一支类似于皇帝禁军的私人卫队。不过，由于皇太子权力过大，很容易和皇帝发生冲突，最终落得被杀或是被废除的下场。如汉景帝废栗太子、汉武帝诛杀卫太子等。势力强大的皇太子也会因为不满皇帝的约束，做出弑君的举动，如宋文帝刘义隆就被太子刘劭所杀。此外，还有其他皇子觊觎太子储位，与太子相互倾轧，甚至兵戎相见。所以，早期历史上只有为数不多的皇太子能顺利继承皇位。

明清时期，开始逐渐削弱皇太子的权力，皇帝有足够的权力来约束太子，反而有比较多的皇太子能顺利继承皇位。

"密建皇储"是怎么一回事

按照封建社会的宗法制原则，皇权通常由嫡长子继承。但是，皇子之间为争夺皇位而兵戎相见的事情时有发生。如清代康熙皇帝本将嫡长子作为皇位继承人，但由于其子嗣众多，而康熙皇帝在位时间又长，过早公开册立太子，使太子和诸皇子间矛盾激化，康熙皇帝不得已两次废皇太子允礽。康熙在第二次废皇太子后，再没有公开建储，致使雍正皇帝即位成为一大历史疑案，至今仍未定案。但人们普遍接受雍正"矫诏篡位"这一说法。

而密建皇储就是雍正皇帝创立的。他虽成功夺取了皇权，但深知其中的危害，便在即位后废除了公开建储制，改为"亲书密封，藏于乾清宫'正大光明'匾额后，另书密旨一道，藏于内府，以务勘对"。乾隆皇帝即位后，进一步将密建皇储确立为"建储家法"，此后的嘉庆到咸丰，都是按秘密建储制继承皇位的。秘密建储可以避免公开建储的弊端，防止皇子之间为夺取皇位而发生的残酷争斗，对政局的稳定起到了一定的作用。

何谓"三宫六院七十二嫔妃"

对皇帝的妃嫔，古有三宫六院七十二嫔妃的说法。其实，这只是一种笼统的说法，历代皇帝后妃的编制大体相似，只是在名目和数量上有所差异。

在明清以后的体制中，把后妃居住的中宫和东西两宫合称为三宫。其实，三宫最早是指诸侯夫人的居所，天子后妃居所应称六宫。《礼记》记载："王后六宫，诸侯夫人三宫也。"可见，皇后的居所才是六宫，所以人们又用六宫代指皇后。

所谓六院，也作六苑，是后宫嫔妃们所居的宫苑，后泛指后妃。明朝之后，才用三宫六院来泛称皇帝的妃子。

所谓七十二嫔妃只是一种虚指，代指皇帝后宫人数之多。实际上皇帝后宫侍妾的数目远不止七十二个。如《礼·昏仪》中写周代后妃制曰："古者天子后立六宫，三夫人，九嫔，二十七世妇，八十一御妻。"可见早在诸侯时期，国君的妻妾就已经非常多了。到了秦汉时期，更有了"后宫佳丽三千"的说法，规模更是比三宫六院七十二嫔妃宏大。

皇帝的龙袍上有几条龙

龙袍也称龙衮，即绣有龙形图纹的袍服，是皇帝专用的朝服。

龙袍以明黄色为主，圆领，右大襟，马蹄袖，有扣绊。历代龙袍上的龙章图案都有所变化，通常通身共绣九条龙，前后身各三条，左右肩各一条，襟里藏一条，这样前后望去都是五条龙，有九五至尊之意。龙袍上除了龙纹，还有十二章纹样，并配用五色祥云、蝙蝠等，寓意至善至美的帝德。其中日、月、星辰、山、龙、华虫、黼、黻八章在衣上；其余四种藻、火、宗彝、米粉在裳上。龙袍的下摆，斜向排列着许多弯曲的线条，名谓"水脚"。水脚之上，还有许多波浪翻滚的水浪，水浪之上又立有山石宝物，俗称"海水江涯"，它不仅象征绵延不断的吉祥，还有"一统山河"和"万世升平"的寓意。

"三公九卿"指的哪些官

早在夏朝时就设有三公九卿。如《礼记》中记载："夏后氏官百，天子有三公、九卿、二十七大夫、八十一元士。"不过，历代对于三公九卿具体指代哪些官职存在很大的争议。

一般来说，将最尊贵的三个官职合称为三公。《尚书大传》《礼记》等书以司马、司徒、司空为三公，《周礼》则以太傅、太师、太保为三公。到秦代并没有设立三公，但置左右丞相，又设太尉管理军事、御史大夫为丞相副手。自汉武帝起，因受经学影响，丞相、御史大夫和太尉也被称为三公。

九卿，一般为列卿或众卿的意思，并不是指代官职，也不一定是九个人。汉武帝以后由于受儒家思想的影响，人们就将一些高官附会成古代九卿。如《续汉书》将太常、光禄勋、卫尉、太仆、廷尉、大鸿胪、宗正、大司农、少府定为九卿；隋唐九卿则为太常、光禄、卫尉、宗正、太仆、大理、鸿胪、司农、太府。这时的九卿多为虚衔或加官、赠官，并没有实际的权力。

什么是"三省六部制"

三省六部制指的是我国古代封建社会一套组织严密的中央官制。在西汉以后经过长期的发展而成，如尚书省形成于东汉，为了分割和限制尚书省的权力，在三国时期成立了中书省和门下省。随着组织形式和权力的发展和演变，三省六部制到隋朝被正式确立。隋朝在中央设立三师、三公、五省，其中三师、三公只是虚衔仅象征着荣誉，而五省之中只有尚书、门下、内史三省才是真正的中枢权力机构。

唐朝建立后，三省六部制得到了进一步的完善，且三省建立不久就向二省、一省转变，这种变化加强了皇权对相权的控制，同时对行政效率也有了很大的提高。此后，从唐到宋三省六部制就成为中央最高的政府机构，一直沿袭到清末，为各朝各代统治者加强中央集权提供了有力的保障。

"三省"有什么职能

古时将中书、门下、尚书合称为三省。其中，尚书省是最高的行政机构，负责将通过审查的法令颁布施行。中书省主要负责拟草皇帝诏令。门下省则负责审查诏令内容，若觉得不当有权封还和加以驳正，并可根据情况退回给中书省。

唐朝中书令为中书省的长官，副长官为中书侍郎，主要职官有中书舍人；门下省的长官为待中，副长官为黄门侍郎，后改称门下侍郎，主要职官为给事郎。由于中书、门下二省都设在宫内，又有谏诤的职责，所以又设左右谏议大夫、左右补阙、左右拾遗，分属二省，以匡正皇帝的过失。尚书省长官为尚书令，因唐太宗为秦王时曾经出任尚书令，所以后来并没有实际任命尚书令，而由副长官左、右仆射代行职权。仆射之下有左右丞、左右司郎中、员外郎负责都省职事，总领六部。

总而言之，这三省分工为"中书取旨，门下封驳，尚书奉而行之"，三者互相制约，彼此牵制，共同对皇帝负责。

"六部"有什么职能

尚书省下属的吏部、户部、礼部、兵部、刑部、工部等六个部门合称为六部。长官都称为尚书，总管本部政务。每部各辖四司，共为二十四司。

吏部主要掌管全国官吏的任免、考课、升降、调动等事务；户部是掌管财政、国库、户籍的机关，下属各司除掌核本省钱粮外，还兼管其他衙门的部分庶务，职责多有交叉；礼部，则专门负责贡举、祭祀、典礼，同时管理全国学校事务、科举考试及藩属和外交事务；兵部，掌管选用武官及兵籍、军械、军令等，但历代职权也有所不同，如宋、辽、金、元兵部不辖兵政，而明代兵部权利最大；刑部负责司法、审计事务，具体审判则另有大理寺负责。若遇到重大案件，则需组织刑部、御史台、大理寺会审，即所谓的"三司会审"；工部，负责工程建设，掌管各项工程、工匠、屯田、水利。

"五监"指的是哪些部门

五监是隋唐两宋中央政府的事务执行机关，分别为国子监、少府监、将作监、军器监、都水监，其所管事务与尚书省六部重叠，实际上为六部的属官。

古代最高学府国子监，隶属礼部，为中央官学也是国家教育的主管机构。国子监长官为祭酒，为从三品官员；少府监的最高长官，从三品官员，秦汉时期主要管理宫廷用度，制作皇帝、后妃、官僚的衣服和金属器，铸造货币等。将作监，主管土木工程、宫殿、城壁、役所的建设。长官历称将作令、将作大匠、将作大监，从三品；军器监，主管武器制造和修理，所属弩坊署、甲坊署负责弓矢、甲胄的制造。长官为军器监，正品上官员；都水监，管理河流、港湾、堤堰、运河水利事业、渔业水运、监督港口。长官为都水使者，正五品上。

明清以后，除国子监外的其他四监全被并入六部。

什么是"行省制度"

行省一词起源于金。由于战争的需要，金设行尚书省以管辖地方政务。元入主中原后，元世祖始设中书省，后又在各地设置行中书省，作为中书省的派出机构。此后，行中书省掌管地方军政要务，成为固定的地方行政机构。

行省制度是一套完备的政务管理系统。在中央，由中书省料理全国政务，枢密院掌管军事，御史台负责监察；而在地方，则由行中书省最高长官丞相掌管全省军政大事。元朝在全国共设 10 个行省，即岭北、辽阳、河南江北、陕西、四川、甘肃、云南、江浙省、江西、湖广。而山东、山西、河北和内蒙古等地则称为"腹里"，由中书省直辖。每个行省下又设路、府、州、县。

行省制的确立，使中央集权在行政体制方面得到保证，从此，地方政治制度跨入划省而治的新阶段。省作为地方一级行政区的名称，至今仍被使用。

古时为何称官府为"衙门"

"衙门"是对旧时官府的别称。衙门一词由"牙门"转化而来。"牙门"，古代军事用语，是军旅营门的别称。古时经常发生战争，打天下守江山都要依靠武力，因此帝王们对军事将领尤为器重，为此军事长官们感到非常荣耀，便将猛兽的爪、牙置于办公处，后又在军营门外以木头刻画成大型兽牙作为装饰，也会将军营中装饰有兽牙的旗帜边缘剪裁成锯齿形，并将这种旗帜称为牙旗。于是，营门便有了"牙门"这一别称。

由于旧时官府非常气派，所以百姓又用"牙门"来代指官府。如《武瓦闻见记》中记载："近俗尚武，是以通呼公府为'公牙'，府门为'牙门'，字稍讹变转而为'衙'也。"唐朝以后，"衙门"一词广为流行，到了北宋以后，人们就几乎只知道"衙门"而不知"牙门"了。

何时有"丞相"一职

在古代，丞相典领百官，辅佐皇帝治理国政，是中国古代最高行政长官。

丞相这一官职有着久远的历史，早在商周时期便有太宰、尹、太师等官职。不过，这些官职还不具备国家机器中幕僚的性质，只是为了辅佐天子管理国家。到了春秋战国时期出现了相。例如管仲为齐国相，蔺相如为赵国相。发展迅速的秦国，首个开创了丞相制度。秦始皇统一六国后，废分封，设郡县，废诸侯，设官吏，皇帝不再通过宗法亲缘关系进行统治，而是组织一套官僚机构，并借助于肱骨大臣辅佐政务。就这样，丞相作为官制首次被确定下来，随着封建国家的发展，丞相制一直被沿用了两千年之久。

丞相制虽被确定，但不同朝代中，丞相的正式官名却不尽相同，先后出现过宰相、相国、大司徒、中书令、尚书令、参知政事、内阁大学士、军机大臣等多达几十种官名。

"十三曹"指的是什么

西汉时期，宰相的秘书处即为十三曹，其下共有十三个部门。十三曹包括西曹、东曹、户曹、奏曹、词曹、法曹、尉曹、贼曹、决曹、兵曹、金曹、仓曹、黄阁。其中，西曹只管府史署用；东曹主管二千石官员的任免升降。当时最大的官是二千石，因其一年的俸禄有两千石谷而得名；户曹主管祭祀农桑；奏曹类似唐代的枢密院，主管政府一切章奏；词曹主管词讼，处理民事纠纷等；法曹类似于现在的交通部，掌管邮驿科程；尉曹类似于清代漕运总督，主管漕运；贼曹主管盗贼；决曹主管罪法，处理刑事案件；兵曹主管兵役；金曹主管货币盐铁；仓曹主管仓谷；黄阁主管簿录众事，是宰相府秘书处的总务主任。

西汉宰相十三曹是相权的高峰时期，十三曹不仅负责全国的行政事务，还掌管官员任用及赏罚，有时还参与军事行动的指挥策划。可见，当时全国的政务都集中于宰相。

"三辅"是什么名称

三辅分别为京兆尹、左冯翊、右扶风，是西汉时期治理京畿地区的三位官员。其中，京兆尹管理长安以东，左冯翊治理长陵以北，右扶风负责渭城以西，总的管辖范围相当于今陕西中部地区。

后来，三辅一词成为长安地区的代名词，后世在政区的划分上虽有所改动，但直至唐，仍习惯称这一地区称为"三辅"。例如，《张衡传》中云："衡少善属文，游于三辅。"这里的三辅，即长安地区。而著名的《三辅黄图》，也就是长安地区的地图。

隋唐以后简称三辅为"辅"。

"三司"指哪三个部门

古代最尊贵的三个官职合称为三司，如《礼记》等书以司马、司徒、司空为三公。此外，在唐代，户部、度支、盐铁三个财政部门被统称为三司，这三个部门主管天下土地、户籍、钱谷、贡赋事宜。后唐明宗将三司合为一个部门，将其职权统一化。由于掌握着全国的财政大权，所以三司有着极高的地位，是朝中仅次于宰相和枢密使的要员，故被称为次相或亚相。

北宋前期仍然沿袭着三司制度，这样将财政权利集中在一起可以协调国家的财政收支，以保证财利归于朝廷。宋神宗元丰时期，取消三司将其归并于户部。不过，后来朝臣又意识到旧日三司制度财权集中的优势，元祐元年（1086年），宰相司马光就讨论过取消三司制度的弊端，认为财权分散、"不相统摄"，不利于集权中央领导。但三司制度仍未被恢复。

"政事堂"是什么场所

政事堂，是唐朝宰相议事的地方，唐朝初年隶属门下省。起初只有三省长官才能参加政事堂会议，即中书令、侍中、尚书左右仆射，后来皇帝准许其他官员参加，称为参知政事、同中书门下三品等，这些官员也是实际上的宰相。

北宋前期一直沿袭这一制度，仍将政事堂设为宰相、参知政事办公的地方。政事堂为当时最高的行政机构，囊括门下省、中书省和尚书省的大部或主要职权。政事堂下设舍人院，负责撰拟诏书，还设孔目、吏、户、兵礼和刑等五房，负责处理日常政务。再后来，政事堂改称三省都堂，有时也称之为中书或政事堂。

元、明、清时，不再设政事堂。清末宣统三年（1911年）朝廷又重新开置政事堂，作为总理大臣、协理大臣及国务大臣议政办公地。民国三年（1914年），袁世凯将国务院改为政事堂，设于总统府，成为总统府的办事机构。1916年，袁世凯称帝失败，政事堂改称国务院。

"御史台"是官职名还是官署名

御史台是古代最高的监察机构。御史台在秦代开始设立，起初为"御史府"，长官为御史大夫，御史大夫之下又设御史中丞、侍御史、监察史等各级监察官员。此后便一直沿袭这个制度，由御史府监察违法、举劾违失、受理中央诸公卿奏事，还负责典法度、掌律令、督察部刺史等。

三国两晋南北朝时期，监察制度处于低落时期，进入隋唐，随着皇权的加固发展到一个鼎盛时期。隋唐在中央设御史台，将其作为最高的监察机构，至唐高宗时改名为宪台。唐代在御史台下又设立台院、殿院和察院三院。其中，台院负责监察中央各级官员，察院与台院相辅，主要负责巡按和监察地方各级行政官员。这三院分立，彼此牵制相互配合，形成一个完善严密的中央监察机制。

宋元明清时期都基本沿袭了这一监察制度，只是在结构名称上有所改动，如明太祖时废除御史台在中央新设都察院。

"路、军、府、州"各指什么

"路"、"军"、"府"、"州"，是宋代的地方行政单位。

宋代地方行政区划为三级制，基本的结构是"路"、"州"、"县"，依次变小。其中，"路"类似现在的省，属于最高一级。宋初时，还有一个"道"与"路"为同级别的地方区划单位。后来，朝廷又废"道"，将天下总分为十五路，分别是：京西路、京东路、河北路、河东路、陕西路、淮南路、江南路、荆湖南路、荆湖北路、两浙路、福建路、西川路、峡路、广南东路、广南西路。路的长官称为监司，每路四个。

宋代的"州"，是由秦汉时期的"郡"变化而来，根据面积和人口可分为上、中、下州，长官称知州。"县"，则是最低一级行政单位。

在"路"、"州"、"县"的基本体制之下，宋代还有一些与州同级但稍微特殊的行政区划单位，如"府"与"军"。

地位比较重要的"州"升级成为"府"，有"京府"和"次府"之分。"京府"为首都或陪都所在地。"军"，则是因军事需要而建的地方行政单位，一般在边疆地带，分"大军"和"小军"。"大军"与"州"府同级，直属于"路"；"小军"与"县"同级，属"州"管辖。

"锦衣卫"是干什么的

锦衣卫是"锦衣亲军都指挥使司"的简称，起初是明朝内廷御林军，后成为皇帝的军政特务机构。

锦衣卫是由朱元璋设立的"拱卫司"演变而来，后为"亲军都尉府"，掌管皇帝仪仗和侍卫。洪武十五年（1382年），朱元璋裁撤亲军都尉府，改置锦衣卫。锦衣卫掌管刑狱，有巡察缉捕之权，下设镇抚司，从事侦察、逮捕、审问等活动。

由于皇帝直接管辖锦衣卫，朝中官员无法与之抗衡，所以牵扯朝廷官员的大案可由锦衣卫处理，并直接呈送皇帝。不过，锦衣卫只刑讯官员士大夫，普通百姓不在其审讯范围内。普通百姓刑事、民事案件只通过正常的司法进行处理。

凭借锦衣卫，朱元璋几兴大狱，把辅佐他打天下的文武功臣屠戮殆尽。后来，由于锦衣卫存在虐待囚犯行为，朱元璋下令废除锦衣卫，并将其刑具焚毁。不过，明成祖时又将其恢复，这一流弊终难去除。

"内阁"是什么机构

明清时期最高的官署称为内阁。

明洪武十三年（公元1380年），朱元璋为了加强中央集权，废丞相，罢中书省，仿照宋代制度，置华盖殿、谨身殿、武英殿、文渊阁、东阁等大学士做皇帝顾问。又置正五品文华殿大学士辅助太子。明成祖即位后，召大学士入文渊阁参预机务，称为内阁。此后，内阁在朝中地位得到了很大的提高，位居六部尚书之上，内阁大学士虽无宰相之名，却有着宰相的权力。

清代将明代这一制度继承下来，但因实权掌握在满洲贵族手中，参与重要政务的人多由皇帝指定，并不一定是内阁成员，所以内阁的地位有所降低。军机处成立后，军机处掌握着实际的权力，内阁已名存实亡。不过，在名义上内阁仍为清代最高级官署，负责传达皇帝谕旨、公布文告。

唐宋时期的"大学士"做什么工作

明清时期，内阁大学士享有宰相之权，内阁成为最高的官署机构。但是，在唐宋时期却并不是这样的。最初是在唐朝的时候，将内阁官员称为"某某殿大学士"、"某某阁大学士"，但当时大学士的主要任务是编辑图书、发现推荐文学贤才，并不掌握行政权力。宋朝也有各种名目繁多的"殿阁大学士"，如：观文殿学士、端明殿学士、龙图阁学士、天章阁学士、宝文阁学士、显谟阁学士等，但大多都是荣誉衔，并没有实际的职责。如《宋史·职官志》中记载："观文殿大学士学士之职，资望极峻，无吏守，无职掌，惟出入侍从备顾问而已。"可见，唐宋时虽有"殿阁"和"殿阁大学士"之名，但其并没有宰相之权，与明朝的内阁有很大的差异。

"南书房"是读书的地方吗

南书房俗称南斋，本是康熙帝读书的地方，在北京故宫乾清宫西南处。康熙在位期间，常把侍讲学士张英、内阁学士高士奇当作自己的顾问，论经史谈诗文。皇帝即兴作诗、发表的议论，也都由他们记录下来。后来，这些官员又常代皇帝撰拟诏令、谕旨，参预机务，慢慢地形成了一个由皇帝严密控制的核心机要机构。这是康熙皇帝削弱议政王大臣会议权力，同时将外朝内阁的某些职能移归内廷，实施高度集权的重要举措。由于康熙皇帝的大力支持，南书房的权势一天比一天大，逐步形成新的权力中心。

雍正帝即位后，筹建军机处，将所有军机大事交由其处理，不再让南书房官员参与，所以南书房的地位有所下降。不过，有清一代士人，视之为清要之地，入值者虽然地位不高但却非常受敬重，并且将入值看作是一种荣耀的象征。

清光绪二十四年（1898年），南书房被撤销。

"军机处"是什么机构

军机处，即"军机房"、"总理处"，是清朝中后期的中枢权力机关。

军机处起初是在雍正七年（1729年）被设立的，当时朝廷用兵西北，由于内阁在太和门外，朝廷担心漏泄机密，便在隆宗门内设置军机房，以召唤大臣入内处理紧急军务。后来，将军机房改称"办理军机处"，简称"军机处"。

军机处原本是临时建立的，但发现其对君主的专制独裁非常有益，所以出现后便继续被沿用下来，且职权越来越大。自此一切机密大政均归于军机处办理，内阁变成只是办理例行事务的机构。

军机处职官有军机大臣、军机章京，最开始只有三人，后逐渐有所增加。至嘉庆初年，军机章京共三十二人，其中满、汉章京各十六人。军机处总揽军、政大权，真正成为执政的最高国家机关，标志着清代封建中央集权发展到了顶点。

"理藩院"是什么机构

理藩院，是清朝统治蒙古、回部及西藏等少数民族的最高权力机构，同时也负责处理对俄罗斯的外交事务。

理藩院设立于崇德元年（1636年），主要管理蒙古事务，那时称之为蒙古衙门。崇德三年（1638年）六月，朝廷正式将蒙古衙门更名为理藩院，隶属礼部。康熙皇帝即位后，将理藩院从礼部完全独立出来，理藩院的内部机构设置也趋于完善。从那时起理藩院的职权范围开始扩张，一方面管理蒙古、新疆南部及其他少数民族王公、土司等官员的封袭、年班、进贡、随围、宴赏、给俸等事，还管理蒙古商业贸易事务，办理满蒙联姻，管理喇嘛事务，参与修订关于少数民族的法律，参加审理刑名案件等。

咸丰年间，总理各国事务衙门成立后，理藩院不再管理外交事务。

"总理衙门"就是清朝的外交部吗

总理各国事务衙门简称为"总理衙门"，是清朝专门为负责办理洋务和外交事务而设立的中央机构。

总理衙门的成立，离不开内忧外患的历史境况。咸丰十年（1860年），清政府与英、法等国签订《北京条约》，此后便增加了很多对外交涉的事情。次年，咸丰皇帝下旨在京师设立总理各国事务衙门，接管以往礼部和理藩院所执掌的对外事务。总理衙门由王公大臣或军机大臣兼领，仿照军机处体例，设大臣、章京两级职官。总理衙门最初主持外交与通商事务，后来又管理办工厂、修铁路、开矿山、办学校、派留学生等，权力日渐增大，成为清政府重要的决策机构，凡是外交以及与外国有关的财政、军事、教育、矿务、交通等，都属总理衙门的管辖范围。

总理衙门存在了40年。光绪二十七年（1901年），据清政府与列强签订的《辛丑条约》第12款规定，总理衙门正式更名为外务部。

"总督"比"巡抚"官职大吗

总督为正二品，是我国清朝地方军政大员，他们统辖一省或数省行政、经济及军事，又被称为"督宪"、"制台"等。清代共有九大总督，分别为直隶总督、两江总督、四川总督、闽浙总督、云贵总督、湖广总督、两广总督、东三省总督和陕甘总督。在名义上，总督并不是地方官，有中央差遣的"派出"性质，借此朝廷可协调各省、各镇之间的关系，统一事权，防止各省、各镇互不相属，互相推诿的情况发生。

巡抚又称抚台，明清时地方军政大员，负责巡视各地的军政、民政，其官职等级相当于现今的省长或省委书记。

总督与巡抚合称督抚，但总督权力比巡抚大，级别也比巡抚高，它可以同时监管多省。但也有少数地区巡抚位居总督之上。

"道台"是官职名吗

道台也称道员，是清代官职的名称。

道台的前身是明布政使的左、右参政及左、右参议，他们分管各布政司辖区内部钱谷等事，称分守道；另外，明代按察使也有佐官副使、佥事，分管各提刑按察使司辖区内刑名事宜，被称分巡道。

清乾隆年间，废除参政、参议、副使、佥事等官衔，专门设置分守道主管一省内若干府县政务，又设置分巡道主管全省的提学、屯田等专门事务。这二者都加兵备衔，长官就是道员，俗称道台。道台官阶为从三品或正四品，相当于现今的副省长，只是职务略低些，主管几个府、州政务，或者主管海关或盐务、钱粮等。

"司礼太监"主要做什么工作

明朝宦官机构司礼监里的太监即为司礼太监。

司礼监于明洪武年间成立，成立之初掌管宫廷礼仪。明朝没有宰相，奏章由内阁大臣阅读后批注意见，称为"票拟"，然后由皇帝审核并用朱笔做出批示，称作"批红"。由于明朝中后期皇帝多疏于政务，批红就成了一种形式，基本上以内阁大臣的意见为准。所以，明宣宗时朝廷为压制内阁势力，决定先由司礼监秉笔太监"批红"，然后再由司礼监掌印太监审核确认后盖印。由此，太监与内阁之间便产生了一种权力制衡。

明朝中晚期，宦官权力日益强大，并逐步形成一个与外廷相对应的严密的内廷官僚组织。而司礼监，就是这个内廷的最高机关，司礼太监的首领更有"内相"之称。历史上的刘瑾、冯保、魏忠贤等权倾一时的太监，都是司礼太监的头目。

"钦差大臣"有什么权力

钦差大臣，简称"钦差"，是明清时期一种临时的官职。"钦"意为皇帝，"钦差"也就是皇帝差遣的意思。所以，钦差大臣就代表了皇帝本人，是皇帝专门派出办理某事的官员，并可将获得的情况直接报告给皇帝，所以有非常高的地位。

能担任钦差大臣的都是皇帝信得过的高官，所以这个职位本身就是一种荣誉的象征。一般在完成任务后，这个官职就会被取消。明清时期皇帝派遣钦差十分频繁，如当年林则徐到广州禁烟，即是以钦差身份前往。总的来说，明清两代，钦差大臣的盛行和这两代都没有宰相，从而使皇权过于强大有密切关系。

"循吏"与"酷吏"有什么区别

"循吏"即"良吏"，也就是百姓俗称的"清官"、"青天大老爷"。"循吏"这一词汇最早见于《史记·循吏列传》，后为《汉书》《后汉书》直至《清史稿》所沿用，成为正史中记述那些重农宣教、清正廉洁、所居民富、所去见思的州县级地方官的典型用词。历史上比较知名的循吏有汉武帝时的名臣倪宽、文翁等，他们都非常受百姓的敬重和爱戴。

与"循吏"相对的是"酷吏"，通常是指擅用严刑峻法的官吏，其中不仅包括利用酷刑草菅人命的官吏，也包括严格执法的正直官员。前者，多指索元礼、来俊臣之辈，他们进行政治投机，喜酷刑、擅逼供，草菅人命，丧失人性，是君主专制政治的产物。后者则以商鞅为代表，他执法严明，成功地施行新法，维护了集权制度和法律，使秦国成为最强大的诸侯国，为秦统一六国打下了基础。

与"循吏"相比，酷吏在官场上虽能得一时的风光，但其结局往往非常悲惨。就连商鞅，最后也不免落得"车裂"的下场。

官员"品阶"是怎样区分的

品即品阶，是官吏的级别，一般分为流内、流外各九品。而在一品之内，又有上下阶之分，因此有品阶之称。品阶是评判古代官吏级别高低的标准，不同品阶的官员享有不同的权益，包括俸禄以及礼仪、法律、文化等各个方面。

最早建立品阶制度的是秦代，至汉代逐渐得到完善，用若干"石"来表示官职的高低，最高的三公为一万石，最低的则只有十一斛，总共分为二十二级。魏晋时期，出现了官分九品，品内再继续分为上中下、正、从等阶的品阶制度。这种九品官员制为历代所沿用，只是具体的品内等级划分方法有所差异。

那些在国家机关服务地位却不高的胥吏的品阶被称为流外九品，如国子典馆、教谕、训导长官、府检校、县典吏等没有实权的小官吏。流外九品共十八阶，也有正、从之分。

秦汉时期，品阶的确定与官员职位相关，自汉代以后才逐渐将其分离。如历代朝廷元老通常有很高的品阶，却并无实权，品阶高只表示对他们的一种尊重。另外，古代同品阶文臣地位往往高于武臣，在唐以后统治者有意识地抑武扬文，所以这个现象尤为明显。

为什么称古代的官帽为"乌纱帽"

乌纱帽,指的是古代官吏戴的一种帽子,后来也用来借喻官位。

乌纱帽最初就是一种用黑纱做的帽子,东晋成帝时,只要是在都城建康宫中做事的人都要戴乌纱帽。后来,乌纱帽广泛流行于民间,成为百姓常戴的一种便帽。

在隋唐时期乌纱帽成为正式的"官服"。当时,所有人都戴乌纱帽,隋朝为了区分等级,便在乌纱帽上装饰玉饰,以块数多少显示官职大小:通常九块为一品,八块为二品,七块为三品,六块为四品,五块为五品,六品以下就不准装饰玉块了。至宋太祖赵匡胤时期,对乌纱帽又做了新的改进,为了防止议事时朝臣交头接耳,便在帽子的两边各加一个翅,这样只要一动脑袋,软翅就忽悠忽悠颤动,皇上居高临下,便可看得清清楚楚。

明洪武年间,乌纱帽成为文武百官的"专利"。朱元璋规定凡文武百官上朝和办公时,一律要戴乌纱帽,平民百姓不可佩戴。

到了清代,官员不再佩戴乌纱帽,但人们仍习惯将"乌纱帽"作为官员的标志,"丢掉乌纱帽"就意味着削职为民了。

"顶戴花翎"指的是什么

清代的官帽不同于历代的"乌纱帽",那时,凡军士、差役以上军政人员都佩戴形状像斗笠并且很小的纬帽,还依品阶高低配置不同颜色、质料的"顶子",即顶戴。顶戴分为三层,上为尖形宝石,中为球形宝珠,下为金属底座,用装饰的珍珠数目加以区别,其中红宝石的等级最高,然后依次为珊瑚、蓝宝石、青宝石、水晶、砗磲、素金、镂花阴文金顶、镂花阳文金顶。革职或降职时,便要摘去所戴顶子。

在顶戴的下方有翎管,是用来安放翎枝的。清朝有蓝翎和花翎两种翎枝,蓝翎是用鹖羽所做，花翎是由孔雀羽毛所做。高级的花翎上有"眼"，即羽毛上的圆斑，并有单眼、双眼、三眼之分，眼越多越显尊贵。花翎在清朝是辨等威、昭品秩的标志，既不能僭越本分随意佩戴，又不能不戴，如有违反，则加以惩处。一般降职或革职留任的官员，仍可按其本任品级穿朝服，若被罚拔去花翎则是非常严重的处罚。

我国古代有什么样的爵位制度

爵位即古代皇族、贵族的封号，是用来区分身份等级与权力高低的。

我国历代的爵位制度都有所差异。周代分为公、侯、伯、子、男五等爵，都是世袭罔替，封地便称国，在封国内行使统治权。秦朝自商鞅变法后，定下自公士至彻侯二十等爵，专门用来赏赐有功之人。西汉沿用秦二十等爵，但为封赏有功之臣又加设王爵。不过，汉高祖为巩固统治，又将这些封王的功臣诛伐殆尽，此后汉代王爵只能皇氏使用。

唐朝时期，爵位制度又发生了很大的变化，分亲王、嗣王、郡王、国公、郡公、县公、县侯、县伯、县子、县男等爵位。这时的封爵虽有食邑，但通常为虚衔。宋朝封爵制度基本沿用唐制，只是世袭的爵位很少，大多数爵位都只是不世袭的终身爵。

明代，爵位有宗室和异姓两种，清代则分为宗室和功臣两种，具体爵称上变动比较大。这两代的爵位大多不世袭，但因功而封者部分可"世袭罔替"，如满族人入关后，有睿、礼、郑、豫、肃、庄、克勤、顺承八家功封的和硕亲王是"世袭罔替"的，俗称"八家铁帽子王"。

"中华民国"成立后，一切世爵制度都被废除。

古代官员的"俸禄"是多少

俸禄，是指古代皇朝政府按规定给予各级官吏的报酬，主要有土地、实物、钱币等形式。历代的俸禄制度都有所差异。商周时期，官吏由贵族担任，拥有封邑、禄田，所以便以封地收入为俸禄，朝廷不再另外发放。春秋时期仍沿用这一制度，但在末期出现了实物俸禄，到战国则逐渐形成以粮食为俸禄的制度。秦统一中原后，废封地，自此以粮食为俸禄的俸禄制正式被确立。此后，汉朝、魏晋南北朝都沿用此制。

至唐代，俸禄分土地、实物和货币三种。后至开元年间，则转变为货币形式按月发放，如一品月俸料8000，食料1800，杂用费1200，防合20000，合计每月钱31000。至宋代，又增加了许多令人眼花缭乱的名目，如茶汤钱、给卷（差旅费）、厨料、薪炭等，也折合成钱币支付。

明代俸禄较低，最开始主要是发放大米，偶尔给些钱币，百官俸禄难以自足。清代前期俸禄也很低，有俸银与禄米两种形式。由于俸禄过低，雍正时期开始发养廉银，至乾隆时又有补充调整，实际成为一种附加的俸禄，其数额远超正俸。京官的养廉银由朝廷划拨，但数目比地方官少很多，大多数人仍以正俸为主。所以，雍正特下令允许京官支双俸，称"恩俸"。

俸禄制度要求官吏在享受俸禄的同时履行一定的职责，若官吏违反朝廷相关法令，或有渎职行为，便要扣除相应的俸禄。

"世卿世禄制"指的是什么

"卿"是对古代高级官吏的称呼。"世卿"就是天子或诸侯国君之下的贵族，世世代代儿子可以继承父亲"卿"的官位。

"禄"是指官吏所得的享受财物。"世禄"就是官吏们世世代代、父死子继，享有所封的土地及其赋税收入。

关于"世卿世禄制"何时出现，说法有两种，一种是说在商周时代，另一种说法是出现于春秋中后期，由于卿大夫的专权而形成。对此目前史学界尚无定论。但有一点可以肯定，即商鞅变法废除了世卿世禄制。根据《史记》记载，秦国规定"宗室非有军功论，不得为属籍。明尊卑爵秩等级，各以差次名田宅，臣妾衣服以家次。有功者显荣，无功者虽富无所芬华"。此后，功臣加官晋爵、封公拜侯，虽然也有世袭罔替者，但这并非国家官僚制度。

古代官员"致仕"指的是什么

我国古代官员退休称为"致仕"，这一说法始于春秋战国时期。在当时，官员年满七十岁，若耳目不聪、身体状况欠佳，就必须退休，退休后发放原来俸禄的三分之一。此后，这一制度便一直被沿袭下来，至唐代时则要求官员只要年满七十岁，不管身体如何必须退休。退休后，五品以上官员可得原来一半的俸禄，京官六品以下、地方官五品以下则发放土地，命官员回乡做地主。宋代退休制度基本沿用唐代，但由于宋代官员俸禄丰厚，许多官员虽已年满七十，但还是赖着不退。明清两代，由于官员大量冗余，规定官员退休年龄由七十变为六十，并鼓励提前退休。退休官员一般可拿原来一半的俸禄。

总体而言，古代退休制度针对的主要是中下级官员，而对朝廷重臣则相对宽松。古代官员退休后的待遇，除制度规定外，也通常和官员的功绩及皇帝对其恩宠程度有关。

"举孝廉"指的是什么

"举孝廉"是汉代一种选拔官吏的制度。"举"即"举荐";"孝廉"即讲孝道且廉洁之人。古人认为,只有孝廉之人才能做好官,汉代政府便把"举孝廉"作为一种方法和制度,用来发现和培养官吏预备人选。汉武帝即位后,曾多次诏令中央和地方行政长官向朝廷举荐"孝廉"之人。汉代政府还规定,每年每二十万户中要推举"孝廉"一人,由朝廷任命官职。

不过,到汉代后期"举孝廉"已被门阀世族操纵和利用,他们控制当地乡间舆论,使察举出现很多腐败现象,很多是用钱买来的"孝廉公",真正"孝廉"者不多。如汉朝流行的一首童谣所唱:"举秀才,不知书;举孝廉,父别居。"所以,至魏晋时期,"九品中正制"取代了"举孝廉",但民间对于孝廉者还是相当敬重的。到清朝时,考取了举人还会被称为孝廉公,由此可见孝廉在中国文化中的地位。

什么是"九品中正制"

九品中正制是由魏文帝曹丕创立,也称九品官人法,是魏晋南北朝时期重要的选官制度。九品中正制的主要内容就是选择"贤有识鉴"的中央官吏兼任原籍地的州、郡、县的大小中正官,负责察访本州、郡、县散处在各地的士人,综合德才、门第定出"品"和"状",供吏部选官参考。这里的品,就是综合士人德才、门第所评定的等级,共分为上上、上中、上下、中上、中中、中下、下上、下中、下下九品,这便是九品中正制的核心内容。

九品中正制设立初期,中正官选举人才时品状并重,在一定程度上对选举贤能起到了积极的作用。但由于森严的品级制度,出身寒门者行状评语再高也只能定在下品；出身豪门者行状不佳亦能位列上品，于是就行成了当时"上品无寒门，下品无士族"的局面。而且，中正官多出身大士族，士族参与选举，不但阻碍了民间人才的征用，还使士族得以把持朝廷人事。

"科举制"是什么制度

科举即采用分科取士的办法为朝廷选拔人才，是古代封建王朝的一种选官制度。隋朝大业三年（607年）开始施行科举制，在唐朝得到完善，考试的科目分常科和制科两类，常科每年都会分期举行，制科是由皇帝下诏临时举行的考试。常科的考试科目分为秀才、明经、进士、俊士、明法、明字、明算等五十多种，但明法、明算、明字等科不为人重视，而明经、进士两科则成为唐代常科的主要科目，进士考时务策和诗赋、文章，明经考时务策与经义。

宋代"重文轻武"，所以对科举考试也很重视，但与唐代相比，宋代的常科科目减少了很多。其中最受重视的仍为进士科，进士一等多数可官至宰相，所以宋人又称进士科为宰相科。

到明朝，形成了完备的科举考试制度，共分四级：院试、乡试、会试和殿试。考试内容基本以四书、五经为准，以"四书"文句为题，规定文章格式为八股文，解释必须以朱熹《四书章句集注》为准。八股文是维护封建专制统治的工具，有着非常大的危害，严重束缚人们的思想，同时也把科举考试制度引向绝路。清朝光绪三十一年（1905年），慈禧太后下诏书宣布废除科举，至此已有1300多年历史的科举制宣告灭亡。

"恩科"指的是什么

科举制度分"正科"和"恩科"两类。按照规定正科为每三年举行的乡、会试。若遇皇帝亲试,可别立名册呈奏特许附试,一般都能得中,故称"恩科"。恩科始于宋朝,明、清时得到沿袭,尤其是清代,皇帝为了特别关照官员子弟,经常在朝廷庆典时特别开科考试。

如雍正六年,乡试后,若大学士、尚书、侍郎等高级官僚家中有未被录取、年龄在二十岁以上的子弟,则准许每位大臣各举一个,开出名单送内阁审定。最终确定了十二人,皇帝特赐他们为"举人"。这些以科场加恩大臣子弟的措施,让大臣们对皇帝感恩戴德、尽忠效命。可是,这严重损害了科举制的公平公正性,把"为国选士"的"国事",变成了皇家的私人"家事"。

"捐纳"是怎么一回事

捐纳专指清代的卖官制度。

其实,卖官现象早在秦始皇时就已经出现了,那时由于蝗灾缺粮,规定纳粟千石便可拜爵一级。汉文帝时期,大臣晁错建议应准予入粟授官或拜爵,这一提议被采纳后便有了"纳粟"一说。此后,历代都不同程度地采用过此举措,不过多是筹饷、赈灾、备边或兴办工程等时的权宜之计,并没有很严重。进入清代,卖官现象越来越严重,不仅范围扩大,还形成了专门制度,即捐纳。

清代捐纳始于康熙朝,当时因对三藩用兵,财政吃紧,为筹集军饷朝廷颁布了捐纳制度,短短3年时间就卖出了500个知县职位。至清中晚期,纳捐制度进一步完备,共分两类:一类是因救荒、河工、军需等事开捐,事情完成后便立即停止;一类就是常行事例,有钱的百姓可以捐贡生、监生,官员有钱则可捐钱升职。

至清晚期，纳捐已成为朝廷财政的重要来源，占政府年财政收入的10%以上，甚至曾高达48%。捐纳使得官僚阶层掺杂大量贪财无能之人，破坏了社会公平，从而导致吏治腐败，加速了清王朝的灭亡。

"太学"是古代的大学吗

太学始建于汉代，是我国古代的大学。

汉武帝时，董仲舒在《天人三策》中提出"愿陛下兴太学，置明师，以养天下之士"的建议。汉武帝接纳了这一建议，于元朔五年（公元前124年）在长安设太学。当时的太学由博士任教，起初设五经博士专门讲授儒家经典《诗》《书》《礼》《易》《春秋》。汉宣帝时博士增至十二人。太学初建时只有五十人，汉昭帝时增至一百人，至王莽篡政时增至一万人。汉武帝不仅兴办太学，还下令各郡国设立学校官，自此地方教育系统初步建立。此后，历代都有太学系统，只是命名不尽相同，有的名为太学，有的则为国子学、国子监，但实质都为传授儒家经典的最高学府，不仅培养了大批统治人才，在传播文化方面也起了重要作用。

"鸿都门学"指的是什么

鸿都门学是汉代学习、研究文学艺术的高等专科学校，创立于东汉灵帝光和元年(178年)，因校址设在洛阳鸿都门而得名。

鸿都门学的创立是统治阶级内部斗争的产物，是宦官培养拥护自己的知识分子，与士族势力占据地盘的太学相抗衡的结果。而东汉灵帝又酷爱辞、赋、书、画，所以办了这所新型学校。

鸿都门学与太学不同，以学习文学、艺术知识为主，包括尺牍、小说、辞赋、字画等，打破了传统专学儒家经典的惯例。鸿都门学的学生多为无身份的地主及其子弟，以文艺见长。由于灵帝对文艺非常热爱，所以这些学生毕业后都有很好的出路，很多都被授予高官厚禄，有些出为刺史、太守，入为尚书、侍中，还有的封侯赐爵。鸿都门学的创立和发展，促进了当时文学艺术的发展，为唐代各种专科学校的设立开辟了道路。不过，鸿都门学存在的时间并不久，随着汉王朝的衰亡便宣告结束。

"洋务学堂"始于何时

洋务学堂是清政府洋务派官僚创办的一批新式学堂，其目的是为了适应外交事务和洋务运动发展需要。这些学堂大致可分为方言学堂、技术学堂、军事学堂三类，均属于专科学校性质。

所谓方言学堂，即外国语学堂，主要培养翻译人员。比较知名的就是1862年清政府在北京设立的京师同文馆，这是中国近代史上最早的外国语学院，对后世有着深远的影响。

所谓技术学堂，即专门培养科技、制造、矿务等方面人才的学校，如1866年左宗棠在福州设立的福建船政学堂，1867年李鸿章在上海开设的机器学堂等。

所谓军事学堂，是专门培养军事人才的学校，如1880年李鸿章在天津建立的天津水师学堂，是中国最早的军事专科学校，北洋军系就毕业于这所学校。1893年李鸿章在天津创办的军医学堂也属于这类学校，这意味着中国人开始自设西洋医学。

以上这些学堂的建立，为西学在中国的传播奠定了基础，培养了一批军事、技术和外语人才，促进了新式文化和教育事业的发展。不过，这些学堂是洋务运动的组成部分，主要是为其培养外交、翻译和军事技术的人才，所以被各个洋务集团据为私有，带有浓厚的军事色彩和一定的半殖民地半封建因素。

"京师大学堂"是我国第一所大学吗

1898年，我国成立了近代史上第一所国立综合性大学，即京师大学堂，是清光绪帝戊戌变法的"新政"之一。

京师大学堂由孙家鼐在北京主持创立，最开始的校址在北京市景山东街和沙滩红楼等处。在办学内容上以"中学为体，西学为用"为原则，坚持在继承中国古代文明的基础上引进西方资本主义文明和近代科学文化，强调"中西并重"，从而达到融会贯通。在课程设置上，则仿照西方分为两类，即普通学科和专门学科。其中普通学科是学生必修课，包括经学、理学、掌故、诸子、初等算学、格致、政治、地理、文学、体操10科。专门学科即选修课，包括高等算学、格致、政治、地理、农矿、工程、商学、兵学、卫生学等科。此外，还有英、法、俄、德、日5种外语，凡是30岁以下的学生都必须修一门外语。

辛亥革命后，京师大学堂改称北京大学。

"通儒院"是一个什么样的机构

通儒院是我国早期设想的研究生院。早在清朝末年，政府就计划在大学里设立培养专门人才的"通儒院"，类似现在的研究生院。对此，蔡元培在《我在教育界的经验》中曾有提道："清季的学制，于大学上，有一通儒院，为大学毕业生研究之所。"通儒院以"能发明新理以著成书，能制造新器以利民用为成效"为培养目标，以大学毕业生或具备相当水平的人为招收对象。通儒院为五年学制，学员可以不用去教室，只在图书馆和寝室搞研究，也可实地考察。通儒院毕业以平时的研究著述评定，而不需专门的考试。毕业后可由政府下诏予以翰林升阶，也可担任京官、外官职务。

只可惜通儒院这套制度还未来得及实现，清王朝便被民国所取代。不过，通儒院对以后的研究生制度影响深远。

"私塾"是一个什么样的机构

"私塾"是我国古代民间的教育机构，其对象多为儿童。

"私塾"产生于春秋时期，有塾师自己办的教馆、学馆、村校，有地主、商人设立的家塾，还有属于用祠堂、庙宇的地租收入或私人捐款兴办的义塾。私塾的学生并没有入学考试，只要征得先生同意便可入学。入学前，需在孔老夫子的牌位或圣像前恭立，并向孔老夫子和先生各磕一个头作为拜师礼。

私塾规模通常不大，少的只有几个人，多的也不过二十余人。私塾的教材，就是古代通行的蒙养教本，如《三字经》《百家姓》《千家诗》《千字文》《女儿经》《教儿经》《童蒙须知》等等。若需进一步学习，则读四书五经、《古文观止》等。

私塾在秦朝曾被停废过一段时期，此后便一直延绵两千余年，它与官学相辅相成，都为人才的培养和中华传统文化的传播做出了巨大贡献。

新中国成立后，私塾便逐渐消失。

中国古代"四大书院"指的是哪里

在中国历史上，南宋宰相范成大是第一个提出"四大书院"的说法的人，他把山东徂徕书院、江苏金山书院、湖南石鼓书院和岳麓书院并称为天下四大书院。但是，究竟哪四所书院可以称得上"四大"则一直都没有定论。如今，我们通常将岳麓书院、白鹿洞书院、嵩阳书院、应天书院合称为中国古代四大书院。

岳麓书院，是中国目前保存最完好的一座古代书院，它位于湖南长沙南岳七十二峰最末一峰的岳麓山脚。

白鹿洞书院，位于江西省九江市庐山五老峰南麓后屏山下，书院"始于唐、盛于宋，沿于明清"，至今已有一千余年的历史。元代末年，不幸遭到战火的摧毁。明清以来，历代维修，仍承担着办学的职责。

嵩阳书院，位于河南省登封市区北的嵩山南麓，创建于北魏孝文帝太和八年（484年），当时被称为嵩阳寺，后改为嵩阳书院。宋代理学的"洛学"创始人程颢、程颐兄弟都曾在嵩阳书院讲学，此后，嵩阳书院成为宋代理学的发源地之一。

应天书院，位于河南省商丘市睢阳区商丘古城南，其前身是后晋时杨悫所办的私学。北宋政权开科取士，在应天书院百余名学子中，科举中及第的竟多达五六十人，真可谓人才辈出！

以上书院拥有得天独厚的师资条件，虽处在不同的地域，但都吸引了四面八方的学生，对后世有着深远的影响。

第三章 兵制刑法

军队是国家独立自主的保证，是社会稳定的基础。中国历朝历代都非常重视军队建设，为保证军队的战斗力和军队建设的顺利进行，国家制定了一系列有关军事的组织、管理、训练、储备、征募等法规，由这些法规确定下来的制度就是军事制度，古时候称兵制。

我国最早的剑是青铜剑吗

青铜剑是我国最早的剑，早在商周时代便已经存在。商周时期的剑形状像柳树的叶子，通常剑身都比较短，制作也很粗糙。至今出土最早的青铜剑，即"鄂尔多斯直柄匕首式青铜短剑"便是这种形制。这把剑由扁平铜片制造而成，其形状为前端尖锐、两边有刃，剑身无背，无剑格和剑首，剑身短小精悍。古代武士通常将其佩戴在腰间使用。

至春秋晚期，青铜剑的制作趋于成熟化。此时的青铜剑，剑身则达五六十厘米，在剑身和把手之间还有一块凸起来的隔板，叫作"格"。讲究一点的青铜剑，"格"上还会有装饰物，以显示使用者的身份和地位。这些装饰通常使用玉质材料，所以这种剑也叫"玉首剑"。

西汉以后，青铜兵器完全被铁质兵器所取代，青铜剑从此退出了历史舞台。

近代以来，在全国各地相继出土了种类繁多的青铜剑，特别是出土的吴王夫差剑和越王勾践剑，堪称稀世珍宝，价值连城。

总督、都督、提督都有哪些权力

总督、都督、提督是我国古代不同官员的职称。

总督最早出现于明代，由朝廷直接封授，主要负责军务和粮饷。在当时，总督没有固定的职务和品级，属于临时职称，需要时便设立出来，完成任务后便立即撤销。至清代，总督才正式成为封疆大吏，其权力也由军务粮饷扩张至军政大权，下面还设有副将、参将等部属。

都督是全国的军事统帅，最早成立于汉代末年。三国时设有"都督诸州军事"，周瑜就是当时的吴国都督。都督是领兵打仗的将帅，通常不理民事。晋代以后，都督往往兼任驻地的刺史，这样就总揽了军政大权，形成了"军管"。都督的大权独揽，往往会形成"割据"的独立王国，通常对中央集权国家的统一是一种威胁。

提督是清朝省一级的官职，分为提督学政和提督军务总兵官。提督学政又称学政、学台，负责岁、科考试，掌管学术政令，他有权和督、抚一起讨论全省大事；提督军务总兵官是从一品，负责一个省的军务，其权力比巡抚、藩台、臬台的品级还高。

为何古人要随身携带佩剑

我国民间佩剑之风始于周，在汉唐两代开始盛行。

起初佩剑是用于防身，战国以后为便于作战，将剑身变长。至秦代佩剑更长，但这并不利于从剑鞘拔出，秦始皇就因剑长未能及时拔出而差点儿被荆轲刺死。剑不仅仅是战场兵器，在古代，只有贵族腰间才能佩戴，这也是身份和地位的象征。东汉后期，在战场上剑逐渐被刀所取代，从而剑便慢慢地演变为佩饰。晋朝时，达官贵人用木剑、玉剑作佩饰。隋唐时期，佩剑文化发展达到顶峰，佩剑种类繁多，佩剑方式也出现"只佩"、"双佩"等级别规定。直到宋、明时期，男子仍有佩剑的习俗。

古人佩剑还具有礼治和修身养德方面的意义，直到近代，诗词歌赋中仍有很多对剑赞美的佳句。

我国古代的盔甲是怎样的

盔甲也叫甲胄、铠甲，是古代人们在战争中保护身体的器具。盔甲有盔与胄和铠与甲之分，前者是保护头部的防具，像帽子一样，早在黄帝时期就已经存在；后者则是专门用来保护身体的，以免在武力冲突中重要脏器受到伤害。据传，甲是夏朝少康子抒和东夷作战时发明的。

盔甲的材质种类繁多。最初的盔甲是用皮革制成，后改用铜制造。考古发现，殷墟出土的盔甲就有铜盔，而甲在殷商和春秋时大多还是用皮制成的。秦汉以后，盔甲逐步得到改善，已出现大量铜铁的护胸、护臂、护腿。唐朝时出现了用铁链制成的索子甲，增强了盔甲的机动性。至宋代，我国的盔甲形制进一步完备，重量也有所增加。如宋绍兴四年（1134年）的步兵铠甲在29.8公斤左右，而长枪手的铠甲重量则为32至35公斤。与欧洲同时期的骑兵铠甲相比，我国铠甲的重量要重得多。

此外，还有一个不得不说的金甲。金甲，即在铠甲外层镀金，这是古代贵族显耀身份的举措。还有一种金丝甲在古代贵族中也相当盛行，这种盔甲透气性好，并且重量较小，但防护能力差，不能抵挡大力的打击和刺击，其实用性远不及装饰性。

"十八般兵器"指的是哪些兵器

最开始是在元曲中出现"十八般兵器"这一说法，《敬德不服老》中就有"他十八般武艺都学就，六韬书看的来滑熟"的唱词。在不同时期，十八般兵器的具体所指都不尽相同，但基本上大同小异，有长器械，短器械；软器械、双器械；有带钩的、带刺的、带尖的、带刀的；有明的、暗的；有攻的、防的；有打的、杀的、击的、射的、挡的等等。如今，我们一般把刀、枪、剑、戟、斧、钺、钩、叉、鞭、锏、锤、抓、镋、棍、槊、棒、拐、流星锤等称为十八般兵器。

十八般兵器的出现已有很多年的历史了，有古籍记载十八般兵器是由战国时代军事家孙膑、吴起所创。其实，这些兵器的出现远比孙膑、吴起时代要久远得多，至少在中石器时期，我们的祖先就已经懂得制造和使用木棒、石刀、石斧等一类原始的兵器，以便防身和狩猎。随着生产力的发展，人们用青铜、铁等来制造兵器。南北朝以后，铜制的兵器已完全被铁制兵器取代。到了明代，"十八般兵器"已基本定型，成为实战中最常用的兵器。

我国从何时起有火炮

火炮，是利用火药燃气压力等能源抛射弹丸，口径不低于20毫米的身管射击武器，可分为炮身和炮架两大部分。

早在唐末宋初，原始的火炮就已经在我国存在。这种火炮在石炮的基础上，用火药代替石块发射炮弹。北宋军事学家曾公亮等编写的军事著作《武经总要》中，就有关于火炮、火药配制方法的记载。到了元代，我国的火炮技术得到了很大的发展，出现了金属铸成的火铳，即真正意义上的火炮。据考证，中国乃至世界上最早的火炮，为元大德二年（1298年）制造的青铜火铳。该火炮为铜质铸造，铳形为碗口铳，全长34.7厘米，火铳上竖刻两行八思巴字铭文，表明其制造于"大德二年"。

中国的火药和火器在十三世纪传入欧洲，此后火炮在欧洲便得到了迅速发展。至十五世纪中期，欧洲的火炮与火药技术已达高峰，火炮也成为欧洲军队最为重要的军事武器。

古代作战都有什么阵法

中国古代作战讲究阵法队形，即"布阵"。阵法布得好就能充分发挥军队的战斗力，克敌制胜。目前所知的古代阵法中，最有名的便是八卦阵、撒星阵、鸳鸯阵和鱼丽阵。

八卦阵，由战国时期军事家孙膑所创，具体阵势是大将居中，四面各布一队正兵，正兵之间再派出四队机动作战的奇兵，构成八阵。八阵散布成八，复而为一，分合变化，又可组成六十四阵。

撒星阵，由南宋名将岳飞所创，是当时岳家军破金兵"拐子马"的阵法。撒星阵的队形布列如同星星，连成一排的"拐子马"冲来时士兵散而不聚，使敌人扑空。等敌人后撤时散开的士兵再聚拢过来，猛力扑击敌人，并用刀专砍马腿，以破"拐子马"。

鸳鸯阵，是明代戚继光为抗击倭寇而创的阵法。鸳鸯阵分为三队，当敌人进到百步时，第一队士兵发射火器；敌人进到六十步时，第二队士兵发射弩箭；敌人进到十步时，第三队士兵用刀矛向敌人冲杀，杀伤力极强。

鱼丽阵，先秦战争史上出现的最早的可查证的阵法，发明者已无从得知。鱼丽阵是将步卒队形环绕战车进行疏散配置的一种阵法，先用战车冲阵，步兵环绕战车疏散队形，可以弥补战车的缝隙，有效地杀伤敌人。

为什么把参军称作"入伍"

把参军叫作"入伍"，是由我国古代的军阶编制而来的。

自西周起，军队的编制便是按伍、两、卒、旅、师、军，据《周礼》记载，我国古代军队里"五人为伍，五伍为两，五两为卒，五卒为旅，五旅为师，五师为军"，而最小的编队便是"伍"。此后历代军队编制虽都有变化，但"伍"的叫法一直被沿用了下来。近代以来，军队中采用班、排、连等军阶编制，不再采用古老的伍、两、卒等，但"伍"字在部队仍得到广泛的使用，人们仍习惯把参军叫作"入伍"，与"伍"有关的词汇也很多，如"队伍"、"入伍"、"退伍"、"行伍出身"、"行伍习气"等等。

为什么把人头称为"首级"

首级，专指脖颈以上的部分，即人的脑袋。把人头称为首级，起源于秦汉时期军队的一种奖励制度，当时为鼓励军功，规定凡在作战时割下敌人脑袋者，回来赐爵一级。古人将脑袋称为首，一首一级，逐渐"首级"便成了脑袋的代名词。

"首级"制度对奖励将士奋勇杀敌起到了很大的作用，而脑袋就是计功领赏的主要凭证。由于脑袋与军功直接相连，士兵们在战场上也会为争夺首级而自相残杀。如西楚霸王项羽兵败自刎后，就有几十个骑兵为争夺项羽的尸体打斗厮杀，最终数十人死伤，项羽的身体也被分作五处，被士兵拿去邀功请赏。部分士兵还为了换取金钱美女而将自己斩杀的头颅卖掉，无功者因买得首级而加功晋爵，造成了按功行赏制度的不公平。北宋时期，大将狄青向仁宗皇帝多次奏书"首级"制度的危害，仁宗准奏将其废除，"首级制度"自此退出历史舞台。

"击鼓而进，鸣金收兵"都有什么来历

"击鼓而进，鸣金收兵"的说法最早出自《荀子·汉兵》，其中有"闻鼓声而进，闻金声而退"的说法，意思便是击鼓号即进攻，鸣金号则收兵。其中"击鼓"即为敲战鼓，鼓是用牛皮制作的，声音浑厚，可以起到激励将士的作用；而"鸣金"则为敲"钲"，钲是由铜制成，形状似钟而狭长，口向上，敲打时发出的声音清脆响亮且穿透力强，能传播很远的距离，在战场厮杀时，士兵可以清楚地听见，以便指挥。由此可见，"击鼓"和"鸣金"都是古代军事指挥的号令。

关于"击鼓而进"的来历，还有一个有趣的说法。据传黄帝与蚩尤作战时，军队士气不佳。黄帝听说东海流波山上有一种威武雄壮的动物叫"夔"，形状像牛，全身青黑色，目光如炬，叫声如雷。黄帝便剥下"夔"的皮制成八十面鼓，让玄女娘娘亲自击鼓，顿时声似雷霆，军队士气大振，一鼓作气打败了蚩尤，取得了最后的胜利。

"三十六计"始于何时

三十六计，即中国古代三十六个兵法策略。"三十六计"这一说法最早出现于南北朝时期，而《三十六计》一书成书则是在明清时期。该书由后人集结而成，并没有真正的作者。因为书中大部分计谋来自孙武的《孙子兵法》，是后人在研读《孙子兵法》的过程中，将历代军事家的智慧结晶总结而来的。

《三十六计》按计名共分为六套，即胜战计、敌战计、攻战计、混战计、并战计、败战计。前三套是胜战计，即处于优势时所用的战略；后三套则为败战计，即处于劣势所用之计。每套各含六计共三十六计，分别为：金蝉脱壳、抛砖引玉、借刀杀人、以逸待劳、擒贼擒王、趁火打劫、关门捉贼、浑水摸鱼、打草惊蛇、瞒天过海、反间计、笑里藏刀、顺手牵羊、调虎离山、李代桃僵、指桑骂槐、隔岸观火、树上开花、暗度陈仓、走为上、假痴不癫、欲擒故纵、釜底抽薪、空城计、苦肉计、远交近攻、反客为主、上屋抽梯、偷梁换柱、无中生有、美人计、借尸还魂、声东击西、围魏救赵、连环计、假道伐虢。这三十六计是我国古代文化遗产之一，是对古代兵家计谋和军事战略的总结和重现。

"围魏救赵"为何备受称赞

围魏救赵是三十六计之一，出自《史记》卷六五《孙子吴起列传》，为战国时齐军解救赵国所用的方法。

公元前354年，当时魏国军队围攻赵国都城邯郸，双方一直处于僵持的状态，赵军苦守已难以维持。齐国应赵国求救，派田忌为将，孙膑为军师，率八万大军解救赵国。军师孙膑认为，要解救赵国应避实就虚直击魏国要害，不能直接前去攻打。于是，孙膑带兵冲进魏国都城大梁，魏国精锐部队集中在赵国，内部兵力稀薄，所以围攻邯郸的大军必须马不停蹄地赶回都城。齐军乘魏军疲惫之际在桂陵迎敌，一举大挫魏军，此后魏军便一蹶不振。

"围魏救赵"的高明之处在于并没有按常规的方法解决问题，而是逆向思维以表面看来舍近求远的方法，绕开问题的表面，抓住事物的本质，从而使得问题得到了更好的解决。这一避实就虚的战法受到了历代军事家的称赞，并且至今仍有值得借鉴的价值。

象棋中的"楚河汉界"究竟在哪里

在中国象棋的棋盘中分线上，有"楚河汉界"四个大字。在棋盘两边摆上棋子，就形成了黑红相峙的局面，玩家通过棋子之间的较量展示棋艺的高超。其实，黑红棋子的对峙正如两千多年前楚、汉争夺天下的局面，"楚河汉界"也是由此而来的。

那么，历史上的"楚河汉界"究竟是哪里呢？据考证，"楚河汉界"位于古代荥阳成皋一带，现属郑州省，该地北临黄河，西依邙山，东连平原，南接嵩山，是历代兵家必争之地。两千多年前，西楚霸王项羽和汉王刘邦就曾在荥阳展开了长达4年的拉锯战。其中荥阳的鸿沟便是这场两家的分界线，这也成为最精彩的历史片段之一。如今，楚汉时期的部分遗址仍保留在荥阳广武山上，包括汉王城和霸王城两座古城遗址，据传就是当年刘邦、项羽所筑。在两座古城遗址中间，有一条宽约300米的大沟，这便是人们常说的鸿沟，象棋盘上所标注的界河便是依照这鸿沟得来。

"背水一战"里有什么典故

"背水一战"这一典故出自《史记·淮阴侯列传》，用来比喻在艰难的情况下跟敌人决一死战。书中提到"信乃使万人先行，出，背水陈，赵军望见而大笑"，描述的就是发生在汉高祖三年（公元前204年）的一段真实历史。

当时，韩信率数万名新招募的汉军越过太行山向东攻打赵国。赵国派大将陈余率二十万士兵迎战，并占据太行山以东的咽喉要地井陉口。韩信将军队安置在距井陉口三十里的地方，当夜派两千轻骑，各带一面汉军旗帜，从小道迂回到赵军大营的后方埋伏，要求轻骑兵在赵军出营迎战时，立即冲进赵军营垒，拔掉赵军旗帜，竖起汉军红旗。随后，韩信带余下的士兵渡过绵蔓水，背水列下阵势。古代兵法认为，应背山、面水列阵，但韩信却故意违背这一兵法，陈余见状以为胜券在握，便率全军蜂拥而出，打算生擒韩信。汉军背水而战，明知无路可退，只得个个拼命杀敌，所以在半日厮杀后赵军仍无法获胜。由于赵军后方空虚，韩信安排的两千轻骑兵轻易在赵军军营插满汉军大旗，赵军队伍大乱，韩信趁势反击，大败赵军。

韩信借背水一战名声大振，正所谓"陷之死地而后生，置之亡地而后存"，当前临大敌、后无退路之时，将士才能坚定拼死求胜的决心，为求生路而决一死战，最终取得战争的胜利。

"云台二十八将"都有谁

云台二十八将，是指帮助汉光武帝刘秀一统天下、重兴汉室江山的二十八员大将。汉明帝永平年间，为祭奠这二十八位功臣，汉明帝刘庄下命在洛阳南宫的云台上绘其画像，于是便有了"云台二十八将"的说法。

"云台二十八将"包括：太傅高密侯邓禹、大司马广平侯吴汉、左将军胶东侯贾复、建威大将军耿弇、执金吾雍奴侯寇恂、征南大将军舞阳侯岑彭、征西大将军阳夏侯冯异、建义大将军鬲侯朱祐、征虏将军颍阳侯祭遵、骠骑大将军栎阳侯景丹、虎牙大将军安平侯盖延、卫尉安成侯铫期、东郡太守东光侯耿纯、城门校尉朗陵侯臧宫、捕虏将军杨虚侯马武、骠骑将军慎侯刘隆、中山太守全椒侯马成、河南尹阜成侯王梁、琅琊太守祝阿侯陈俊、骠骑大将军参蘧侯杜茂、积弩将军昆阳侯傅俊、左曹合肥侯坚镡、上谷太守淮陵侯王霸、信都太守阿陵侯任光、豫章太守中水侯李忠、右将军槐里侯万脩、太常灵寿侯邳彤、骁骑将军昌成侯刘植。后来在民间流传着这样的传说，即这二十八位大将对应天上二十八星宿，为其下凡转世。后来，光武帝又追加四位大将，分别为横野大将军山桑侯王常、大司空固始侯李通、大司空安丰侯窦融、太傅宣德侯卓茂。

"法""律"分别指的什么

法是由国家制定或认可的行为规范，其目的在于维护统治阶级的社会关系和社会秩序，并由国家强制力保证其实施，是统治阶级实现其统治的重要工具。

在我国古代，"法"字原写作"灋"，左侧的三点水，表示法律、法度的表面公平如水；右侧的"廌"，则为神话传说中一种能辨别曲直的神兽。远古时代，人们将"廌"作为断案的工具，将多个嫌疑人聚集在一起，"廌"用犄角顶谁，谁就是罪犯。

至于"律"，实质上就是古代的"法"，如《唐律疏义》记载："律之与法，文虽有殊，其义不也。"据说是在商鞅变法时将"法"称为"律"，此后"律"字的使用频率甚至要高于"法"，如中国古代法典大都称为律，如秦律、汉律、魏律、晋律、隋律、唐律、明律、清律等。

总的说来，古代是将两个字分开使用的，直到清末民初才将其合二为一，并得到了广泛的使用。

中国第一部成文法是什么

在周朝以前，法律对外是不宣布的，对一定违礼行为施用何种刑罚全凭执法者的意愿，这样作出的裁量存在很大的任意性。春秋时期，在推行社会改革中将争取法律公开作为重要内容。公元前538年，郑国子产把刑法铸在鼎上，当时保守贵族强烈反对这种用固定法律维系社会秩序的做法，但子产坚决推行这一新政。子产执政一年后，郑国出现了路不拾遗、夜不闭户的安定秩序。此后，其他各国陆续推出各国的法律，如刑鼎、竹刑等。公元前407年，魏相李悝综合各诸侯国的成例，拟定《法经》六篇。《法经》成为我国历史上第一部系统化的刑法典，标志着法律秘密时期的终结，至此中国进入法律公开的历史时期。

《竹刑》是谁做的

《竹刑》是春秋时期郑国推行的成文法律,是由郑国大夫邓析编订,他也是春秋末期的思想家,"名辨之学"的倡始人。

邓析与子产同为新兴地主阶级利益革新派的代表人。他创办私学传播自己的学说,同时还广招门生讲授诉讼的技巧。在他的倡导和鼓动下,一股新的革新浪潮在郑国兴起,"学讼者不可胜数"以致"郑国大乱,民口欢哗"。邓析所编制的刑法就是在这时成书,他进行改革,将刑法内容篆刻在竹简上,因此该法得名"竹刑"。《竹刑》的出现是很大的一个进步,因为在这以前,公布成文法都是铸在鼎上,笨重且不利于流通,而邓析所作的《竹刑》很便于携带、交流。

邓析撰写、推广法律的行为严重威胁到了当时的统治者,故被杀害。他的《竹刑》起初并没有法律效力,在他死后,《竹刑》被郑国确认为国家法律,对后世有着深远的影响。

"三尺法"是指法律么

三尺法就是指古代的法律。

在纸张发明以前,法律一般是铸在鼎上的,而在邓析私造"竹刑"以后,法律则主要记载在竹简上。秦汉时,竹简的长短大小不一,一般用短小的来缮写传记、杂文,而较长的则用来撰写经典。

汉代的律令就是记载在长简上的,如史书《盐铁论·绍圣篇》记载:"二尺四寸之律,古今一也"。于是,汉代人把缮写律令竹简的长度粗略的叫作"三尺",并将法律代称为"三尺法"。不过,从考古发掘的实物看,简策的长度并没有严格遵循制度的规定。旧时,把衙门公堂上放的桌案称为"三尺法桌"或"三尺公案"。这并不是因为桌身长三尺,而是因为那桌案是专门用来放捕签、荆签、惊堂木等审案必需品的。

"发号施令"的"令"是什么意思

最早在《尚书·冏命》中出现了"发号施令"这个词。这里的"令",是君主专制时代由皇帝根据时事需要,随时在律之外发布的命令、文告。通常,"令"可以变更或代替"律"的有关规定,具有更高的法律效力。

秦汉时期,将皇帝发布的命令统称为"诏令"。西汉时期,"令"的种类繁多且涉及面非常广,有考核官吏的《功令》,管理监狱的《狱令》,尊养老人的《养老令》等,以致"盈于几阁,典者不能遍睹"。于是,汉代开始为诏令编号,编为令甲、令乙、令丙等,以方便官吏检索。

曹魏立国以后,在律典之外制定了"令典"。律典是定罪量刑的法典,而令典是规定制度的法典。此后历代,如南北朝、隋、唐、宋均采用律典、令典并列的法典体系。明朝时,仅按朝廷六部大概规定一些最重要的制度,令典不再是官府和社会各方面的制度大全。清朝以后取消令典的制定,"令"成为一般法令的泛称。

《秦律》的主要内容是什么

秦代的法律总称为秦律。公元前356年,商鞅在秦国推行变法,他采用李悝的《法经》,并改法为律,即为《秦律》。公元前221年秦始皇统一中国后,修订《秦律》,将其作为全国统一的法律颁行各地。秦二世即位后,又修订了秦朝的律令,不仅有《法经》六篇的内容,还加入了《田律》《效律》《置吏律》《仓律》《工律》《金布律》等内容,使秦朝的法律得到了更好的完善。在刑罚方面,《秦律》的内容比前朝更为丰富,包括死刑、肉刑、徒刑、迁刑、笞刑、赀罚等,其目的就是为了保护封建基础,维护统一的专制主义中央集权封建国家的经济制度,维护地主阶级对农民的政治压迫,镇压农民的反抗活动。

《秦律》对后世有着深远的影响,后代的《汉律》继承了其绝大部分的内容。

《唐律疏议》对后世有什么影响

唐朝《永徽律》的律文注释全书被称为《唐律疏议》。

唐永徽二年（651年），高宗李治命长孙无忌领衔，参考《贞观律》修订并颁布了《永徽律》。由于在执行过程中对《永徽律》的律文理解有所偏差，高宗又下令对其进行疏解，每条下都附有说明和解释，随律颁行。律疏与律文具有同等的法律效力，成为唐代官吏审理案件的标准。这部法典当时称为《永徽律疏》，直到元朝才通称为《唐律疏议》。

《唐律疏议》是一部儒家伦理化的法典，其律文解释在疏注词义的同时又阐明法理，根据战国以来的封建法律理论，对律文的内容叙述其出处，将其含义加以发挥，并补充其不完备的地方，从而使得唐律内容更加丰富。对律文中难以理解的难题，采用生动的问答方式进行阐释，辨异析疑，必要时还大量引用书外法令进行补充。《唐律疏议》是一部极具代表性的刑法典，是古代律学的瑰宝，成为唐以后各朝封建法典制定和解释的标准。

《宋刑统》有哪些内容

《宋刑统》是宋朝律典，沿用了后周的"刑统"名称。该法典于宋太祖建隆四年（963年）完成，并由大理寺刻板印刷后在全国发行，成为中国历史上第一部刻板印行的法典。《宋刑统》的内容和唐律大致相同，除了大量本朝的诏敕外，也收录了唐朝的一些法令和诏敕作为参考。该法典中沿袭了唐律的五刑制度，其他如议、请、减、赎等有关定罪量刑的规定也和唐律相同，由此可见《唐律疏议》对后世的深远影响。不过，宋朝的刑罚发生了一些变化，如凌迟刑就是在宋仁宗时期成为合法的刑罚。

《明大诰》里讲的是什么

《明大诰》是明太祖朱元璋时期一种特别的刑事法规,并不是《大明律》。朱元璋认为,元朝是由于朝廷暗弱才惨遭失败,"威福下移,驯至于乱",因此他主张以猛治国,刑用重典。他对犯罪特别是官吏犯罪处理尤为严重,还将亲自审理的案件汇总总结,并附以自己对吏、民的"训导",合成一种臣民必须严格遵守的刑事特别法,即大诰,以此来训诫和教导他们。

《明大诰》共4编236条,其中74条"大诰",87条"大诰续编",43条"大诰三编",32条"大诰武臣"。《明大诰》的效力凌驾于《大明律》之上,处罚也较重,使用了很多如断手、阉割为奴等法外酷刑,是刑罚制度上的一大倒退。朱元璋统治晚期,他认为国家治理行之有效,便在其他法规里加入了很多大诰的内容,同时也废除了一些法外酷刑。大诰在朱元璋死后基本丧失了法律效力。不过,在明朝末年时,若有人家还保存有大诰,那么在犯流罪以下罪行时可以减轻一等处罚。

"奴隶制五刑"指的是什么

"奴隶制五刑"主要包括黥、劓、刖、宫、大辟等五种。这五刑就是我们通常所说的"肉刑",五种法定刑由轻到重,构成我国早期法律中完备的刑罚体系。

黥刑,也叫墨刑,是在人的脸上或身体的其他部位刺字,然后涂上墨或别的颜料,使所刺的字成为永久性的记号。黥刑早在甲骨卜辞中就有相关记载,可见其存在历史的久远。墨刑在肉刑中属于较为轻微的,但由于施加于面部,是对受刑者精神上的极大羞辱。

劓刑,施行方法是割去受刑者的鼻子。在春秋战国至汉初时期此刑罚使用相当广泛,有无数的人被割掉了鼻子。至汉文帝时,把应受劓刑的罪行一律改为笞刑,隋以后劓刑在刑典中彻底消失。

刖刑，又称剕刑，是指砍去受罚者左脚、右脚或双脚的一种刑罚。刖刑被广泛使用于西周时期，直到春秋战国时期仍被沿用，著名军事学家孙膑即被处以刖刑。汉文帝时期，把应断右脚的罪行一律改为死刑，应断左脚的改为笞五百。

宫刑，又称腐刑，是阉割男子生殖器、破坏女子生殖机能的一种肉刑。宫刑对受刑者不但是肉体上的损害，更是对其心灵上的创伤，使得他们像一株腐朽之木，有干但不能结果。著名史学家司马迁便受过此刑。

大辟，即死刑，是隋朝以前死刑的通称，执行方法主要是斩首。隋朝以后大辟的称法基本上消失，多称死刑。

肉刑是何时废除的

公元前167年，历史上有名的汉文帝刑制改革中废除肉刑。

汉文帝刑制改革的原因是一个案件。当时齐国太仓令淳于意犯罪要被处以肉刑，他没有儿子只有五个女儿，于是便在小女儿缇萦的陪同下来到京城长安，缇萦向文帝上书，说为赎父亲的肉刑愿意去做官奴。终于她的毅力和勇气感动了汉文帝，他下令免除了淳于意的刑罚，也没有让缇萦去当奴婢。

事后，汉文帝责成丞相张苍、御史大夫冯敬等负责修改刑律。同年五月颁行新法律，废除墨刑、劓刑和斩左、右脚改成笞刑和死刑。不过，由于新法中笞刑数量很多，有的三百，有的五百，许多受刑者还是因此丧命。景帝即位后，曾两次颁布诏书对刑制加以改革，最终笞由五百减为二百，还规定了刑具的长短薄厚，以及受刑的部位，行刑中间不许换人等，大大减少了死伤率。

汉文帝刑制改革标志着中国古代刑制从野蛮时期过渡到了文明时期。遗憾的是，在汉文帝宣布废除肉刑后，肉刑中的黥刑一直没有完全根除，它逐渐转变为一种私刑，在沿用数千年之后，在清末光绪三十二年（1906年）修订《大清律例》时才被彻底废除。

"封建制五刑"指的是哪些刑罚

封建制五刑，第一次被确定是在隋朝的《开皇律》中，包括笞、杖、徒、流、死五种基本的法定刑罚。

笞刑始于战国时期，是用法定规格的荆条责打犯人臀或腿的刑罚。笞刑分五等，一等十下，依次每加一等加十下，最高为五等五十下。五刑中最轻的刑罚便是这笞刑，针对轻微犯罪而设，或作为减刑后的刑罚。

杖刑，即用法定规格的"常行杖"击打犯人的臀、腿或背，一等六十下，依次每加一等便加十下，最高为五等一百下，比笞刑稍重。

徒刑，是一种剥夺罪犯人身自由并强制其劳役的刑罚。徒刑最低一年，依次每加一等便加半年，最高为五等三年，是一种兼具羞辱性和奴役性的惩罚劳动。

流刑，即将犯人遣送到指定的边远地区，强制其戴枷服劳役一年，且不准擅自迁回原籍的刑罚。流刑最低迁出二千里，每加一等加五百里，最高为三等三千里。流刑是属较重的刑罚，仅次于死刑。若妇女犯流罪，一般在原地服劳役三年。

死刑，是五刑中最重的刑罚，可分为斩、绞两等。绞刑较轻于斩刑，可保全遗体。

何时有了徒刑

徒刑始于商朝，西周在继承前制的基础上将其发展完善，形成了一套对徒刑的管理制度。比如，西周时期被判徒刑者，将统一囚禁在"圜土"，"以圜土聚教罢民"。"圜土"，即早期的监狱。在服刑期间，犯人都要执行劳役，如《周礼·秋官·掌戮》中记载："墨者使守门，劓者使守关，宫者使守内，刖者使守囿，髡者使守积。"

至秦代，基本上将徒刑和肉刑合并使用。汉朝文帝进行改革后，建立了一套新的以有期徒刑为核心的刑罚体系。此后，徒刑体系便得到迅猛发展，刑期仍旧从一年到三年不等，此后便一直延续到清末。

现代刑法中的"徒刑"与古代有些相似，也是剥夺罪犯的人身自由，将其监禁于特定场所。

什么是迁刑

迁刑即流刑，是将罪犯放逐到边远地区的刑罚。迁刑在很早以前就已经存在了，早在尧、舜时期就有流迁的记载。当时的迁刑有多种称呼，如"放"、"逐"、"迁"、"谪"等，后来名目又有调整，包括"迁徙"、"三流"、"五军"、"发遣"等。

迁刑并没有形成制度，只是作为一种辅刑被广泛使用。迁刑在魏晋法律儒家化的背景下，改变以劳役刑为重心，在乡土观念的前提下，把犯人流至远方，这样在对案犯进行惩治的同时，又维护了社会和统治秩序。受刑之人或家破人亡，孤零出塞；或背井离乡，全家远戍。如楚国贵族屈原就被流放多年，在悲愤交加下带着满腔的爱国热忱自沉于汨罗江。

南北朝后期迁刑开始进入五刑体制，占据其中降死一等重刑的地位。自此，流放之刑以全新的面貌出现在中国刑罚史上，受到我国历代统治阶级的青睐，一直绵延几千年至清末。

笞刑为何主要责打臀部

汉景帝之前，笞刑并没有统一规定受刑部位，行刑人责打犯人臀部、背部、胸部均可。由于人体五脏经脉穴道都集中于胸部和背部，如果用竹板或小荆条抽打背部，可能将犯人误打致伤残或死亡。于是，汉景帝颁发《棰律》对刑具的规格做出规定，且规定笞刑只能打臀部，不可以打胸、背部，因为臀部穴位较少，可有效避免打死犯人。

隋唐时期笞刑、杖刑稍有减轻，笞刑打十至五十下，杖刑打六十至一百下，所以当时的责打部位不局限于臀部，也包括背、腿。宋代则将笞刑具体划分为臀杖和脊杖，分别打臀部和背部，脊杖较重。

从元代开始，规定笞刑和杖刑只能责打臀部，自此一直延续到清末。

什么是烹刑

烹刑是古代酷刑之一，也称烹杀、烹煮。

秦汉以前烹刑十分常见，在《封神榜》中，就有商纣王以烹刑处死犯人的描写。当时，西周始祖周文王被囚于羑里，文王的儿子伯邑考遭到妲己陷害，纣王暴怒，下令将伯邑考处以烹刑，将其"烹为羹"。施行烹刑时，将犯人脱光衣服后扔进一个一人高的大锅内，将锅放在柴火上烹煮，或者加入沸水"烹为羹"。

在正史中对烹刑也有很多记载。如司马迁在《史记》中描述楚汉相争的历史时，就写到楚霸王项羽常使用烹刑处决犯人，他曾用此方法烹杀不肯屈服的汉将周苛，还曾威胁刘邦要以烹刑处死刘邦老父。

在古代西方，烹刑普遍用于专门对付投毒犯，只是具体施刑方法有所不同。西方用来煮沸的液体可能是油、酸、柏油或熔铅，这让犯人更受煎熬。

什么是象刑

象刑，是封建制五刑以外的一种刑罚。象刑的目的并不是摧残人的肉体，而是将带有某种特别象征的"图象"的衣物器具戴在受刑人身上，在惩罚犯罪者的同时对其他人也起到了儆戒的作用。如《尚书·尧典》记载："象以典刑，流宥五刑，鞭作官刑，扑作教刑，金作赎刑。眚灾肆赦，怙终贼刑。"这里的"象以典刑，流宥五刑"，就是指的"象刑"；"流宥五刑"，是指五种"图象"的"象刑"形式。

实行象刑时，可以将不同的"象"画在受刑者的衣服或其使用的工具器物上，从而达到惩罚和警诫他人的目的。象刑虽然不伤害肉体，但却是对人精神上的一种伤害，其损伤程度并不见得比肉体刑罚来得轻巧。毕竟，"象刑"的刑罚是持续一生的。

腰斩是一种什么样的刑罚

腰斩，是古代死刑的方式之一，包青天常用的"铡刑"就是腰斩的一种。腰斩对行刑方法有极高的要求，行刑者需将罪犯从腰部切成两段或两段以上，这样才能增加受刑者的痛苦，延长其死亡的时间。一般来说，受刑人最终因失血性休克而死。

历史上，有很多人被腰斩处死，比较知名的有秦代李斯、汉代晁错。而最后一位被腰斩者据说是俞鸿图。俞鸿图是清朝官员，曾任河南学政，因纳贿营私于雍正十二年（1734年）三月十二日被判斩立决。俞鸿图的死法即为腰斩，监斩人是继任河南学政邹士恒。俞鸿图受刑时非常痛苦，用手指蘸血在地上连续写了七个"惨"字后才慢慢地死去。事后，监斩人邹士恒向雍正皇帝上奏此情景，雍正恻然不忍，于是宣布废除腰斩刑。

斩首和枭首有什么不同

斩首是死刑的一种，也称砍头、杀头或问斩，即砍去犯人的头部。斩首在我国古代被广泛使用，常用的斩首工具有斧、剑、刀等。斩首时必须在关节之间完全斩断，不能让首级与身体有一丝连接，所以刽子手在行刑前都要进行严格的训练。

在中国历史上斩首一直被延续数千年，直至清末才流行以枪决代替斩首。1912年，民国政府正式在法律中宣布废除斩首一刑。

枭首，即将斩首后的犯人首级插在高竿上，放在公共地方以儆效尤。人们远望人头像是夜枭站立于树端，因而称之为枭首。中国枭首始于秦朝，六朝时被写入律典，至隋朝时被废。明朝时枭首又出现在法律中，最初用来处死杀母弑父者，后又用于强盗。清袭明制，至清末法学家沈家本重修律法时才正式将枭首废除。

"凌迟"的残酷在哪里

凌迟是古代酷刑之一，民间称之为"千刀万剐"。行刑时，刽子手用小刀逐块割下数百至数千块受刑者身上的皮肉。行刑期间必须保证受刑者头脑清醒，如果受刑者立刻死亡，则说明刽子手行刑失败。通常，受刑者要忍受数小时的痛楚才会气绝身亡。

凌迟大约始于五代，《文献通考》记载凌迟是在宋代中后期开始被使用，不过当时并非官刑，直至元代以后，凌迟才与斩首、绞刑同列法典。明初，朱元璋在《大诰》中列入凌迟，此后便在明代多次使用。比较知名的受刑者有明惠帝时重臣方孝孺、明武宗时代宦官刘瑾、明末建州豪强王杲、明崇祯年间知名将领袁崇焕等。其中宦官刘瑾被生割三千三百刀，在受刑三日之后方才死去。

凌迟在清代也得到了广泛的使用，如太平天国将领石达开即使在同治二年被凌迟处死，相传其被割一百多刀始终默然无声。清光绪三十一年（1905年），法学家沈家本主持修订《大清现行律例》时，凌迟被"永远删除，具改斩决"。

"大理寺"是一个什么机构

大理寺是古代官署名，相当于现代的最高法庭，主要掌管刑狱案件的审理。

早在秦汉时期大理寺就已经出现，当时名为廷尉，负责审核各地的刑狱重案。此后，廷尉曾四次改名为"大理"。不过，每次更名持续时间都不长，很快就又被改回廷尉。其中"理"，即古代掌握刑罚事务的人，而"大理"则有天官贵人之牢曰大理的含义。直到北齐时才正式定名为大理寺，此后历代便一直沿用此名。

大理寺虽主管刑狱，但其所断的案件需经过刑部的审批，最终由刑部审核判决。若刑部判决不公，大理寺可上奏圣裁。清朝时，大理寺改称大理院，职能上与前朝相反，由刑部负责审判，大理院负责复核。

"登闻鼓"有什么作用

登闻鼓指的是悬挂在朝堂外面的大鼓。古代直诉，不仅包括击鼓鸣冤，也包括直言谏诤者通过击打登闻鼓向朝廷提出意见和建议，挝登闻鼓便成了我国古代最重要的直诉方式之一。

相传"敢谏之鼓"早在尧舜之时就已经存在了，凡欲直言谏诤或申诉冤枉者都可通过挝鼓上言。至周朝，朝廷在路门之外悬挂"路鼓"，由太仆主管，御仆守护，若有人击鼓须立即报告太仆，太仆再报告周王，不得延误。这"路鼓"就是后来的"登闻鼓"。

明清以前，朝廷对登闻鼓十分重视，唐代规定有人挝登闻鼓，主司必须立案审查，否则加罪一等。至宋代，则专设登闻鼓院和登闻鼓检院，专门受理吏民申诉的案件。至明清时期，朝廷虽然也设立登闻鼓，但并未真正发挥上达民情、监督官僚的作用，已经成为一种形式。清朝廷甚至规定"必关军国大务，大贪大恶，奇冤异惨"者才能击打登闻鼓，违者重罪。在当时为防止无端刁民恶意上访，凡击登闻鼓者先廷杖三十。这样一来，普通百姓再不敢击鼓鸣冤，在清代登闻鼓已名存实亡。

什么是神判巫术

神判巫术是一种古老的裁判方法，也称神裁、神断、天罚等，即将人间是非真伪和财产纠纷交由神灵裁判。在上古传说中，皋陶氏就曾用此方法审案，审案时把一只"神羊"带到跟前，神羊用角碰谁那他便是罪犯。除了"神羊"，古代还有火判巫术，方法是让犯罪嫌疑人用手捡出火塘或临时烧的一堆炭火中的一块石头，或者一块铁。

倘若手未被烧破，就认定为无罪，否则就有罪。我国古代的阿昌族还有"烧蜡烛"的神判巫术，即由争执双方各点一支蜡烛，以燃烧时间的长短来决定双方的是非。

现在看来神判法荒谬至极，只是简单地依靠运气断案，而不根据事实证据和法理，带有明显的迷信色彩和不可预测性。不过，神判巫术在当时却是人们对司法公正的一种合理选择，是民间习惯法的重要发展阶段，它有效避免了古代解决争议常采用的血亲复仇、部落械斗等方式，在一定程度上实现了司法的原始正义。

古代审讯中的"五听"指什么

最早在《周礼·秋官·小司寇》中出现了"五听"，这是古代司法官吏在审理案件时观察当事人心理活动的五种方法，分别是辞听、色听、气听、耳听、目听。

"辞听"即"观其出言，不直则烦"，就是观察当事人的语言表达，说真话的人通常理直气壮，而理屈者则语无伦次。

"色听"即"察其颜色，不直则赧然"，就是观察当事人的面部表情，理屈的人通常会表现得面红耳赤，手足无措。

"气听"即"观其气息，不直则喘"，就是观察当事人陈述时的呼吸，说假话的人通常气息不稳，会显得有些气喘。

"耳听"即"观其聆听，不直则惑"，就是观察当事人的听觉反应，理亏的人通常听觉会失灵。

"目听"即"观其眸子视，不直则眊然"，就是观察当事人的眼睛和目光，理亏的人通常眼神游移，躲躲闪闪，不敢正视他人。

于西周时期出现"五听"审讯法，此后历代都将其作为刑事审判的重要手段，如《唐六典》规定："凡察狱之官，先备五听。"如今来看，"五听"审讯法太过于主观，但很明显，比起夏商"神判"已经有非常大的进步了，说明西周时期已经注意到运用心理分析问题，并将其运用到司法实践之中，对后世产生了深远的影响。

"三法司会审"是一种审判制度吗

"三法司会审",是我国古代审判制度的一种。

"三法司",源于战国时期的太尉、司空、司徒三法官,后世也将其称为三公、三司。此后,三法司的职称多次发生变化,如汉代以廷尉、御史中丞和司隶校尉为三法司。唐代三法司则是指刑部尚书、御史大夫、大理卿,至明清两代则以刑部、大理寺、都察院为三法司。名称虽有所不同,但实际职责却是一致的。古代凡遇重大案件,都需由主管刑狱机关会同监察机关、司法机关共同审理。隋唐需由刑部、御史台会同大理寺实行三法司会审,明代则由大理寺、刑部、都察院三机关组成三法司会审。

三司会审一般由皇帝下令,三大司法机关承命,审理结果经皇帝批准后执行。清朝也继承了三法司会审制度,只是清代将大理寺作为复核机关,凡刑部、都察院审理的案件均须经其复核。都察院是中央监察机关,有权监督刑部的审判和大理寺的复核。清代还增设了热审、秋审、朝审制度,进一步完善了刑狱案件的审理。

"八议"是一种特权制度吗

"八议"是古代诉讼的一种特权制度。

古代刑律规定以下八种人:"议亲",即皇帝的亲戚;"议故",即皇帝的故旧;"议贤",即德行出众的人;"议能",即有大才干的人;"议功",即对国家有大功劳的人;"议贵",即三品以上的官员和有一品爵位的人;"议勤",即特别勤于政务的人;"议宾",即前朝国君的后裔被尊为国宾的。他们犯罪时必须交由皇帝裁决,司法机关对其没有审判权利。皇帝根据其身份及具体情况减免刑罚。"八议"最早源于西周的八辟,在曹魏的《新律》中首次入律,是"刑不上大夫"的礼制原则的具体体现。

"八议"在犯罪时，可享受特别的法律待遇，如唐朝法律就规定，如果他们犯的是"流"罪以下，可减一等处理，如犯了十恶重罪必须处死，即便不能免死，也要采用最为体面的方式行刑。

"八议"是历代法典中的一项重要制度，使封建贵族官僚的司法特权得到明确公开而又严格的保护，被沿用数千年从未更改，直至新中国成立后才将其废除。

古代审案为何要用"惊堂木"

惊堂木是一块长方形的硬木，也叫醒木、界方、抚尺、气拍。惊堂木有棱有角，使用时需用中间的手指夹住，轻轻抬起在半空稍等片刻后再急落直下。古时官员审案使用惊堂木在严肃法堂壮大官威的同时对犯人也起到了一定的震慑作用。

早在春秋战国时期惊堂木就已经出现，如《国语·越语》中记载："惊堂木，长六寸，阔五寸，厚二寸又八，添堂威是也。"唐代之前为了使用方便将"惊堂木"的顶面做成弧形，但上面并没有图案。唐太宗时期，有龙、虎、狮子等动物图案出现在惊堂木上。宋代惊堂木形制统一，一律雕刻成张牙舞爪的卧龙模样，十分威武。此后，各朝代惊堂木多为龙形，只是稍有差异，如明代龙形肥大，清代龙形瘦小，看起来就像一条小蛇。

惊堂木的选材非常讲究，多采用像檀木、酸枝、黄花梨、鸡翅木、黄杨木等高档红木，这种木料质地坚硬，纹理细腻，敲击桌案时声音十分响亮。在北方，也有人用桑、枣、黑槐木制作惊堂木。

何时有了"监狱"

监狱，即关押犯人的场所。在我国很早便出现了监狱，早在夏代就有用土筑成圆形的监狱，名曰"圜土"。此后历代均设有监狱，只是名称不同，如殷商监狱叫"羑里"、"冰圉"，西周将监禁短期犯人的监狱称为"嘉石"，监禁重犯的监狱称作"囹圄"，暂时羁留嫌疑犯的场所则叫"稽留"。战国及秦代沿用了"囹圄"这一名称，将监狱统称为囹圄。

从汉代开始，监狱才正式定名为"狱"，直到元朝一直被使用。明朝时，将狱称为"监"，有监察之意，清代以后合称为"监狱"，自此便一直沿用至今。此外现在也有看守所、拘役所等称呼，只是具体职能与监狱稍有不同。

"诏狱"指的什么狱

"诏狱"在古代有两种含义，一种是由皇帝直接掌管的高等监狱，专门负责关押王公、将相大臣、后妃、皇族等朝廷钦犯的特殊监狱；另一种则是指由皇帝亲自下诏书定罪的案子。

最早是在《汉书·文帝纪》中出现"诏狱"二字，文中有"绛侯周勃有罪，逮诣廷尉诏狱"的记载。在汉代，很多知名大臣如周勃、周亚夫、赵广汉等人都曾下诏狱。诏狱不仅在关押犯人方面有独特之处，另外在审讯程序方面也不依照现行法律，通常由皇帝亲自处理，一张诏书便可决定案犯生死。

明中期以后，由于锦衣卫、东西厂的盛行，诏狱也得到了迅速的发展，成为专门的皇家监狱。锦衣卫、东厂诏狱审案多由太监指使，肆意使用酷刑，甚至私毙犯人，对此刑部、大理寺、都察院等司法机关均无权过问。不过，虽然诏狱违背了法制的公平性，但它在考察皇帝诏旨和国家狱政方面意义非凡。

"班房"是指监狱吗

如今，班房常被代指监狱。而在古代，班房和监狱存在很大差异。古代的班房并不是监狱，而是由州县衙门的"三班衙役"开办的临时看守所。案犯在衙门等待升堂审判前，由于尚未审判，不能将其关进州县监狱，因此需要一个临时的场所羁押看管。通常，捕快会在自己家里弄一个"阱房"，装上栅栏，把人关在里边。也有些捕快找闲置的空仓、冷铺作为看管地点。由于衙役们碰头的地方叫"班房"，人们就习惯性地把捕快自办的拘留所统称为"班房"。后来，班房的规模发展壮大，一些查无报案又没有证据的疑犯，或是一些办无重罪、放又扰民的轻罪惯犯，也会被指令打入班房，由捕快统一看管。

与班房相比，监狱地点固定，设施也相对完善，是正式关押犯人的地方。古代，监狱和班房各有所指，到了现代才被混为一谈。

为何犯人要剃光头

在古代剃光头是一种刑罚，称作髡刑。通常将其作为徒刑的附加刑经常被使用。古时有"身体发肤授之于父母"的观念，且男子以长发为美，所以人们对于头发十分爱惜珍重。对犯人施以髡刑，不仅要剃光头发，还要剔除胡须和鬓毛，是对犯人在人格上的贬低和精神上的侮辱。从实际管理方面，剃光头也是益处多多，如更利于维持囚犯卫生，防止头发里藏物品，而且很容易加以区分。一旦有囚犯逃跑，抓捕时更容易识别和发现目标，即便罪犯戴上假发伪装也很容易被识破。所以，至今监狱管理方仍采用这种制度。不过，在司法文明进步的同时，这一传统做法也在逐步发生着变化。目前，海口、上海等地已取消了这一强制规定，犯人可以留板寸头，这也是监狱管理走向人性化的体现。

古代可以花钱免刑吗

古代有赎刑这一制度,即允许犯人缴纳一定的财物以抵免刑罚。

赎刑起源于尧舜时代,《尚书·舜典》中就有"金作赎刑"的记载。在战国时期,对案情有疑问而无法查清、定罪;量刑遇到困难无法确认或者犯罪者"意善功恶"时,可以缴纳财物抵免墨、劓、刖、宫、大辟等刑罚。汉朝时,赎刑成为国家聚敛财富的手段,如汉武帝时纳钱五十万就可以减死罪一等。

汉以后,赎刑演变成严密而具体的制度,明确规定了哪些刑罚适用于赎刑制度及相应的赎金。历代赎罪财物不尽相同,汉代以前用铜;汉时用以黄金计价的粟、细绢;晋、宋、齐用金、绢;唐、宋则改用铜、金以及牛马杂物;明用钞、钱,间或纳米,甚至可用工作抵偿;清用白银。

赎刑引发了后世司法制度的腐败,正所谓"衙门口朝南开,有理没钱莫进来",有钱人即便罪恶滔天,仍可用金钱来赎免,同时也加重了官员的腐败。

"十恶不赦"都包括哪"十恶"

在现代汉语中,常用"十恶不赦"来形容恶贯满盈、罪不可赦之人。这里的"十恶"是对重大罪行的泛指,并非实指。而在我国古代刑罚律令中,"十恶"则指十个具体的刑法罪行,《齐律》称其为"重罪十条",规定凡犯"重罪十条"者,绝不赦免刑罚。隋唐时期,隋代《开皇律》与唐代《唐律疏议》通过对其进一步修订和完善,正式形成了"十恶不赦"的罪名说法:

一、谋反,历代都被视为十恶之首,指企图推翻朝政;

二、谋大逆,指毁坏皇室的宗庙、陵墓和宫殿;

三、谋叛,指背叛朝廷;

四、恶逆，指殴打和谋杀祖父母、父母、伯叔等尊长；

五、不道，指杀害无辜的一家人及将人进行肢解；

六、大不敬，指冒犯皇室尊严，如偷盗皇帝祭祀的器具和皇帝的日常用品，伪造御用药品以及误犯食禁；

七、不孝，指不孝祖父母、父母，或在守孝期间结婚、作乐等；

八、不睦，即谋杀某些亲属，或女子殴打、控告丈夫等；

九、不义，指官吏之间互相杀害，士卒杀长官，学生杀老师，女子闻丈夫死而不举哀等；

十、内乱，亲属之间通奸或强奸等。

由于"十恶"罪行直接危害了封建专制制度的核心君权、父权、神权和夫权，所以自隋唐确立"十恶"之罪以后，被历代封建法典视作不赦之重罪。

古代真的有免死金牌吗

免死金牌，类似于现代的勋章，只是在形制上稍有不同，内涵也更为宽泛。它属于丹书铁券的一种，是封建帝王颁发给功臣、重臣的一种带有奖赏和盟约性质的凭证。

在汉高祖时期出现了丹书铁券，是用朱砂在铁板上面写字而成。镌刻的内容一般包括四个方面，一是赐券的日期，赐予对象的姓名、官爵、邑地；二是记载被赐者对朝廷的功勋业绩；三是皇帝赐予的特权；四是皇帝的誓言。按相关规定，持有铁券的功臣、重臣及其后代，可以享受皇帝赐予的特权，为取信和防止假冒，铁券须从中剖开，朝廷和诸侯各存一半。

自唐以后，铁券由丹书变为嵌金。而且，最初的铁券并没有免死功能，自南北朝以后，持铁券者犯谋反、大逆以外的罪行皆可免死，于是便有了"免死金牌"这一称呼。铁券可世相传袭，作为享有特权的保证，所以人们又称铁券为"世券"。

"秋决制度"是怎么回事儿

古时候，"大逆"、"大盗"这类重犯，若被判斩立决，则立即执行死刑。其他被判一般死罪的犯人，一律暂缓到霜降至冬至期间行刑。古人认为人的行为包括政治活动都要顺应天时，否则将会受到天神的惩罚。皇帝贵为天子，更要遵守天意，按照天时行事。而春夏是万物复苏的季节，秋冬则是树木凋零的季节象征着肃杀。所以处决犯人须在秋天霜降后冬至以前执行。这也是古人的自然神权观念在行刑制上的体现。古代行刑还有日期禁忌，如唐、宋规定正月、五月、九月为断屠月，不可处决犯人。每月的十斋日为禁杀日也不可处决犯人，分别为初一、初八、十四、十五、十八、二十三、二十四、二十八、二十九，在这期间即便是犯了谋反重罪也不得行刑。明朝也规定十斋日禁止行刑，否则笞四十。国家进行较大的祭祀活动时，也要禁止行刑。

古代死刑为何选在午时三刻执行

古代小说中有"午时三刻开斩"之说，意即在十二点之前十五分钟开刀问斩。因为午时三刻太阳处于正中央，是地面上阴影最短的时候。古人认为这是一天当中"阳气"最盛的时候，而杀人为"阴事"，无论被杀的人是否罪有应得，他的鬼魂总是会来纠缠判决的法官、监斩的官员、行刑的刽子手以及和他被处死有关联的人员。所以，古人选在阳气最盛的时候行刑，以避免犯人死后再来纠缠。

另外，在"午时三刻"人通常处于"伏枕"的边缘，此时精力最为萧索。"伏枕"即为要睡觉的时候，此时犯人懵懂欲睡，行刑时痛苦会减少很多。若犯人被押送至法场后，时间还不到"午时三刻"，行刑官则需等到"午时三刻"才能开刀问斩。若错过了这一行刑时间，通常要推迟至第二天行刑。

"株连九族"的"九族"指的是哪九族

株连九族，就是一人犯死罪，家族所有成员共同承担刑事责任的刑罚制度。通常在犯下"通番卖国""欺君犯上""密谋造反"等滔天大罪时，统治者为免除后患、斩草除根，就会对罪犯施以此刑，以巩固自身政权。在商朝出现了这一刑罚，当时只斩杀罪犯及其后代。至秦代，逐渐发展为诛三族、五族、七族。隋朝时曾被隋文帝废除，但到了隋炀帝时又开始使用并扩至诛九族。韩国、日本和越南与中国同属儒家文化，也都曾使用这一种刑罚。

这里需要特别说明的是，古籍中对九族的解释有所差异，一种说法将九族规定为九代的直系亲属，包括高祖、曾祖、祖父、父亲、自己、儿子、孙子、曾孙、玄孙；另外一种说法则认为九族指外祖父、外祖母、从母子、妻父、妻母、姑之子、姊妹之子、女之子、己之同族。不管九族指代的具体是哪些家族成员，其株连范围都相当广泛，稍有牵连者都难逃一死。

"连坐"是怎样一种刑罚

连坐，指本人并未犯罪，但因与犯罪者有某种关系而受牵连入罪。

连坐的出现有悠久的历史，早在夏、西周、春秋、战国时期连坐就已经成为一种制度。至秦代商鞅变法时，连坐逐渐正式化。秦朝时居民以五家为"伍"，十家为"什"，"什"和"伍"都是最基层的行政单位。商鞅规定，一家有罪，九家必须连举告发，若不告发，则十家同罪连坐。商鞅这一举措目的是为了"夫妻交友不能相为弃恶盖非，而不害于亲，民人不能相为隐"，即要最亲密的夫妻和朋友也不能互相包庇，而要向政府检举揭发，使得任何"恶""非"都不能隐匿。

商鞅的连坐法不仅应用于乡里居民中，也实行于军队行伍中。秦代军队五人编为一伍，并记录在册。若有一人逃亡，其他四人就要受到处罚。连坐法在中国施行了几千年，民国时期国民党政府在一定区域实施的保甲制度，也以戒严令、行政命令规定连坐办法。在新中国成立后才被彻底废除。

古代也可以离婚吗

我国古代夫妻可以离婚，且在西周以前离婚相当自由，所谓"夫妇之道，有义则合，无义则去"。自周朝开始，逐渐建立了夫权制婚姻家庭制度，但家庭基础并不稳固，《周易》有许多关于妻子离家出走、男子招赘、寡妇抛弃孩子改嫁等现象的记载。唐宋时期，夫权意识得到强化，法律规定"妻妾不能擅去其夫"，但在特殊情况时，可以向官府申诉离婚。

古代贵族离婚有一定的仪式。《礼记》中就有"有夫出妻"和"有妻出夫"仪式的相关记载。离婚仪式上，双方都要以谦辞自责，首先要重述夫妻缘分，接着说明如个性不合等离婚原因，最后要互相送上离婚祝福。由于婚姻关系是两个家族的事情，所以离婚仪式需要两家父母、亲戚共同做证。

古代虽然离婚得到了认可，可人们并不提倡离婚。如宋代以后，大多数士大夫认为出妻的人没有品行，所以当时离婚率非常低。

"七出"指的是什么

七出，也叫七去、七弃，是中国古代法律规定夫妻离婚时所需具备的七种条件。当妻子符合其中一条时，丈夫及其家族便可要求休妻。这七种条件分别为：不顺父母，即不孝顺公婆，在古代这是大"逆德"的事情；无子，即生不出儿子，无法传承家族香火；淫乱，即与丈夫之外的男性发生性关系，造成家族血缘混乱；善妒，即喜欢嫉妒，这会造成家庭不和，若对丈夫纳妾有嫉妒心理，还会妨害家族延续；有恶疾，即患有严重疾病，不能一起参与祭祀；口多言，即太多话或喜欢说别人闲话，这会离间家族和睦；窃盗，即妻子存有私房钱。

总的来说，七出的内容多从夫家的利益出发，是对女性的一种凌辱和压迫。不过，从另一个角度考虑，古代社会男性处于优势地位，七出减少了女性被夫家随意抛弃的事情发生。在古代，未满足"七出"要求而擅自出妻是有罪的，唐律就规定"诸妻无七出及义绝之状而出之者，徒一年半。"

什么是"三不出"

"三不出"，也称三不去，是我国古代婚姻制度中，对丈夫不得任意休妻的三种情况的规定。通常来说，妻子若是满足七出的条件，依照礼制及法律，丈夫便可以休妻。但七出所指范围过于广泛，夫家很容易以此为借口休妻，因此便出现了三不出，用来保障妻子不被任意休掉。

"三不出"最早出现在汉代的《大戴礼记》中，文中记述当婚姻里出现以下三种情况时，夫家不可提出休妻：一为"有所娶无所归"不出，即妻子家族散亡，若妻子被休则无家可归；二为"与更三年丧"不出，指妻子曾替公婆服丧三年则不得休；三为"前贫贱后富贵"不出，指妻子曾与丈夫同贫贱、共患难，在丈夫发达富贵后不得休妻。

"八旗制度"有什么特色

八旗制度，源于满族先世女真人的一种狩猎组织"牛录额真"，是清代满族的社会组织形式。当时女真人在狩猎时，用若干个"牛录"组成一个"固山"，用旗帜作为标志来确定方位、进行引导。固山，便是指汉语中的"旗"。

在统一女真各部的战争中，努尔哈赤的势力得到逐步扩大。明万历二十九年，努尔哈赤开始整顿编制，建立黄、白、红、蓝四旗，皆为纯色，并将其分别称为正黄、正白、正红、正蓝。后来，为适应满族社会发展的需要，努尔哈赤在原有四旗的基础上，创建了八旗制度，即在四旗之外，增编镶黄、镶白、镶红、镶蓝四旗，要求丁壮平常在家劳作，若一旦发生战事便要充当士兵为国效力。清军入关后，八旗营区系统地分布于全国的军事要地，实行永久性的驻扎，直到清朝解体，八旗军事组织制度才随之瓦解，但部分八旗的后代仍自称为旗人。

何时有了"文字狱"

文字狱，是封建社会统治者迫害知识分子的一种冤狱，即在作者的诗文中摘取字句，罗织成罪，严重者会因此引来杀身之祸，甚至满门抄斩乃至株连九族。

文字狱在北宋才逐渐兴起，在隋唐以前并不多见，其中比较有代表性的是"乌台诗案""黄庭坚碑文"案等。当时的文字狱实质是各政党之间的互相迫害，文字狱是打击政敌最好的手段。至清代，文字狱发展到极致，而且越是在统治稳定的时期，文字狱就越是频繁。

据史书记载，顺治帝兴文字狱7次，康熙帝兴文字狱12次，雍正帝兴文字狱17次，乾隆帝兴文字狱130多次。文字狱的案犯多被处以死刑，而且牵连的范围相当广泛，这意味着生者凌迟、死者戮尸、男性亲族15岁以上者连坐立斩。乾隆时期由牵强附会、望文生义、捕风捉影造出的文字狱，更是数不胜数，甚至一些疯子胡乱涂抹也被定为"逆案"，将其凌迟处死，可见文字狱株连之广、危害之深。

第四章 四书五经

四书五经，泛指儒家经典著作。儒家文化在封建时代居于主导地位，作为儒家经典的四书五经，其地位之重要，影响之深广，是其他任何典籍所无法比拟的。统治者可以从中寻找治国平天下的方法策略，而且对伦理道德的确立、臣民思想的规范、民俗民风的导向，无一不依从儒家经典。

"四书五经"指的是什么

"四书五经"指的是"四书"和"五经"的合称，是中国儒家经典书籍。

"四书"是儒家传道、授业的基本教材，具体是指《论语》《孟子》《大学》和《中庸》。几百年来，"四书"在我国流传甚广，其中许多语句仍被现代人作为格言警句。

"五经"，指《诗经》《尚书》《礼记》《周易》《春秋》这五种经典，简称为"诗、书、礼、易、春秋"。在之前，还有一本《乐经》，合称"诗、书、礼、乐、易、春秋"，这六本书也被称作"六经"。后来，《乐经》亡佚，只剩下"五经"。

"四书五经"对中华民族思想文化发展史上最活跃时期的政治、军事、外交、文化等各方面都做了详尽的记载，核心思想是对中国文化有几千年影响的孔孟哲学，是儒家思想的核心载体，更是中国历史文化古籍中的瑰宝。历代统治阶层都非常推崇"四书五经"，科兴选仕的试卷必出自"四书五经"，足以见得它对为官从政、为人处世的重要性。

《论语》讲的是什么内容

《论语》是儒家经典之一，在春秋战国时期，由孔子的弟子及其再传学生记录整理编著成书，主要记录了孔子及其学生的言行。宋代赵普就有"半部《论语》治天下"的说法，可见其对后世影响之深远。

《论语》全书共有11705字，分为二十篇，前十篇被称为《上论语》，后十篇被称为《下论语》，每篇取篇首两字为篇名，每篇章数不等。在语言风格上，《论语》遣词酌句精练而形象生动，是语录体散文的典范。《论语》通篇内容围绕孔子展开，书中不仅有对孔子仪态举止的静态描写，还有对其个性气质的刻画。书中对孔子的教学方式也有非常详尽的描述，书中提到孔子能够因材施教，对于不同的对象，他会根据其不同的素质、优缺点、进德修业等，对其进行不同的教诲。《论语》还对一些孔门弟子的形象进行了描述，如子路的率直鲁莽，颜回的温雅贤良，子贡的聪颖善辩，曾皙的潇洒脱俗等等，都给人留下了深刻的印象。

《论语》的注释有很多版本吗

西汉经学大师孔安国所著的《论语孔氏训解》是《论语》最早的注释本。但该版本一直存在争议，清代有学者还认定其为伪书。但事实上，《论语》一书确有注释并非后人伪造，孔安国曾经的确写过《古文论语训解》，只是流传下来的《孔注》经过后人多次的口传笔抄及增删，已经失去了原来的模样。孔安国对《论语》的注解，在兼顾大义的同时重在训诂，是儒家经典中"行于世"的最早注本。

孔安国后，产生较大影响的注本是东汉末郑玄的《论语注》。郑玄根据《张候论》，参照《齐论》《古论》，作了《论语注》。郑玄的注本失传后，《齐论语》和《古文论语》便逐渐亡佚了。

汉以后，历代出现了很多《论语》的注释版本，其中较为重要的包括：三国时魏国何晏《论语集解》，南北朝梁代皇侃《论语义疏》，宋代邢晏《论语注疏》，南宋朱熹《论语集注》，清代刘宝楠《论语正义》等。其中《论语注疏》《论语集注》是阅读《论语》的基础，而清代的《论语正义》则可作为深入研究《论语》的必读著作。

《孟子》写的是什么内容

《孟子》成书于战国中期，是记载孟子及其弟子言行的一部著作。全书共38125字，分为《梁惠王》《公孙丑》《滕文公》《离娄》《万章》《告子》《尽心》七篇，共二百六十一章。

关于《孟子》的篇目，《汉书·艺文志》说有十一篇，即在七篇外另有《性善辩》

《文说》《孝经》《为政》四篇外书，人们又将其称为"外书四篇"。不过，东汉经学家赵岐认为外书四篇内容浮浅，与内篇不符，应该是由后人所作。流传至今的《孟子》，即赵岐所说的内篇，该版本记述了孟轲一生的主要言行，突出地记述了他主张仁义、反对暴政和武力兼并的政治思想，以及"民为贵，社稷次之，君为轻"的民本主义思想。

《孟子》在我国历史上产生了非常大的影响，但该书在成书后一直未被重视，直至唐代，孟子被韩愈列为先秦儒家中唯一继承孔子"道统"的人物后，才出现了一个孟子的"升格运动"，《孟子》一书的地位也逐渐提升。北宋神宗年间，《孟子》一书首次被列为科举考试的科目之一，之后《孟子》成为"四书"之一，成为儒家的经典。

《孟子》对后世有何影响

在战国时期《孟子》一书一直未受重视，因为该书主张"民为贵，社稷次之，君为轻"，即民贵君轻的思想，突出仁政、王道的理论。而与当时战国竞争激烈的社会现实不相符，所以在当时少有君主重视。

宋代理学盛行，统治者才广泛接受《孟子》所倡导的儒家仁义礼智以及儒家的思想和仁政措施，借此，孟子的思想也流传甚广。《孟子》在政治和经济方面的新主张，如改进传统的"重农抑商"思想，阐述的"井田制"理想等，对后世确立限制土地兼并，缓和阶级矛盾的治国理论有着深远的影响及指导意义。此后，《孟子》成为人们修养品德和行王道仁政的理论根据。

《孟子》还继承和发展了孔子"因材施教"的教学方法，他认为教育学生必须要有一定的标准，使学生明确自己的奋斗目标。他所倡导的学习和教育方法是我国古代教育学的结晶，对我们今天的学习和教育仍有着深远的影响。

《大学》是怎样一本书

《大学》是儒家经典著作。这里的"大学"指的并不是高等院校，而是相对于古代的"小学"而言。古代小学"详训诂，明句读"，教习人们学习"洒扫应对进退，礼乐射御书数"等，而"大学"讲的则是治国安邦之道，是大人之学。古人十五岁入学，学习伦理、政治和哲学等"穷理正心，修礼治人"的学问，也就是学习如何参与国家政治。

《大学》原为《礼记》第四十二篇，不分章节，在南宋前从未单独刊印。宋朝程颢、程颐兄弟把它从《礼记》中抽出来后重新编排章节。如今我们所见的《大学》分为经、传两个部分。"经"是核心部分，"传"则是"经"的注释，经共205个字总为一章；传共1546字分为十章。《大学》虽然字数不多，但内容丰富，包含着深刻的道理，以人的修身为核心，提出格物、致知、诚意、正心等修身方法，强调人的修身养性不只是内省的过程，更是在和外物的接触下获得知识，从而培养道德品性、完善人格的过程。

南宋时，朱熹将《大学》《中庸》《论语》《孟子》合编注释，称为"四书"，从此《大学》成为儒家经典。

《大学》到底是谁写的

传统的说法认为《大学》的作者是曾参。

北宋理学家程颢、程颐认为其是"孔氏之遗言也"，南宋朱熹也对此看法表示认同，但在此看法上有所延伸，他认为"经一章盖孔子之言，而曾子述之；其传十章，则曾子之意而门人记之也。"意思是说，"经"是孔子的话，曾子记录下来；"传"是曾子解释"经"的话，由曾子的学生记录下来。通常后世认为《大学》是曾参所做。曾参,字子舆,春秋末期鲁国人,生于公元前505年。他和父亲曾点都是孔子的得意弟子,他学识渊博,"吾日三省吾身"的修养方法便是他提出的,后世称其为"曾子",也尊称他为"宗圣"。

不过,近代一些学者认为《大学》应为秦汉之际儒家作品,所以对此说法提出质疑。但由于尚无确凿证据,人们仍把曾参作为《大学》的作者。

《大学》的版本可分为两个体系:一是经朱熹编排整理,划分为经、传的《大学章句》本;另一是按原有次序排列的古本,即《礼记》中的《大学》原文。目前广为流传的版本是朱熹的《大学章句》。历代对《大学》的注本有很多,主要有宋朱熹的《大学章句》《大学或问》、宋真德秀的《大学衍义》、明王守仁的《大学问》、清陈确的《大学辨》、清李塨的《大学传注》等。通行本有清阮元《十三经注疏》校刻本。

《大学》有什么现代意义

《大学》一书,深刻地阐述了修身、治国的道理和方法。其文辞简约,内涵深刻,对后世产生了深远的影响,是两千年来无数仁人志士探索儒家思想的敲门砖。

《大学》所说的"修身"即改变自己,"齐家治国平天下"即改变环境。人生在世与自身和环境打交道是必不可少的,在这个过程中,要么改变自己,要么改变环境,或是两者同时改变。国父孙中山作三民主义之民族主义中第六讲题也提道:"我们现在要能够齐家、治国,不受外国的压迫,根本上便要从修身起,把中国固有知识一贯的道理先恢复起来,然后我们民族的精神和民族的地位才都可以恢复。"而对立身处世而言,《大学》是必读之书,古人将它列为"四书"之首,大概也是这个原因。朱熹更认为《大学》是"为学纲目",故读"四书"要"先读《大学》,以定其规模"。上自国家元首,下至平民百姓,人人都要读《大学》以修养品性。即便是在现代社会,我们也应该潜心静气品读《大学》,其中的思想政治及教育理念,定会对社会的各个方面产生深远的影响。

《中庸》是怎样一本书

《中庸》是儒家阐述"中庸之道",并提出人性修养的教育理论著作。该书原是《小戴礼记》中的一篇,到宋代人们将其单列出来,与《论语》《孟子》《大学》并列为儒家"四书"之一。《中庸》共3568字,分为三十三章,因其哲理思辨性和严谨体系性,成为四书中最难理解且最具争议的一本书。《中庸》强调人们应该实行中庸之道,而要实行"中庸之道"必须尊重天赋的本性,加强后天的学习,即《中庸》所说的"天命之谓性,率性之谓道,修道之谓教"。实行"中庸之道"是率性问题同时也是修道的问题,这是继承和发展了孔子"内省"和曾子"自省"的教育思想。

通常认为,《中庸》的价值远超过《大学》。南宋理学家朱熹评价《中庸》说:"《中庸》何为而作也?子思子忧道学之失其传而作也。盖自上古圣神继天立极,而道统之传有自来矣。"在某种意义上来说,中庸之道所阐述的思想,是一个人受益终身的宝藏。

《中庸》的作者是谁

自宋代以后,关于《中庸》的作者一直存有争议,迄今尚无定论。

起初人们认为子思是《中庸》的作者。司马迁在《史记·孔子世家》中对这个观点加以肯定,他认为孔子的孙子子思继承了孔子的思想,为了保持孔子思想的真实性和延续性,便作《中庸》,同时也是为了将孔子的思想发扬光大。东汉的著名经学家郑玄、南宋理学家朱熹也都非常支持这个观点。不过,自北宋欧阳修开始,人们对子思著《中庸》的说法产生怀疑。因为《中庸》所提倡的"自明诚"、"自诚明"和孔子经常讲的"志于学"、"必学而后成"有自相矛盾之处,若是子思传承孔子真义,又怎么会和《论语》所讲的孔子思想不同,这在道理上是说不通的。清代学者崔述认同欧阳修的看法，认为《中庸》并非子思的作品。

如今，人们普遍认为《中庸》部分是子思所作，部分是战国秦汉之际儒家学者增益而成。当代著名学者蒋伯潜、冯友兰先生都支持这种看法，冯友兰先生认为《中庸》二十章之前似出于子思之手，而后面章节则为秦汉之际学者发挥添加的。

《诗经》写的是什么内容

《诗经》，又称《诗》、《诗三百》，西汉时被尊为儒家经典，始称《诗经》，并沿用至今。《诗经》是我国最早的诗歌总集，收录三百一十一篇作品，其中有六篇有目无辞，即有题目无内容，称为笙诗。《诗经》收录最早的作品是《豳风·鸱鸮》，据《尚书》记载，该诗为西周初年的周公旦所作；收录最晚的作品为《陈风·株林》，据郑玄《诗谱序》记载，该诗写成于春秋时期中叶，由此推测其收录的作品跨年代约为六百年。

《诗经》再现了中国周代时期的社会生活，真实反映了中国奴隶社会由兴盛走向衰败的历史面貌，包含的内容有先祖创业的颂歌，祭祀神鬼的乐章，还有贵族之间的宴饮交往，劳逸不均的怨愤，更有大量反映劳动、打猎、婚恋、社会习俗等方面的动人篇章。其中有些诗，如《大雅》中的《生民》《公刘》《绵》《皇矣》《大明》等，还记载了后稷降生到武王伐纣的历史，是周部族起源、发展和立国的历史叙事诗。

如今，《诗经》被奉为中国文学的主要源头之一，在经历了两千余年的历史后已经融入到华夏文明的血液中去。

《诗经》是如何集结成册的

《诗经》的作者成分复杂，其内容涵盖的地域也十分广泛，西起山西和甘肃东部，北到河北省西南，东至山东，南及江汉流域，都是其收纳范围。对此历代学者对这些流传于民间的歌谣集结成册的过程颇有争议，主要有以下三种说法。

第一种说法是王官采诗说。最早是在《左传》中提出了这一说法，其中《孔丛子·巡狩篇》记载："古者天子命史采歌谣，以观民风。"当时，周朝朝廷在农闲时会派专门使者到全国各地采集民谣，再由史官汇集整理后呈给天子，《诗经》便是这整理后的诗集。

第二种说法是公卿献诗说。这一说法见于《国语·周语》，其中这样记载道："天子听政，使公卿至于列士献诗。"公卿将所采集到的诗献与朝廷，再由朝廷集结成册，即为《诗经》。

第三种说法是孔子删诗说。这一说法源自《史记·孔子世家》，其中记载曰："古者诗三千余篇，及至孔子，去其重，取可施于礼义……（成）三百五篇。"按照这种说法，诗经原有古诗三千余篇，孔子根据礼义的标准编选了其中三百余篇为《诗经》。唐代孔颖达、宋代朱熹、明代朱彝尊、清代魏源等都不赞同该说法。

现在通常认为，《诗经》是由各诸侯国协助周朝朝廷采集，之后由史官和乐师编纂整理而成。至于孔子，只能算是参与者之一，他仅参与了整理的过程，并非靠他个人之力完成。

《诗经》的体例分类是怎样的

《诗经》分为《风》《雅》《颂》三部分，全书共有三百零五篇。

《风》共一百六十篇，包括十五国风，是从周南、召南、邶、鄘、卫、王、郑、齐、魏、唐、秦、陈、桧、曹、豳等十五个地区采集而来的土风歌谣。根据十五国风的名称及诗的内容大致可推断出，这些诗歌主要出自现在的陕西、山西、河南、河北、山东和湖北北部等地。从整体来看，《风》在《诗经》中的文学成就最高，有吟唱爱情、劳动等美好事物的，也有怀念故土及反压迫、反欺凌的怨叹与愤怒的。

《雅》共一百零五篇，是贵族享宴或诸侯朝会时的乐歌，其中包括《大雅》三十一篇，《小雅》七十四篇。《大雅》多为贵族所作，《小雅》为个人抒怀。《雅》多半是士大夫的作品，但《小雅》中也有不少如《黄鸟》、《我行其野》、《谷风》、《何草不黄》等类似风谣的劳人思辞。

《颂》是用于宗庙祭祀的诗歌，多以歌颂祖先功业为内容。《颂》共有四十篇，包括《周颂》三十一篇、《鲁颂》四篇、《商颂》五篇。值得注意的是，《鲁颂》四篇并非祭祀或颂祖之歌，而是赞美当时仍健在的鲁僖公的歌谣。

《诗经》为何又被称为《毛诗》

《诗经》在刚问世的时候并非现在我们看到的样子。在汉代以前，至少有四个不同的版本，当时称为鲁、齐、韩、毛四家。其中前三者均立于官学，却先后亡佚，毛诗作为后起之秀逐渐取代三家地位，从汉末开始得以广泛流传。

《毛诗》是由西汉时鲁国毛亨和赵国毛苌编辑注释，其中每一篇下都有小序，用来介绍本篇内容、意旨等。而全书第一篇《关雎》下，除有小序外还有一篇总序，称为《诗大序》，这篇文章是古代诗论的第一篇专著。如今我们所见的《诗经》就是毛亨、毛苌注释的版本，毛亨、毛苌对《诗经》的广为流传起到了至关重要的作用。历代学者也十分肯定他俩的成就，东汉经学家郑玄曾为《毛传》作"笺"，至唐代孔颖达作《毛诗正义》，自此二毛的《诗经》成为官方承认的《诗经》注释依据，在后世受到人们的大力推崇。

《尚书》讲的是什么内容

《尚书》原称《书》，到汉代改称"尚书"，意为上代之书，是中国最古老的记言史书。《尚书》分为《虞书》《夏书》《商书》《周书》四部分，主要记录了虞夏商周时期部分帝王的言行，绝大部分是向大众宣布的话即号令，小部分是君臣相告的话。《尚书》以天命观念解释历史兴亡，为现实提供借鉴，要求君主敬德、重民。自汉以来，《尚书》一直被视为中国封建社会的政治哲学经典，既是帝王的教科书，又是贵族子弟及士大夫必修的"大经大法"。

《尚书》还被文学史家称为中国最早的散文总集，是和《诗经》并列的一个文体类别。从文字上来看，《尚书》可谓诘屈艰深，晦涩难懂，但在一些篇章中有人物的声气口吻，并且注重语言的形象化以及语言表达的意趣，对于相关场面也有具体描写。这既是史官记事散文进步的标志，同时也对后世散文的发展产生了深远的影响。

《礼记》是怎样一本书

《礼记》是战国至秦汉年间儒家学者解释说明经书《仪礼》的文章选集。《仪礼》为儒家十三经之一，主要记载周代各种礼仪，尤其是士大夫的礼仪。秦代以前篇目不详，汉代初期为十七篇，另有古文仪礼五十六篇，目前都已经遗失。《礼记》在对《仪礼》的相关内容进行解释的同时，还记录了孔子和弟子的问答以及修身做人的准则等，可以说是一部儒家思想的资料汇编。

《礼记》约九万字，全书分为四十九篇，因其内容广博，门类繁杂，所以编排较为凌乱。为方便研究，东汉郑玄将其分为通论、制度、祭祀、丧服、吉事等八类，近代梁启超则将其简化为五类。《礼记》全书以散文的形式撰写而成，其中有些篇章具有很大的文学研究价值，像有的文章用短小而生动的故事阐明一个道理，有的气势磅礴、结构谨严，有的言简意赅、意味隽永，有的擅长心理描写和刻画。此外，书中收录了大量精辟而深刻的格言、警句，集中体现了先秦儒家的政治、哲学和伦理思想，成为后世研究先秦社会的重要资料。

为何《礼记》日盛，而《仪礼》日衰

三礼即《仪礼》《礼记》《周礼》，其中《礼记》受到人们极大的推崇，相比之下，《仪礼》与《周礼》并未受到人们太多的关注。《仪礼》是"三礼"中最早成书的，刚开始时受到统治者极大的重视，最终却被一本解释它的《礼记》掩盖了风华。

可以说，《仪礼》自身的内容和记述方式是导致它衰落的直接原因。商周统治时期，统治阶层的典礼名目繁多，且仪节越来越烦琐，只有通过专门训练的人才能胜任相关工作。而《仪礼》便是他们的职业训练手册，其内容包括为天子、诸侯、士大夫举行各种不同礼仪的说明。《仪礼》不仅名目繁杂、枯燥乏味，而且文字晦涩难懂，即便是治史者对它都望而生畏，更别说是普通的读者了。

《礼记》与之相比，不仅记载了许多生活中实用性较大的细枝末节，而且详尽地论述了各种典礼的意义和制礼的精神，非常透彻地宣扬了儒家的礼治主义。也就是因为这个原因，《礼记》才受到历代王朝的青睐，并将其奉为经典。

《周易》是怎样一本书

《周易》，是我国古代研究、占测宇宙万物变易规律的典籍，用现代人的眼光来看，它可作为一部通过自然和社会发展规律总结出来的中国古代的概率学、统计学、哲学、社会心理学、环境学等的综合书籍。

《周易》分为《易经》和《易传》两部分。《易经》的文字古奥，蕴义精深，内容包括六十四卦卦象、卦辞、爻辞。每卦六爻，全书共三百八十四爻。《易传》，则是对《易经》的解释，共有十篇，分为《彖传》上下、《象传》上下、《系辞传》上下、《文言传》、《序卦传》、《说卦传》、《杂卦传》，故也将其称为"十翼"。

《周易》被誉为"群经之首，大道之源"，是中国传统思想文化中自然哲学与伦理实践的根源。它在阴阳二元论的基础上，论证和描述了事物的运作规律，对于天地万物进行性状归类，甚至可以较为准确地预测事物未来的发展。就是这个原因，有人把《周易》视为"卜筮"之书。

《周易》的作者是谁

历来对《周易》的作者及其成书年代都颇具争议。《汉书·艺文志》认为《周易》是由伏羲氏、周文王、孔子联合编著的。其中，《易经》在商末周初成书，由伏羲氏画八卦，周文王演六十四卦、作卦爻辞；春秋战国时期《易传》编著成书，是孔子作传解经之书。但史学界对这种说法一直持怀疑的态度，他们认为广大劳动人民才是《周易》的作者，成书时间也分别有周初说、春秋中期说、战国说等不同观点。

现存《周易》的版本主要有两种，一为通行本，一为马王堆帛书本。其中"通行本"对后世有着较大的影响，也有非常多的注本，有魏王弼注本、唐孔颖达《周易正义》、宋朱熹《周易本义》本、现代闻一多《周易义证类纂》、高亨《周易古经今注》等。1973年，湖南长沙马王堆三号汉墓出土的帛书《周易》是现存最早的版本，均不同于传世各家的版本。

《春秋》是一本怎样的书

《春秋》是儒家经典之一，相传是由孔子在鲁国史官所编史书的基础上整理修订而成的。清人袁谷芳在《春秋书法论》中说："《春秋》者，鲁史也。鲁史氏书之，孔子录而藏之，以传信于后世者也。"之所以称之为"春秋"，与中国上古时期的礼仪文化有密不可分的关系。古代春季和秋季是诸侯朝聘王室的时节，且在古代，春秋代表着一年四季，而史书记载的都是一年四季中发生的大事，因此通常将史书统称为"春秋"。

《春秋》记载了从鲁隐公元年（公元前722年）到鲁哀公十四年（公元前481年）间的历史。目前所保留下来的内容只有一万六千多字，据曹魏时张晏和晚唐时人徐彦引《春秋说》，都说其全文有一万八千字。可见从三国以后有一千多字的《春秋》原文被遗失。《春秋》仅用一万多字便记载了241年间各国的大事，可见其语言凝练程度，用词遣句"字字针砭"成为其独特的文笔风格，被称为"春秋笔法"，被历代史家奉为经典。

什么是"春秋三传"

《春秋》语言精练，非常简略地将事件记载下来，最少的只有一个字，如僖公三年六月"雨"；也有两三个字的，如僖公三年夏四月"不雨"、八年夏"狄伐晋"；其中有关"定公四年春三月"叙述字数最多，但也不过四十五个字。为此先后有很多学者为春秋作传，对书中的记载进行解释和说明。据《汉书·艺文志》记载，共有五家为春秋作传，分别为《春秋左氏传》、《春秋公羊传》、《春秋谷梁传》、《春秋邹氏传》、《春秋夹氏传》，现今流传下来的为《春秋公羊传》《春秋谷梁传》和《春秋左氏传》三种，并称"春秋三传"。

《公羊传》和《谷梁传》都是在西汉初年成书的，用当时通行的隶书所写，称为今文。《左氏传》即《左传》，目前有两种版本，一种是出自孔子旧居的墙壁之中，使用的是秦朝以前的古代字体，称为古文；一种是从战国时期的荀卿流传下来的。《左传》和另外两本有很大的不同。《公羊传》《谷梁传》通过"微言大义"试图阐述清楚孔子的本意；《左传》则以史实为主，补充了《春秋》中没有记录的大事。人们普遍认为，《左传》的史料价值高于《公羊传》和《谷梁传》。

《春秋》有什么史料价值

《春秋》是五经当中最受争议的一部史书。

有人将《春秋》定性为现存最早的编年体史书，但其史料并不完备，它以极度简约的文辞和特定的记事体例使人难以索解，表面看上去它像是一部历史著作，但它对历史却没有进行详细的阐述。如隐公元年载："夏，五月，郑伯克段于鄢。"虽然从这段文字可以知道时间、地点、人物、事件，但对事件的因果、过程，人物的行为、性格等却无从得知。于是，王安石将《春秋》说成是"断烂朝报"，这也就不难理解为什么后来人们会以《左传》取代《春秋》。

如今，通常人们认为《春秋》是一部政治性著作，但也不能忽视它的史料价值。虽然《春秋》不是史书，但其包含的史料对先秦历史，尤其是对儒家学说以及孔子思想的研究有非同凡响的意义。因此，将《春秋》用于史料学，不仅符合《春秋》原本的性质，而且比将它视为"断烂朝报"的历史学著作更有价值。

第五章 诸子百家

诸子百家，是对春秋、战国、秦汉时期各种学术派别的总称，是我们民族智慧的结晶，对我国文学的影响极为深远，大大丰富了古代汉语，为后世文人进行文学创作提供了丰富的素材。总之，诸子百家及其著作无论在思想上、艺术上都达到了空前的高度，是我国文学史上的一座高峰。

诸子百家,果真是有一百家吗

诸子百家是对春秋、战国、秦汉时期各种学术派别的统称。

这一时期,社会动荡,在剧烈的社会变革之中,社会的经济、政治、思想文化都发生了巨大变化。与此同时各国的阶级关系也不断出现新变化,不同的阶级与阶层对社会变革发表不同的主张和看法,"诸子百家"便由此产生。

"诸子"指的是中国先秦时期管子、老子、孔子、庄子、墨子、荀子等学术思想的代表人物。"百家"只是一种笼统的说法,并非真有一百个学术派别,只是表明当时思想家比较多。那春秋诸子究竟有多少家呢?据《汉书·艺文志》记载,数得上名字的共有189家,相关著作有4324篇。这189家的基本宗旨大都是为国君提供政治方略,其内容互相交叉和融合,对春秋战国时期思想文化的飞跃发展起到了很好的推动作用。

诸子百家有哪些流派

历史上关于诸子百家的流派划分说法甚多,其中比较有代表性的是下面两种。

第一种是西汉学者司马谈的"六家"说,在司马谈的《论六家要旨》中详细阐述过这个说法。这六家分别为阴阳、儒、墨、名、法、道,从这种划分方法可以看出汉武时代"汉家自有制度,本以霸王道杂之"的局面。即以儒家思想为主,同时兼用阴阳家、法家和道家"黄老"的思想。后来司马迁在为先秦诸子作传时就是受到这种划分方式的启示,同时也为西汉末期名儒刘向、刘歆父子给先秦诸子分类提供了依据。

第二种说法便是刘向、刘歆父子的"十家"说,这也是最具影响力的一种说法。这对父子是西汉经学家、目录学家,他们在《七略》中将诸子百家划分为儒、道、阴阳、法、名、墨、纵横、杂、农、小说等十家。由于当时小说家并不受重视，刘歆又刨除小说家，把剩下的九家看作是名副其实的独家学派，所以又称"九流十家"。这种说法也被当代人广泛接纳，将百家划分为"九流十家"。

儒家是一个什么样的流派

儒家，春秋时期诸子学派之一，也称儒学、儒教。

"儒"一方面指有道之士，如颜师古在为《汉书·司马相如传》做注时就说："凡有道术者皆称儒"；另一方面，"儒"又有"术士"之称，也就是我们现在所说的"学者"。《论语》中孔子对子夏曾经说过"汝为君子儒，无为小人儒"，可见当时只有有知识、有才艺的人才可以被称作"儒"，其中有君子也有小人。

儒家学派的形成离不开古代的社会教育。在特定的生活环境中，华夏族逐渐形成一系列价值观、习惯、惯例、行为规范和准则等，儒家学派将其全盘吸收且提升到系统的理论高度，崇尚"礼乐"和"仁义"，提倡"忠恕"和"中庸"之道，主张"德治""仁政"，重视伦理之间的关系，这就是儒家学派的核心。从古至今，儒家对中国乃至远东文明都产生了非常重要的影响，儒家是绝大多数历史时期中国的官方思想，是自古以来中国的主流意识流派，也是对我国影响最大的学派。

孔子是一个怎样的人

孔子，名丘，字仲尼，生于公元前551年9月28日，鲁国陬邑人。孔子的祖先是商朝开国君主商汤，父亲叔梁纥是鲁国出名的勇士。孔子三岁时父亲因病而逝，孔子母子不受家里人待见，于是便带着孔子移居曲阜阙里，并独自将其抚养长大。孔子十九岁时，娶了宋国亓官氏的女儿，次年生下唯一的儿子孔鲤。孔鲤比孔子死得早，有遗腹子孔伋。

孔子学识渊博，在当时就很具影响力，有"天纵之圣""天之木铎"之称。他的思想核心是"礼"与"仁"，在治国的方略上则主张"为政以德"，认为最高尚的治国之道就是采用道德和礼教。不过，春秋战国时期诸国纷争，孔子"仁政""德政"的政治主张并没有受到重视，他只得投身于教育事业，最终成为一代教育大家，被后世尊为孔圣人、至圣、万世师表。

孔子卒于公元前479年4月11日，享年72岁。其儒家思想甚至影响到朝鲜半岛、日本、越南等地区，以至于这些地区又被称为儒家文化圈。由于孔子的思想学说对后世影响较大，联合国教科文组织将其推举为"世界十大文化名人"之首。

孔子真有"弟子三千"吗

通常认为孔子有三千名弟子。这一说法源自秦朝丞相吕不韦的《吕氏春秋·遇合》，其中有"弟子者三千人，达徒七十二人"一说。《吕氏春秋》之后的文献中这种说法被广泛采纳。如司马迁《史记》记载："孔子以诗书礼乐教，弟子盖三千焉，身通六艺者七十有二人。"淮南王刘安编撰的《淮南子》对这一说法也持肯定态度，说"孔子弟子七十，养徒三千人"。

那么，孔子的弟子真的就是三千人吗？回溯史籍，你就会发现，"三千弟子"这一说法并不可靠。儒家亚圣孟子在《孟子·公孙丑上》中说："以德服人者，中心悦而诚服也，如七十子之服孔子也。"孟子比吕不韦、司马迁所处的年代都要早，可信度也更高。现代学者钱穆作《孔子弟子通考》，曾将传世文献中能够落实的孔子弟子全列出来排比，确认有名字和籍贯记录的仅有27人。所以，我们现在所说的孔子"弟子三千"的说法过于夸张，不足为信。

"孔门四科"是指什么

孔子一生从事传道、授业、解惑，据《论语》记载，其教学内容主要包括四个方面，即"子以四教：文，行，忠，信。"后人便将其认定为"孔门四科"。所谓"文"，主要是指各种文献知识，如《诗》《书》《礼》《乐》《易》《春秋》等，内容涵盖哲学、政治、历史、文艺等方面；所谓"行"，主要是指道德实践。所谓"行有余力，则以学文"，在孔子看来，只有将文化知识落实到道德实践上，才能真正起到作用；所谓"忠"，即对待别人真诚、忠心，只有以忠心待人处世，才能心安理得，做到问心无愧；所谓"信"，即与人交往的诚信，它主要是针对"言"来说的，即"言而有信"，这也是与人交往的一个基本原则。

后世对"四科"又有一种新的说法，根据《论语·先进》中的记载："德行：颜渊、闵子骞、冉伯牛、仲弓；言语：宰我、子贡；政事：冉有、季路；文学：子游、子夏。"于是便有学者认为，孔门依据弟子的特点，把教学内容分为德行、言语、政事、文学四科。

"孔门十哲"是指哪十位贤哲

人们把孔子最优秀的十个弟子称为"孔门十哲"，分别为颜回、闵损、冉耕、冉雍、冉求、端木赐、仲由、宰予、言偃、卜商。

颜回，字子渊，鲁国人。颜回在孔门弟子中以德行修养而著称，死后被称为"复圣"，历代统治者不断为其追加谥号，如唐太宗尊之为"先师"，宋真宗加封为"兖国公"等。

闵损，字子骞，鲁国人。闵损也以德行著称，孔子对他的孝行特别赞赏，说他顺事父母，友爱兄弟。闵损是孔子弟子中唯一明确主张不做官的人，曾有人请他为官，他坚决拒绝，表明了自己"不仕大夫，不食污君之禄"的决心。

冉耕，字伯牛，鲁国人。他为人端正正派，善于待人接物，因病英年早逝。孔子哀叹其"亡之，命矣夫！"

冉雍，字仲弓，鲁国人。他与冉耕、冉求合称"一门三贤"。冉雍以德行著称，孔子对他有"雍也，可使南面"的称赞。

冉求，字子有，鲁国人。冉求曾随孔子周游列国，他多才多艺、性格谦逊，善于政事，孔子称赞其才可于千户大邑、百乘兵马之家胜任总管职务。孔子晚年归隐鲁国时，受到子有的照顾。

端木赐，复姓端木，名赐，字子贡，卫国人。他口齿伶俐，善于雄辩，办事通达，曾任鲁、卫两国之相。他还善于经商，是孔门弟子中最富有的一位。

仲由，字子路，鲁国人。他以政事见称，性格直爽，为人勇武，信守承诺，忠于职守。他曾为孔子赶车，跟随孔子周游列国，是孔门弟子中性格比较独特的一位。孔子称赞他为"子路好勇，闻过则喜。"

宰予，字子我，鲁国人。他好学深思，巧词善辩，是孔门弟子中唯一一个敢正面质疑孔子的人。他指出孔子的"三年之丧"的制度不可取，可改为"一年之丧"，被孔子批评为"不仁"。

言偃，字子游，吴国人。他二十多岁就担任了"武城宰"，在他管辖的范围内实行孔子"君子学道则爱人，小人学道则易使"的教诲，孔子到武城时，"闻弦歌之声"，对他称赞有加。

卜商，字子夏，晋国人。在孔子后期的弟子中出类拔萃，他才思敏捷，以文学著称，被孔子称赞为文学科的佼佼者。

孔子说"朽木不可雕也"是指谁

"朽木不可雕",出自《论语·公冶长》。这个故事是说孔子的弟子宰予,他善于言辞,说起话来娓娓动听,深得孔子的喜爱,孔子认为他将来定会大有作为。不过,宰予懒惰的本性很快便暴露了出来。一天,孔子给弟子授课,发现宰予没在场就派弟子去找他。后来学生报告说,宰予正在房里睡觉,孔子听后大怒,愤而斥责道:"朽木不可雕也,粪土之墙不可圬也!"意思是说一块腐烂的木头不堪雕刻,粪土的墙面不堪涂抹!对此孔子又感慨道:"始吾于人也,听其言而信其行;今吾于人也,听其言而观其行。于予与改是。"这句话的意思是说:以前我听到别人的话,便相信他的行为和他所说的一样;现在我听别人的话后,要先考察一下他的行为。正是由于宰予,才让孔子在态度上有了这样的转变。

如今,"朽木不可雕"已经演变为一个成语,也做"朽木难雕",用来比喻人不可造就或事物和局势败坏而不可收拾。

孔子为何一再表彰闵损讲孝道

孔子的很多弟子都非常孝顺,但他多次表彰闵损,说他"顺事父母,友爱兄弟",这是由于著名的故事"鞭打芦花"的缘故。据《说苑》记载,闵损十岁时母亲便去世了,父亲闵世恭再娶,但继母对闵损非常不好,她给自己两个儿子做的棉衣里装的是棉花,给闵损做的棉衣里装的是芦花。闵损受寒,神思倦态,父亲看到后非常生气,拿起鞭子就打,结果棉衣中的芦花飞了出来,父亲才恍然大悟,继而大怒决定休了继母,闵损以德报怨,跪在地上恳求父亲说:"母在一子单,母去三子寒。留下高堂母,全家得团圆。"他考虑到后母已经生了两个孩子,若被赶走,那孩子就没人照顾了。父亲为闵损的孝心感动，就连继母也为之动容，此后，继母对三个儿子一般看待，闵损的孝行也因此传播开来，受到很多人的嘉许。

孔子得知此事后，将闵损奉为德行模范，对其大加赞赏。

孟子是一个怎样的人

孟子，名轲，字子舆，出生于公元前372年，战国时期邹国人，是儒家学派的主要代表人之一，伟大的思想家、政治家、教育家。

孟子幼年丧父，他与母亲相依为命，母亲对他要求相当严格。孟子成年后，受到孔子儒家思想的吸引，离开邹国到孔子的家乡鲁国深造，他潜心研究儒学，终于取得了一定的成就，在当时小有名气。他倡导仁政，提出"民贵君轻"的民本思想，游历于齐、宋、滕、魏、鲁等诸国，希望追随孔子推行自己的政治主张。但孟子的仁政学说被认为是"迂远而阔于事情"，一直没有受到重视。后来，孟子退居讲学，与学生一起著书立说。《孟子》一书，即由孟子及其弟子共同编撰，是孟子的言论汇编，属语录体散文集，汇集了孟子的思想观点。

孟子卒于公元前289年，享年84岁。孟子继承并发展了孔子的思想，他是仅次于孔子的一代儒家宗师，对中华文化产生了深远的影响，有"亚圣"之称，与孔子合称为"孔孟"。

孔子是孟子的老师吗

孟子深受孔子的影响，两人的思想相辅相成。于是有人认为，孟子是孔子的徒弟。事实上，孟子出生时，孔子已去世二百余年，两人根本不可能为师徒关系。据考证，孟子应为孔子的第四代弟子，是曾子的再传弟子。

孟子推崇"仁"的思想，讲求"仁者爱人"，与孔子的思想一脉相承，但他又在孔子思想的基础上做出了多方面的引申和发展。孟子的核心是善，强调人文价值，崇尚道德自由，注重群体认同，突出理性本质。正是在孟子这里，使儒家价值观更趋于完善，走向成熟。如果说，孔子开创了儒学，那么孟子则是从不同方面丰富和深化了儒学。

在施政纲领上，孔孟也存在区别。孔子的施政纲领较为原始简单，也就是简政施仁。而孟子的施政纲领则详细得多，他不赞同刑罚，认为"乐"同样能用来治理国家，"古之乐犹今之乐"，为君者当"与民同乐"，以此来教化百姓。他还鼓励大力发展经济，关心农业生产，因为"仓廪实而后知礼节"。孟子的商业经济思想，时至今日对我们仍有很大的借鉴价值。

孟母三迁讲的是什么故事

孟母三迁，出自西汉刘向的《列女传·卷一·母仪》，其中有"孟子生有淑质，幼被慈母三迁之教"的记载。孟子父亲早亡，母亲守节从未改嫁。刚开始这对母子住在墓地旁边，孟子耳濡目染，常和邻居的小孩玩起办丧事的游戏，学着大人的样子跪拜、哭嚎。孟子的母亲看见后非常担心，便带着孟子搬到了市集，住在了一个靠近杀猪宰羊的地方，孟子便又和小孩子学起商人做生意和屠宰猪羊的事。孟子的母亲不想让他长大后做商人，便又带着他搬到了学校附近。在这里，孟子经常看到官员到文庙行礼跪拜，互相礼貌相待，孟子全都记在心里。这一次，孟子的母亲才安下心来，认为儿子最适合在这样的环境下成长。

孟母三迁的故事对后世产生了深远的影响，南宋时期启蒙课本《三字经》引证的第一个典故就是"昔孟母，择邻处，子不学，断机杼"，后来《三字经》又经明、清学者多次修订补充，但孟母三迁的故事始终冠于典故之首。

为何说《道德经》充满智慧

《道德经》是老子的代表作，该书又名《老子》，共八十一章，分为上下两册，前三十七章为《道篇》，后四十四章为《德篇》，全文约五千字。

《道德经》以老子独到的视角，探究了宇宙的形成、万物的本源、国家的治理等一系列哲学和政治问题，是一部充满智慧的著作。他提出了"道"、"自然"、"无为"等哲学概念，用"道"来解释宇宙万物的演变，认为"道"是客观自然规律，同时又具有"独立不改，周行而不殆"的永恒意义。《道德经》中还包括大量朴素辩证法的观点，老子认为一切事物均具有正反两面，并能由对立而转化，即"祸兮福之所倚，福兮祸之所伏"。同时他还认为世间事物均为"有"与"无"的统一，而"无"为基础，"天下万物生于有，有生于无"。《道德经》中还有大量的民本思想，认为"天之道，损有余而补不足，人之道则不然，损不足以奉有余"。

荀子是怎样一个人

荀子儒家代表人物之一，名况，字卿，约生于公元前313年，战国末期赵国人，我国著名的思想家、政治家。

荀子早年在齐国游学，因其学识渊博，曾三次担任齐国"稷下学宫"的"祭酒"。后来，他应秦昭王聘请前往秦国，称秦国"百姓朴""百吏肃然"而近"治之至也"。再来后他又回到赵国，被楚春申君任用，担任兰陵县令。晚年，荀子专心从事著述和教学。现存的《荀子》三十二篇，大部分都是他自己的著作，内容涉及哲学、逻辑、政治、道德等诸多方面。

荀子有很多弟子，其中最知名的是韩非和李斯，这两人后来发展成为法家的代表人物。也正是这个原因，历代学者都怀疑荀子是否为儒家学者，因此荀子受到许多学者的猛烈抨击，以至于为其著作《荀子》注者不多。清代以来，学术界开始盛行对《荀子》的考据，注释校订者才开始增多。现代研究荀子的学者比古代多，比较知名的有清代的王先谦、民国时期的梁启雄等。

荀子有哪些文学成就

　　荀子不仅是著名的思想家、政治家，还是一位伟大的文学家。他的文章论题鲜明，结构严谨，说理透彻，很具逻辑性。在语言风格上可谓丰富多彩，他善于比喻、排比和对偶句，被称赞为"诸子大成"。他在名篇《劝学篇》中将这种语言风格体现得淋漓尽致，质朴的语言中句法简练绵密，多作排比，前半篇几乎全用譬喻重叠构成，集中论述了他对学习的见解，对后世产生了深远的影响。

　　荀子还开创了以赋为名的文学体裁，他是第一个使用赋的名称和用问答体写赋的人，被收录在《荀子》中的五篇短赋便是其代表。他的文章已由语录体发展成为标题论文，是我国古代说理文趋于成熟化的标志。他和屈原一同被称为"辞赋之祖"。荀子还采用当时民歌形式写作《成相篇》，该篇文字通俗易懂，运用说唱形式来表达自己的政治、学术思想，对后世也产生了很大的影响。

为何说《荀子》是先秦思想的集大成者

　　荀子为儒家学派的代表人，在诸子百家中只推崇孔子的思想，认为最好的治国理念就是孔子的"仁政"思想，常称自己为孔子的继承人。不过，荀子在孔子儒学思想的基础上，从知识论的角度批判地总结和吸收诸子百家的理论主张，进而形成自己的新主张。在自然观方面，荀子认为自然规律是不以人的意志转移的，反对信仰天命鬼神，认为人只有顺应自然规律才能繁荣发展。荀子还提出"性恶论"，认为人性有"性"和"伪"两部分，"性"即本性，是恶的动物本能，而"伪"则是人为的，是善的礼乐教化，强调后天环境和教育对人的影响。在治国纲领上，他坚持儒家的礼治原则，但也重视人的物质需求，主张发展经济和礼治、法治相结合。

荀子的思想可谓兼容并包，对百家思想采取"取其精华，去其糟粕"的态度，最终建立起自己的思想体系，形成了独具特色的"明于天人之分"的自然观、"化性起伪"的道德观、"礼仪之治"的社会历史观。这一体系，可谓是先秦思想的集大成者，对后世有着深远的影响。

墨子姓什么

墨子是墨家学派的创始人，春秋末年战国初期宋国（今河南商丘）人，也有学者认为他是鲁国（今山东滕州）人。生卒年不详，他是战国时期著名的思想家、教育家、科学家、军事家、社会活动家。

历来墨子的姓名备受争议。一种说法是说墨子姓墨名翟，《吕氏春秋》《淮南子》《史记·孟子荀卿列传》等都采用了这一说法。后来的《元和姓纂》《新唐书·艺文志》也沿用这种说法。

不过，也有人认为墨子姓翟名乌。南齐孔稚圭所著的《北山移文》就称墨翟为"翟子"，元朝伊世珍所著的《琅环记》也采用了这种说法，并认为墨子姓翟名乌。清朝周亮工在《固树屋书影》中具体提出："以墨为道，今以姓为名。"周亮工认为墨子姓翟，而"墨"只是一种学派。晚清学者江琼所著的《读子卮言》沿用周亮工的说法，并进一步说明，认为古代确实有"翟"这一姓氏，但没有"墨"姓，而且战国诸子中儒、道、名、法、阴阳、纵横、杂、农、小说等，都没以姓作为学派名的，因此墨应该是学派的名称。

目前第一种说法被普遍接受，即墨子姓墨名翟。

墨子是一个怎样的人

墨子出身低贱，是历史上唯一一个农民出身的哲学家、社会活动家。起初墨子曾拜师于儒家学者，学习孔子的思想以及《诗》《书》《春秋》等儒家典籍。但后来，他开始厌烦儒家烦琐的礼乐要求，最终独树一帜，开创了自己的墨家学派。墨子主张"兼爱"、"非攻"，他认为战争对战败方来说伤人命、损其才，是毫无意义的破坏行动；而对战胜方来说，获得的也不过数座城池与税收。这样的战争在造成巨大损失的同时，不会有任何实际的意义，所以他一生都在不遗余力地反对兼并战争。

墨子广收弟子以宣扬自己的学说，亲信弟子多达数百人，逐步形成了声势浩大的墨家学派。墨家是一个有着严密组织和纪律的团体，最高领袖被称为"巨子"，有着极高的影响力，成员称为"墨者"，必须服从"巨子"的指导，甚至要做到"赴汤蹈火，死不旋踵"。

墨子还是一个科学家，墨子的组织也是一个科学家团体，他们在数学、物理学、医学、逻辑学等方面都有杰出的贡献，在中国古代科学史上占有重要地位。

《墨子》一书的主要内容是什么

《墨子》记录的是墨子的言行，一般认为是由其弟子及再传弟子共同编撰而成的，西汉时刘向整理成七十一篇，但六朝以后逐渐流失，现在所传版本共五十三篇。

《墨子》涉及内容广泛，涵盖政治、军事、哲学、伦理、逻辑、科技等诸多方面，是研究墨子及其后学的重要史料。如今，通常我们将《墨子》的内容分为以下几个部分：第一部分是从《亲士》到《三辩》，这七篇是墨子早期著作，其中前三篇掺杂有儒家的理论，后四篇则主要讲尚贤、尚同、天志、节用、非乐等理论；第二部分是从《尚贤上》到《非儒下》这二十四篇，这部分内容系统地反映出墨子"兼爱"、"非攻"、"尚贤"、"尚同"、"节用"、"节葬"、"非乐"、"天志"、"明鬼"、"非命"十大命题，是《墨子》一书的主体部分；第三部分则为《经》上、下，《经说》上、下及《大取》、《小取》六篇，是后期墨家的作品，专门写物理、光学等内容，是研究墨家逻辑思想和科学技术成就的珍贵资料；第四部分从《耕柱》至《公输》五篇，则是对墨子言行的记录，体例与《论语》相近，是由墨子的弟子辑录，也是研究墨子事迹的第一手资料；第五部分则是《备城门》以下到末二十篇，专门写守城技巧与城防制度，是研究墨家军事学术的重要资料。

墨家的十大主张有哪些

在《墨子·鲁问》中，墨子提出了墨家的十大主张，即"兼爱"、"非攻"、"尚贤"、"尚同"、"天志"、"明鬼"、"非乐"、"非命"、"节用"、"节葬"。

"兼爱"，是墨家的核心思想之一，它不同于儒家的仁爱。儒家的仁爱是由此及彼，由厚而疏；而墨家的兼爱是无条件的爱，所谓"兼相爱，交相利"，意思就是说兼爱可以给所有人带来巨大的"利"；

"非攻"，即反对战争，避免因诸侯之间的兼并战争破坏生产，而给人民生命财产造成损失；

"尚贤"、"尚同"，即推崇贤能人士治理国家。百姓中贤明者可以做官，官员中贤明者可以当诸侯，诸侯中最贤明的当天子；

"天志"、"明鬼"，是墨子倡导的宗教规范。他认为不仅有鬼神的存在，而且他们还能对人间的善恶予以赏罚；

"非命"，是墨子反对儒家"生死有命，富贵在天"的思想，他认为这种思想消磨和损伤了人的创造力，故提出非命；

"非乐"，是墨子对音乐的反对。他认为音乐虽然动听，但对农民耕种、妇女纺织、大臣处理政务都会产生影响，上不合圣王行事的原则，下不合人民的利益；

"节用"、"节葬"，"节"字便是其核心。节用，即要勤俭节约；节葬，就是要简单下葬,这与儒家的厚葬形成鲜明对比。

对于以上这十种主张,墨子认为不同国家的情况不同,所以各国应有针对性地选择最适合自己国情的方案。如"国家昏乱",就选用"尚贤"、"尚同",如"国家贫弱",就选用"节用"、"节葬"等。

"墨子救宋"讲的是什么故事

春秋战国时期,各诸侯国为称霸天下连年征战、厮杀不已。楚惠王为恢复楚国霸主地位,扩军备战,任命著名工匠鲁班为大夫,设计制造了一种攻城的工具"云梯",引起各诸侯国的恐慌。云梯建好后,楚惠王打算先攻打宋国。墨子得知消息后,独自来到楚国对鲁班说:"北方有一人欺负我,想借你的力量杀死他。"鲁班听了非常生气,说他不想杀任何人。墨子立即行礼说:"楚国造云梯想攻打宋国,宋国何罪之有?楚国地广人稀,为何还要耗费人力去掠夺土地?宁可牺牲自己国家百姓的生命去夺别国土地,仁义何在?"

鲁班被墨子的话感动,便将墨子引荐给楚惠王。不过,楚惠王见云梯已经建好且胜券在握,不肯轻易放弃。墨子见此情形,便取下皮带围成一圈当作城墙,又请人找来几块木板用做守城工具,请鲁班尝试用云梯来攻城。结果,鲁班用了九套攻城方法,墨子都将其一一破解。楚惠王被墨子的大智大勇所折服,最终决定放弃攻打宋国。就这样,墨子兵不血刃,用他的智慧和胆略阻止了一场战争的发生。

墨子在军事上有什么成就

军事思想在墨家的思想体系中占据非常重要的地位。由于墨子主张非攻,他的军事思想是处于弱势地位的自卫学说,其军事成就也突出表现在守城战术上。《墨子》一书中对守城的装备、战术、要点等方面做了大量的介绍,形成了一个以防守城池为核心的防御理论体系。他要求防守者事先要有充分的准备，争取做到有备无患，这样才能处于守城防御战斗中的有利条件和主动地位，赢得防御战争的胜利。接着便要以"守城者以亟敌为上"为作战思想，充分利用地形、依托城池，正确布置兵力，形成边城、县邑、国都的多层次纵深防御，层层阻击、消灭敌人。在具体作战方法上，墨子提出了一整套防御作战的战术原则，如高临法、水攻法、穴攻法等，这在当时的守城及攻城战术上已经相当先进了。

墨子的防御理论在中国兵学史上有着非常重要的地位，对后世防御作战的战术起到了很好的借鉴作用，以至于一切牢固的防御也被笼统地称为"墨守"。墨子的防御作战理论体系，与孙子以进攻为主的作战理论互相补充，推动了传统兵学的发展。

墨家为何会迅速消亡

墨家在春秋战国时期有非常大的影响，与儒家并称为"显学"，在百家争鸣的历史环境中，有"非儒即墨"之说。不过，在墨子死后，墨家便迅速消亡，儒家一枝独秀地成为中华文化第一家。

墨家的分裂是直接导致其消亡的结果。墨子死后，墨家分裂为相里氏派、相夫氏派、邓陵氏派三派。他们都传习《墨子》，但分别研究不同的内容，而且都自认为是本宗，互相攻击对方是"别墨"。这种分裂局面，对墨家的团队能量是极大的消耗。而且，墨家不同于别家，它是一个由墨者组成的带有宗教色彩的集团，有严格的纪律，要求参与者必须能够赴汤蹈火，视死如归。在战乱时期这些严格的要求或许会起到一定的效果，但在和平时期极少有人能做到。正因为如此，春秋战国时期墨家能够占有一席之地，但到了相对稳定的汉朝，它便迅速消亡。

庄子是怎样一个人

庄子是道家学说的主要代表人之一，姓庄名周，字子休，战国时期著名的散文家、思想家和哲学家。

庄子约出生于公元前 369 年。庄子曾做过漆园吏，生活贫穷困顿，却鄙弃荣华富贵、权势名利，力图在乱世中保持独立的人格，追求逍遥无恃的精神自由。与庄子同宗的楚威王曾聘请他出任公职，庄子婉言谢绝。庄子主张"天人合一"和"清静无为"。他的学说内容涉及广泛，包括了当时社会生活的方方面面，但精神还是皈依于老子的哲学，庄子与老子的哲学思想体系，被思想学术界尊为"老庄哲学"。

庄子死后，其思想受到封建帝王的推崇。唐开元二十五年庄子被诏号为"南华真人"，因此后世将其称为"南华真人"。后来，庄子被道教隐宗妙真道奉为开宗祖师，该教成员把他看成是太乙救苦天尊的化身，后世道教的发展深受其影响。

《庄子》有何突出成就表现

《庄子》是庄子的代表作品，被奉为道家经典，该书也被称为《南华真经》。

《庄子》分为内篇、外篇、杂篇三部分，原有五十二篇，不过，该版早已失传。目前我们所见的《庄子》有三十三篇，是由西晋时期玄学家郭象整理而成，篇目章节的设置也不同于汉代。一般认为，内篇为庄子所写，其内容大体代表了庄子的核心思想；外篇则由庄子的弟子们所写，或者与庄子一同完成；杂篇，则是庄子学派或者后来的学者所写，如《盗跖》《说剑》等，应该不是庄子学派的思想。

《齐物论》《逍遥游》等是内篇中最具代表性的文章。庄子提出了"天道无为"的想法，他认为世间万物都在发生变化，认为"道"是"先天地生"的，从"道未始有封"。庄子提倡无用，认为大无用即为有用，在政治上反对一切社会制度，主张

"无为而治"。庄子的文章结构奇特，看起来变化无端，常常突兀而来，一点儿都不严密，但思想却能一线贯穿，句式也变化多样，极富表现力，其超常的想象和变幻莫测的寓言故事，构成了《庄子》奇特的想象世界。

《庄子》的文章体制已脱离语录体形式，是先秦散文发展到成熟阶段的重要标志，可以说《庄子》代表了先秦散文的最高成就。

道家和道教是一回事吗

很多人容易把道家和道教相互混淆，其实，二者是两个完全不同的概念，二者存在很大的区别。

首先，在方式上，道家是一种学术文化，它只存在于思想意识领域，以其智慧与美学的力量打动人心、影响社会。道家人物之间彼此交换看法，仅以思想观点投合为连接，并没有形成固定的组织。而道教是一种思想信仰，它拥有相应的宗教组织和活动，有教徒、科仪、制度，还有采药、炼丹、占卜、斋醮等活动。因此，道教不只是一种意识形态，还是一种社会综合体系。而且，两者产生的年代也不相同，道家于春秋战国时期创立并得到完善，而道教则形成于东汉末年。

道家和道教虽有区别，但也有很深的渊源。道教的很多重要思想来源于道家，道教以老子为教主和尊神，道教又神化庄子，将《庄子》等道家著作诠解为道教经典，使道教具备了较系统的理论基础。而且，二者在某些根本理论上血脉相通，道家思想又借助于道教得以延续和深化。魏晋玄学以后，道家作为独立的学派再无传承世系，也只有道教中清修学渊的道士能够从理论上承接和发扬道家思想了。

列子是怎样的人

列子，名寇，又名御寇，郑国人。列子生活的年代晚于孔子而早于庄子，是道家学派的代表人物之一，他将自己的一生都献给了道德学问，隐居郑国四十年，有"子列子居郑圃，四十年人无识者"的说法。列子的一生，可以说完全达到了老子所说的"和光同尘"的境界，所以历史上他的事迹被很多人记载。列子家庭困顿，日常三餐都很难解决，郑国执政子阳曾派人送他十车粮食，可他再三谢绝。他觉得人应摆脱人世间贵贱、名利的羁绊，顺应大道，淡泊名利，清静修道。

列子贵虚尚玄，据传他修道炼成御风之术，能够御风而行，经常在春天乘风而游八荒。庄子《逍遥游》对列子乘风而行就有相关的记载："泠然善也，旬有五日而后反。"据说，他驾风所到之处，便枯木逢春、重现生机。列子死后，被历代统治者大为推崇，唐玄宗天宝元年（742年），李隆基将其封为冲虚真人，所著《列子》诏称《冲虚真经》，正因为如此，使得列子的思想得到了弘扬。

《列子》是怎样成书的

《列子》，是中国古代思想史上的重要著作之一，其思想与道家十分相似，后来被道教奉为经典。不过，《列子》最早的版本已经丢失，如今我们所见的版本成书过程比较复杂，一部分是列子的弟子根据他的活动与言论编撰而成，一部分是在此基础上由汉代学者补充整理后得到最终的《列子》八篇。东晋学者张湛根据祖先藏书以及在战乱后收集到的残卷，对该书进一步编撰，变成了现在所见的版本。在编撰过程中，张湛加入了他自己的一些思想和内容，以便于疏通文字，连缀篇章，所以现在的《列子》中才会掺杂了许多魏晋人的思想内容和语言文字。

《列子》的内容十分庞杂，这与它的成书过程有密切关系。今本《列子》共有八篇,一百四十章,由哲理散文、寓言故事、神话故事、历史故事组成。其中民间寓言故事、神话传说有一百三十四则,如《黄帝神游》《愚公移山》《夸父追日》《杞人忧天》等,这部分内容应该都是张湛所辑录增补的,有很深刻的教育意义。

韩非是怎样一个人

韩非,法家学派的创始人,战国晚期韩国人(今河南新郑人),韩王室诸公子之一。

韩非是荀子的学生,说话口吃,所以不太善于言语,但他做的文章相当出众,就连秦国丞相李斯也对他佩服至极。韩非目睹战国后期的韩国积贫积弱,多次向韩王上书,希望改变当时治国不务法制、养非所用、用非所养的情况。不过,韩非的主张始终未被采纳,他认为这是"廉直不容于邪枉之臣",于是便隐退开始著作,写了《孤愤》《五蠹》《内外储》《说林》《说难》等著作,共计十万余字。后来,韩非被韩王派遣出使秦国,秦王嬴政非常赏识他的才能便对其加以重用。当时,秦始皇正打算一统六国,计划中第一个攻打的目标便是韩国。韩非作为韩国公子坚决反对,主张存韩灭赵。由于妨碍秦国统一大计,廷尉将韩非关入监狱,最后逼其自杀。

韩非是战国末期带有唯物主义色彩的哲学家、法学家,但古人认为他的作品主要是写阴谋,所以将他视为阴谋学家。他有很多著作,主要收集在《韩非子》一书中。

韩非的思想有哪些

韩非精于"刑名法术之学",他排斥仁爱,反对复古,主张君主掌握大权,修明法制,以术御臣,厚赏重罚,奖励耕战,富国强兵。他着重总结了商鞅、申不害和慎到的思想,把商鞅的"法"、申不害的"术"和慎到的"势"三者结合为一。他推崇商鞅和申不害,但也指出二者学说最大的弊端是没有把法与术结合起来。他认为,国家图治,君主要善用权术,而臣下则必须遵法。国君不能太信任臣下,要"审合刑名"。在法的方面,韩非特别强调了"以刑止刑"的思想,强调"严刑"、"重罚"。其中"法不阿贵"的思想就是他第一个提出来的,主张"刑过不避大臣,赏善不遗匹夫"。韩非这一思想,对清除贵族特权、维护法律尊严有着非常积极的影响,对中国法制思想做出了重大贡献。

此外,还有很多辩证法的因素体现在韩非的思想中。他由事物的不断变化总结出"定理有存亡,有生死,有盛衰。"他是我国哲学史上第一个提出"矛盾"这个概念的人,对人们的思想是一个极大的拓展。他所讲的矛与盾的故事,至今对人们分析问题、表达思想都存在着非常重要的启发作用。

《韩非子》主要讲的是什么内容

《韩非子》,是韩非主要著作的辑录,共二十卷,五十五篇。有人认为书中部分篇章是后人伪造,胡适甚至断言其中只有七篇是韩非本人所作,但实际上《存韩》大部分都出自韩非之手,仅有后半篇是李斯的言论。《韩非子》一书,主要表述了韩非生平的思想理论,有大量统治者控驭臣民的政治哲学,受到历代统治者的喜爱。蒲阪圆在《增读韩非子题辞》中还说诸子百家中"唯韩非书最切世用",由此可见它的实用性有多强。

《韩非子》一书有很大的实用性,其文章风格也很具代表性,如《孤愤》《五蠹》

《内外储》《说林》《说难》等，文章构思巧妙，描写大胆，语言幽默，于平实中见奇妙，很耐人寻味。韩非子还善于将抽象的道理通过浅显的寓言故事和丰富的历史知识进行阐述，形象而生动地表达自己的见解。

商鞅的一生是怎样的

商鞅，先秦法家代表人物，姬姓，又称卫鞅、公孙鞅，战国时期卫国人，我国著名的政治家和思想家。商鞅约生于公元前395年，自幼便喜欢"刑名之学"，刻苦研究以法治国，李悝、吴起等人对他产生了很大的影响。后来，他在魏国宰相公叔痤处做幕僚，公叔痤病重时对魏惠王说："公孙鞅年少有奇才，可任用为相。"又对惠王说："王既不用公孙鞅，必杀之，勿令出境。"公叔痤死后，魏惠王并没有将公叔痤的嘱托放在心上，更没有照做。后来，秦孝公下令广招贤能义士，商鞅便带着李悝的《法经》来到秦国，向秦孝公提出了帝道、王道、霸道、强国之道四种君主之策。秦孝公对他的想法大为赞许，并支持其开始变法。商鞅在秦执政约二十年，秦国大治，使秦国长期凌驾于山东六国之上，为后来秦国统一六国奠定了基础。

秦孝公死后，商鞅受到秦贵族的诬害，秦惠文王对他更是颇为猜忌。公元前338年，商鞅被杀，死后被车裂。

商鞅变法的主要内容是什么

商鞅前后共两次变法。

第一次是在秦孝公六年(公元前356年)，变法的主要内容包括几个方面：一是编定户籍，实行"连坐"，规定五家为"伍"，十家为"什"，一家犯法，其他四家必须告发；二是奖励军功，禁止私斗，凡有军功者，均可得到赐爵、赐地、赐官等奖赏。对私斗者进行不同的处罚；三是鼓励耕织，发展经济，凡是多打粮食和多织布的人，均可免除劳役和赋税，凡因经商或懒惰而导致贫困的，则全家沦为官奴；四是制定严厉的法令，"轻罪重刑"，即使犯的"罪"很小，也会受到很严重的处罚。甚至有传说称当时就连把灰倒在路上，也要处以黥刑。

新法公布后，在很多人拥护的同时也遭到了旧贵族的反对。太子明知故犯，商鞅决定一视同仁依法处置。但作为国君的继承人，不能对太子施刑，商鞅便严厉地处罚了太子的两位老师。

秦孝公十二年(公元前350年)，商鞅进行第二次变法，主要内容包括：一是实行县制，每县设立县令和县丞，由国君任免，统一领取俸禄；二是清除过去国有土地上的道路和田界，鼓励农民开垦荒地，承认土地私有，且允许买卖；三是统一全国度量衡的进位制度，即把升、斗、丈、尺作统一规定，并制造统一的标准度量衡器，发放到全国各地。

商鞅经过两次变法给旧贵族势力带来了沉重的打击，同时促进了封建经济的发展，巩固了统治者的地位。经过多年的努力，秦国日益发展成为一个强国。

商鞅变法有何历史意义

商鞅两次变法，使秦国逐步走向强盛，为统一六国奠定了基础。不过，商鞅变法的历史意义并不局限于此。

商鞅是在我国由奴隶制向封建制过渡的社会大变革时期进行改革的，顺应了当时时代发展的潮流，也是历史发展的必然趋势。在这个动荡的时代里，商鞅作为新兴地主阶级的代表人物，他敢于向传统势力和旧的习俗发起挑战，积极投身于这场封建制改革运动之中，其历史功绩非同一般。他改革的内容在推动秦国发展的同时，更对宗法分封制向中央集权制的转型起到了极大的促进作用，确立了封建社会的生产方式，对后世影响深远。所以后世便有了"百年犹得秦政法"的说法。可见商鞅变法对中国古代社会影响之深。可以说，商鞅是中国历史上第一位真正彻底的改革家，他的改革影响了当时的社会，更影响了中国数千年。

商鞅为何最后被车裂

商鞅变法虽取得了成功，但其变法内容触犯了奴隶主贵族的利益，且对镇压奴隶主贵族的反抗采取了暴力的手段，因此积怨很多。

在商鞅变法后，贵族曾派代表去见商鞅，劝其让位，后又劝他取消残酷的刑罚，甚至最后对其进行威胁，说他不遵守旧制早晚要失败。商鞅当然不会受他们的影响，但他也很清楚自己的处境有多危险，每次出门都带有保镖跟从。后来，秦孝公病重，据《战国策·秦策一》记载，孝公病重时，曾打算把君位让给商鞅，商鞅婉言谢绝。秦孝公二十二年（公元前338年），秦孝公去世，太子驷继位，史称秦惠文王。惠文王继位不久，公子虔便诬告商鞅密谋反叛，惠文王下令将其逮捕，商鞅立即逃亡。结果，商鞅逃跑时没有人敢帮助他，因为商鞅曾颁布了严苛刑罚，对于帮助犯人者要施以重罚。商鞅无处可逃，只得回到自己在秦国的封地商邑，组织人马抵抗秦军，终因寡不敌众被惠文王军队抓获。公元前338年，商鞅被杀，惠文王又残酷地将其"车裂"，由此可见奴隶主贵族对商鞅的仇恨有多深。

申不害是怎样的人

申不害，又称申子，生于公元前385年，战国时期著名的思想家、法学家，以"术"著称。

申不害原为郑国人，韩哀侯二年，郑国被韩灭掉后，申不害遂成为韩人，成为"亡国贱臣"。公元前353年，魏国起兵伐赵，赵成侯向韩国求援。申不害进谏主张联合齐国，伐魏救赵。在申不害的倡导下，便出现了"围魏救赵"的故事。这次事件，使韩昭侯看到了申不害在外交事务上的卓越表现，于是他不顾他人反对，于公元前351年破例将申不害升为宰相，以求变革图强。申不害在韩为相十九年，实行以"术"为主的法制,经过十五年的改革,使君主集权得到加强,促使韩国国治兵强,政治局面趋于稳定。

申不害卒于公元前337年,享年48岁。《史记》在《老子韩非列传》中评价说:"其内脩政教,外应诸侯,十五年。终申子之身,国治兵强,无侵韩者。"

申不害的"术"主要是讲什么

申不害并没有对"术"的含义做出明确的解释。从他的思想内容来看,"术"应是君主驾驭、驱使臣下的方法。"法"是公开的,是臣民的行动准则,而"术"却隐藏在君主心中,专门用来对付大臣。申不害认为,君主必须要有两面之"术"才能稳固其地位,不然势与法就会变得威严而不受用,刻板而不通达。如果以"术"来联通势与法,就如虎添翼,无论动静,都会使臣下慑服。他的"术"分两类,一类是控制术,如"正名责实",就是讲规定职责,考校监督官员,有一定的合理性;一类就是搞阴谋,耍手腕,弄权术。所以他一再告诫君主,不能相信所有的大臣,对君臣关系一定要有一个清醒的认识。中国历史上对权术的玩弄,并不是申不害提出的,但他却是第一个在理论上系统研究权术的人,因此他的学说受到历代统治者的青睐。不过,申不害的学说从本质上来说对稳固政权并无实质性帮助,因为君主有驭臣之术,臣子必有欺君之方,尔虞我诈,你争我斗,反而加剧了政权的不稳定性。

申不害有哪些哲学思想

申不害是法家代表人物,但他的学术思想却深受道家的影响,他一直推崇老子的大统一哲学。申不害认为,自然运行有其规律,但也绝非无法抗拒。他认为"静"是宇宙万物的本质,其运动规律是"常"。他认为对待一切事情应以"静"为原则,以"因"为方法,"因"指"因循"、"随顺"。"贵因"指"随事而定之","贵静"的表现就是"无为"。申不害把这种"静因无为"的哲学思想用于"权术"之中。他还进一步发展了老子"柔弱胜刚强"的思想,进一步完善这种方法,要求君主"示弱"。这种示弱绝不是要君主无所作为,而是君主决策前的一种姿态。在关键时刻,申子要求君主独揽一切,决断一切。申不害的这一主张,就是由道家的"天道无为"演化发展而来的,可以说,他的哲学思想正是其法家"权术"思想的基础。

许行是何许人

许行,战国时期楚国人,著名的农学家、思想家。许行生于楚宣王至楚怀王时期,大约和孟子处于同一时代。在《孟子·滕文公上》中记载了许行的相关事迹,文中说其人"为神农之言",所以被归为农家,现在许行通常被视为先秦时代农家的代表人物。

许行主张"种粟而后食","贤者与民并耕而食",并且亲自带领数十个门徒将自己的主张付诸行动,穿粗麻短衣,在江汉间打草织席为生。公元前332年,许行率门徒离开楚国前往滕国,滕文公依许行的要求,划给他一块可以耕种的土地,结果经营效果非常好。大儒家陈良的弟子陈相等人都对其非常仰慕,带着农具从宋国来到滕国拜许行为师,就此摒弃儒学观点,成为农家学派的忠实信徒。同年,许行、陈相与孟子在滕国相遇,于是历史上一场著名的"农""儒"论战就此展开。孟子出于维护封建统治阶级利益的立场,大肆批判许行的农学派,贬之为"南蛮鴃舌之人,作先王之道",而许行及门徒则从理论上和实践上对其进行了反驳,此典故详细记载于《孟子·滕文公》中。

许行有著作《神农》二十篇,只是至今已全部遗失。

许行的思想核心是什么

许行作为农家的代表人物，其思想核心是反对不劳而食。他认为贤德的君主应该同百姓一起耕种，并且在处理国事的同时要自己解决一日三餐。他反对国君设仓库储存粮食，反对府库积聚财货，认为这是以伤害人民为代价来奉养自己。许行的主张反映了战国时期贫苦农民的利益和要求，是一种平均主义和共同劳动的思想。但是，要求人人都成为自食其力的劳动者，这一主张根本不可能实现，只能成为一种美好的幻想。不过，许行还是凭借其独到的农家思想见解和实践活动，深远地影响了后世的农业思想模式和发展。

许行在从事农事的同时也从事手工业生产，他还意识到市场货物交换的重要作用，并深入研究有关物价方面的问题。他主张依据产品的长短、大小等数量、质量规定价格，这样市场上的同种商品只有一种价格，没有第二种价格，这就是"市贾不二"，这样可以避免弄虚作假的现象，从而实现童叟无欺。许行的价格论反映了当时贫苦农民对商人利用市场高利盘剥的不满和要求调整物价的急切愿望。

告子是怎样的人

告子，名不详，也有学者推测其名为不害，战国时著名的思想家。关于告子所在的流派，东汉学者赵岐在《孟子注》中说，告子"兼治儒墨之道"。

告子起初跟随墨子学习，有很好的口才，善于与人辩论，并且非常讲究仁义。后来，告子又投师孟子，曾与孟子讨论人性问题，著名的"食色，性也"便出自告子之口。告子认为"生之谓性"，人性和水一样，"水无分于东西"，性也"无分于善不善"。可惜的是，告子的著作都已经遗失，仅在《孟子·告子》中有关于他的学说的只言片语的记载，但这些记录对于研究告子的思想非常重要。

告子与孟子有怎样的论战

告子曾拜孟子为师,但其思想与孟子完全相反。在人性的问题上,两人曾有过几次辩论,《孟子》中对此有相关记载。告子主张"性无善无不善",他以木材做成的器皿为比喻说:"性,犹杞柳也;义,犹桮棬也。以人性为仁义,犹以杞柳为桮棬。"告子又用水作比喻说:"性,犹湍水也,决诸东方则东流,决诸西方则西流。人性之无分于善不善也,犹水之无分于东西也。"孟子反辩说:"人性之善也,犹水之就下也。人无有不善,水无有不下。"

另一次辩论中告子说:"食色,性也。仁,内也,非外也;义,外也,非内也。"告子认为食色是人的本性,这是一个正确的命题。在这一次辩论中,告子的"性无善无不善"的见解并没有被批倒,但孟子对他的"义外"之说则极力反对。

纵观这几场辩论,在中国古代众多关于人性思考的学者流派中,告子的"性无善无不善"的观点是较为正确的。不过,告子的思想一直遭到贬抑,直到清代后期的龚自珍才特别将其提出,并加以发扬。

杨朱是怎样的人

杨朱,字子居,人称杨子,战国时期魏国人,先秦时期著名的哲学家。杨朱的生卒年代不详,应该生活在墨子与孟子之间。因为墨子从未提到他,而在孟子的时代他已经具有与墨家同等的影响力。如孟子在《孟子·滕文公下》中说:"杨朱、墨翟之言盈天下。"在《列子》中也有一篇题为《杨朱》的文章,都可以说明杨朱在当时的影响有多大。

杨朱是一个很风趣幽默的人,他的行事作风不像一个思想家,更像是一个诗人。一次,他外出到了一个岔路口,不禁联想到了人生的歧路,忍不住心中伤感竟大哭起来。杨朱珍重自身，重视个体生命的保存，对于个人喜怒哀乐的体会也极其敏感。正因为如此，他反对儒墨，尤其反对墨子的"兼爱"，主张"贵生"、"重己"，反对人与人之间的相互侵夺。杨朱的见解散见于《庄子》《孟子》《韩非子》《吕氏春秋》等书，从以保全自己作为人生目的和意义这一点上来说，杨朱与老、庄道家，尤其与庄子的思想有一致之处。如今，也有学者将杨朱一派划分为道家的一个流派。

杨朱有怎样的政治主张

杨朱与墨翟一样有治世之才。据《说苑·政理》记载，杨朱曾与梁王论"治天下如运诸掌然"，他把自己比成尧舜，自称是"得治大者不治小，成大功者不小苛"的贤人。

在治世方面，杨朱提出建立一个"人人不损一毫，人人不利天下"的社会。这种政治主张是从"为我"而不"侵物"的学说衍生出来的，即一方面从"损一毫而为天下，不为也"，衍化出"人人不损一毫，人人不利天下，天下治矣"；另一方面，这种学说就是"人人不以天下大利，人人不易其胫一毛，天下治矣"，就是说，人人都各自为自己，而不侵犯别人，这样天下就太平无事了。

在阶级社会中杨朱的这一主张是根本不可能实现的，它只不过是小私有者的美好幻想。对此，《韩非子·八说》中对此也提出批评，认为杨朱的主张虽然明察，但与当时的实际情况不符，是根本行不通的。

公孙龙是何许人

公孙龙，"名家"的代表人物，字子秉，生于公元前 320 年，战国时期赵国人，巧言善辩。

"名家"，是先秦时期以辩论名实问题为中心的思想派别，重视"名"和"实"之间的关系，这里的"名"即概念，而"实"则为事实。公孙龙的主要思想在《公孙龙子》一书中都有体现。《公孙龙子》在西汉时共有十四篇，北宋时遗失了八篇，至今只残留六篇。其中，《迹府》一篇是后人汇集公孙龙的生平言行写成的传略，其余五篇《白马论》《指物论》《通变论》《坚白论》《名实论》，则是公孙龙的思想结晶。在《白马论》和《坚白论》中，公孙龙提出了"白马非马"和"离坚白"等论点，是"离坚白"学派的主要代表人物，提出了逻辑学中的"个别"和"一般"之间的相互关系，并割断二者的联系，夸大其区别，形成一种形而上学的思想体系。

公孙龙卒于公元前 250 年，享年 70 岁。

"白马非马"讲的是一个什么样的典故

"白马非马"是一个非常著名的典故，公孙龙便是故事的主角。

战国时期，赵国一带的马匹曾遭受一种烈性传染病的影响，导致大批战马死亡。秦国为防止瘟疫传入，便在函谷关口贴出告示："凡赵国的马不能入关。"一天，公孙龙骑着一匹白马来到函谷关前，被关吏阻拦了下来。公孙龙辩解说："白马非马，怎么不能过关呢？"关吏说："白马是马。"公孙龙娓娓道来："'马'只是名称而已，'白'则是指颜色，名称和颜色不是一个概念。"这是说，白是一切白色的共性，而不是马，马是一切马的共性，而不是白。白马指白色的共性加上马的共性。所以白马并不是马。

关吏越听越糊涂，听得云里雾里的不知该如何对答，只好让公孙龙和白马都过关去了。

公孙龙"白马非马"的论证在逻辑和概念分析上都有其独到的见解，但是他混淆一些概念而流入诡辩。他分析了马与白马这两个概念的差别，但他将两者完全分开且加以夸大，使一般脱离个别而独立存在。这样，就把抽象的概念当成脱离具体事物的精神实体，从而产生了客观唯心主义的结论。

惠施是怎样一个人

惠施，即惠子，生于公元前390年，战国中期宋国人，著名的政治家、辩客和哲学家，是名家思想的创始人和主要代表人物。

惠施是合纵抗秦的最主要的组织人和支持者，在当时各个国家都有很高的声誉。他效力于魏国，曾随同魏惠王到齐朝见齐威王，主张魏国、齐国和楚国联合起来对抗秦国，并建议齐、魏互尊为王。不过，他后来与张仪发生矛盾，被魏惠王赶出魏国。惠施先到楚国，后又回家乡宋国，并在宋国与庄子成为朋友。公元前319年魏惠王死，在东方各国的支持下，魏国任用公孙衍为相国，张仪失宠离去，惠施得以重返魏国。

惠施卒于公元前317年，他的著作都已遗失，在其他学者的转述中可以零散地见到他的哲学思想。其中，《庄子》多次提到惠施的思想，《荀子》《韩非子》《吕氏春秋》等书中对他的思想也有相关记载。

惠施有怎样的哲学思想

惠施是一位伟大的哲学家，曾努力钻研宇宙万物构成的原因，他的主要学说都与宇宙万物有关，《庄子·天下篇》中就保存有他的十个命题，如"至大无外，谓之大一；至小无内，谓之小一"、"日方中方睨，物方生方死"、"泛爱万物、天地一体也"等。

这十个命题又被称为《历物十事》，是十个孤立的辩论命题，没有论证过程也弄不清论辩时的背景，主要是对自然界的分析，其中部分含有辩证的因素。他主张从世间万物广泛的分析中总结出世界的规律，认为一切事物都处于不停地变动之中，如"日方中方睨，物方生方死"，意思是说太阳刚升到正中的同时便开始西斜了；一件东西刚生下来，便开始走向死亡。这种看法在一定程度上认识到了事物矛盾运动的辩证过程，对后世的哲学研究有着深远的影响。

惠施与庄子为何能成为挚友

在先秦诸子百家的代表人物中，庄子和惠施是很好的朋友。这在其他诸子中是非常罕见的。这两人中，庄子心境旷达，视富贵荣华有如敝屣，"以天下为沉浊，不可与庄语"；惠施虽积极入世，但十分博学，非常热衷于对知识的探讨，胸襟也坦荡无比。这两个绝顶聪明的人想要找到知己绝非易事，所以一旦相识便成为至交好友。惠施喜欢倚在树底下高谈阔论，疲倦的时候就据琴而卧。虽然庄子看不惯他这样，但也常被惠施拉去梧桐树下探讨学问，或在田野上散步。他们两人一个如闲云野鹤，一个积极入世，在现实生活中虽然有很大的差距，在学术观念上也相互对立，但在情谊上却比许多思想观念一致的学者要深得多。惠施死后，庄子为其送葬，经过惠施的坟墓时，庄子不禁回头对随从说："自从先生去世，我便再也没有对手、没有谈论的对象了！"由此可见二人的情谊有多深厚。

孙武是何许人

孙武，字长卿，约生于公元前545年，春秋时期齐国乐安人，是我国著名的军事家、政治家。

孙武生在将门之家，可以说是文武双全，经伍子胥引荐给吴王阖闾，与伍子胥共同辅佐阖闾经国治军。公元前512年，孙武带兵攻克楚的属国钟吾国、舒国，之后采取小队伍偷袭的方法，反复袭扰楚国长达六年之久，大大消耗了楚军实力。公元前506年，孙武与伍子胥带兵大举进攻楚国，占领了楚的国都郢城，几乎灭亡楚国。此后，吴国开始讨伐越国。期间，阖闾受伤病死，孙武和伍子胥辅佐新王夫差继续攻打越国。公元前494年，吴军大败越军，勾践屈辱求和。后来，吴军又攻齐国，齐国大败，吴王夫差顺利争得霸主的地位。

随着吴国霸业的日益发达，夫差不再励精图治。越王勾践也极力迷惑夫差，自己亲侍吴王，更选美女西施入吴。夫差大兴土木，沉醉于酒色之中。伍子胥对这种情形十分担忧，曾多次进谏，致使夫差大怒，逼其自尽。伍子胥死后，孙武深知吴国已无药可救，便悄然归隐，从此在历史上便没有关于他的记载。

《孙子兵法》主要讲了什么内容

《孙子兵法》，也有《孙武兵法》、《孙武兵书》之称，是我国最古老、最杰出的一部兵书，也是世界三大兵书之一。

据《汉书·艺文志》记载，孙子兵法共有八十二篇，其中孙武的弟子们写作的内容也包括在内。而根据司马迁在《史记》中的记载，孙子兵法应该只有十三篇，如今通行的版本收录的也只有十三篇。这十三篇中，《始计篇》是专门用来估算战事胜负的可能性，并制订作战计划；《作战篇》则写战争动员，如何取用于敌，胜敌益强；

《谋攻篇》则专门阐述如何以智谋攻城；《军形篇》阐述影响战斗力结果的客观因素，如战斗力的强弱、战争的物质准备等；《兵势篇》则讲主观因素，如兵力的配置、士气的勇怯；《虚实篇》写如何通过分散集结、包围迂回等取得胜利；《军争篇》《九变篇》《行军篇》《地形篇》《九地篇》五篇专门讲军事地理，要求指挥者在行军中根据不同情况采取不同的战略战术；《火攻篇》《用间篇》则是特殊的战略战法。该书语言简洁明了，内容也极具哲理性，历来受到很多人的青睐，为后世兵法家所推崇。

孙武的军事思想对后世有何影响

孙武的军事思想是建立在朴素的唯物论和辩证法的基础上的。他强调"知彼知己"，讲求"战道"，探索战争规律，要从弱强乱治的矛盾中看到向其对立面的转化等等，这些主张都是具有思辨特征的哲学思考。孙武认为想要取得战争的胜利，强化对敌我、攻守、全破等对立面的认识是必不可少的，揭示了事物之间生克消长的关系，从而衍生出对各种作战方式的描述。这些军事思想，在推动当时军事学术发展的同时，对后世的军事实践也产生了重要作用。即便在今天，他所揭示的某些规律仍有其借鉴的价值，其中很多原则还被用到经营管理、体育竞赛等社会生活领域，以致世界上许多国家的政治家、军事家、学者都对此十分关注。他的著作《孙子兵法》也被译为英文、法文、德文、日文等，成为国际最著名的兵学典范之书。

孙膑的名字是怎样来的

孙膑，是孙武的后代，战国时期的军事家，兵家代表人物。孙膑生卒年不详，史书中对其原名也没有详细记载，明代冯梦龙的《东周列国志》认为，孙膑原名"宾"。这一说法是否正确我们无从考证，但孙膑这一名字，则是因为其受过膑刑，被挖去了膝盖，所以才得此名。从字义上来说，"膑"字从肉，原意就是膝部的髌骨。

孙膑受膑刑，是受到同门师兄庞涓的陷害。他与庞涓同为鬼谷子的弟子，后庞涓辅佐魏惠王，魏惠王对他赏识有加。可是，庞涓心胸狭隘、嫉贤妒能，他认为孙膑才学过人，可能会危及自己的地位，便暗中派人请孙膑到魏国，并设计陷害他，给他用了膑刑。孙膑吃尽苦头，装疯卖傻，最终在朋友的帮助下逃离魏国，前往齐国。齐威王见到孙膑后，被他的才学打动，让他做了大将军田忌的军师。孙膑不负众望，辅佐田忌两次击败庞涓，取得了桂陵之战和马陵之战的胜利，为齐国霸业立下了汗马功劳。

《孙膑兵法》主要讲了什么内容

《孙膑兵法》是继《孙子兵法》后"孙子学派"的又一部巨作。据《汉书·艺文志》记载，《孙子兵法》共有八十九篇、图四卷。但从《隋书·经籍志》开始，《孙膑兵法》在以后的著录中再没有出现过，由此人们推断该书大约在东汉末年便已失传。

1972年，临沂市银雀山汉墓竹简出土，这部古兵法终于重见天日。《孙膑兵法》分上、下编，各十五篇。上篇包括《禽庞涓》《见威王》《威王问》和《陈忌问垒》等，是由孙膑的弟子在其著述和言论的基础上辑录、整理而成；上、下篇内容相仿，只是在编撰体例上有所不同，目前无法确定下篇是否为孙膑及其弟子所著。如今我们所见的《孙膑兵法》收入十六篇，包括上篇十五篇，和下篇中的《五教法》。

《孙膑兵法》是对孙膑多年统兵作战实践经验的总结，书中提出的一系列战略战术，对春秋以来的作战阵法都起到了很好的借鉴和发展作用。当然，该书也有其局限和不足，如它掺杂有阴阳五行等学说，认为战争的胜负受日月星辰的影响，并且有时对战争中的地形等外在条件的分析过于片面和绝对。不过，它依然有非常大的存在意义和价值，《孙膑兵法》可以说是战国时期战争实践的理论总结，在我国的军事思想史上有着非常重要的地位。

鬼谷子是怎样的人

鬼谷子，姓王，名诩，战国时期卫国人，著名思想家、谋略家、兵家、教育家，是纵横家的创始人，极具神秘色彩。据说是根据他的出生地或是隐居地而得"鬼谷"之名。

鬼谷子是一位全才型的人物，他既有政治家的六韬三略，又擅长外交家的纵横之术，更兼有阴阳家的祖宗衣钵，预言家的江湖神算，在当时被视为奇才。鬼谷子还是一位伟大的教育家，兵家孙膑、庞涓和纵横家苏秦、张仪这四位战国时期的风云人物都是他的弟子。鬼谷子著有《鬼谷子》及《本经阴符七术》，《本经阴符七术》集中阐述养神蓄锐之道，用来修心修身；《鬼谷子》则侧重于权谋策略及言谈辩论的技巧。与《孙子兵法》相比，《孙子兵法》侧重的是总体的战略，而《鬼谷子》则专于具体技巧，两者互相补充，成为战国时期许多兵家人物学习的必读之书。

纵横家是做什么的

纵横家，属诸子百家之一，是战国至秦汉时期，以从事政治外交活动为主的一派。

所谓纵横，即合纵连横，这是战国时期纵横家所宣扬并推行的外交和军事政策。合纵的主要目的是为了阻止齐、秦两国兼并弱国，具体方法是南北纵列的国家联合起来，共同对付强国；连横就是秦或齐拉拢一些弱小国家，共同进攻另外一些国家，以兼并和扩展土地，实现一统天下的雄图大略。在当时，一大批叱咤风云的纵横家极其活跃，代表人物有公孙衍、张仪、苏秦、苏代等，他们有极强的游说能力，其谋划的出发点大都是主观的政治要求，且他们朝秦暮楚，事无定主。可以说，纵横家是我国有史以来最早的一批外交政治家，纵横学是秦汉之际首屈一指的显学。可惜的是，纵横家并没有活跃很长时间，在苏秦被齐闵王处以车裂后，纵横流派随之土崩瓦解。

苏秦的历史成就有哪些

苏秦，生年不详，字季子，战国时期雒阳（今河南洛阳）人。

苏秦早年是鬼谷子的弟子，学习纵横之术，学成后他前往各国游说，曾向秦阐述一统天下的策略，结果没有取得丝毫成效，反而遭到家人的讥笑。后来，他"锥刺股"发愤用功，并改变策略游说六国合纵抗秦。游说六国期间，苏秦先仕于燕，曾离间齐、赵关系，以减轻齐对燕的压力。后来，他又联合六国以攻秦，后又离燕至齐，受到齐闵王的重用。不过，在这期间苏秦一直暗中为燕效劳。他采取劝齐攻宋的策略，以转移齐对燕的注意力。后来，燕昭王派乐毅突然出兵攻齐，齐因毫无防备惨遭失败，苏秦的阴谋就此败露。公元前317年，齐闵王对苏秦处以车裂之刑，这一事件在战国晚期也曾轰动一时。

苏秦虽然一心忠于燕国，但其历史功绩是不容忽视的。他联合六国对抗秦国，使十五年内强秦不敢出函谷关，后世人们为凸显他的成就，曾将武术定式命名为"苏秦背剑"。据《汉书·艺文志》记载，苏秦的著作有《苏子》，共三十一篇，但都没有流传下来。帛书《战国策》残卷中，还残存有他游说辞及书信十六篇，但与《史记》所记载的有所出入。

张仪是怎样的人

张仪，生年不详，是魏国贵族后裔，战国时期著名的政治家、外交家和谋略家。

秦惠文君九年(公元前329年)，张仪由赵国西入秦国，秦惠王对他非常赏识，命其为秦国置相后的第一任相国，位居百官之首。张仪上任以后，积极推行连横政策。曾游说魏惠王，不费丝毫兵力让魏国把上郡十五县，包括少梁一起献给秦国。

公元前313年，秦惠王想攻打齐国，但又担心齐、楚结成联盟，便派张仪入楚游说楚怀王。张仪用利益诱惑楚怀王说，"楚诚能绝齐，秦愿献商、於之地六百里。"楚怀王立即与齐断绝关系。后来楚怀王派人去秦国拿地，张仪却说当初"仪与王约六里，不闻六百里"。楚怀王恼羞成怒，起兵攻打秦国，最终却以失败告终。秦国借机强占楚地六百里，在排除了楚国对秦国本土威胁的同时也扩展了秦国的疆土，使其国力更加强盛。

战国时期，在政治场上活跃着很多纵横家，张仪就是其中比较突出的一个，在秦国霸业的发展以及后来一统天下中，张仪都起了至关重要的作用。公元前311年，秦惠王卒，秦武王即位。张仪对秦武王向来不满，便离秦赴魏，后死于魏国。

田骈的思想成就有哪些

田骈，又称陈骈，战国时期思想家，齐国临淄稷下道家学派的中坚人物。

"稷下"，是齐国一所官办的高等学府，因其地址在"稷"门附近便得名"稷下"。当时齐国最有影响力的学者都聚集在此，田骈就是其中之一。田骈学识渊博，才华横溢，特别善于雄辩，有"天口骈"之称。所谓"天口骈"，就是用来形容人的口才好，妙论无穷，谁也不能辩胜他。田骈学说核心便是一个"齐"字。他认为从"大道"来看，万物是齐一的，即一致的。这种说法，在当时被封建统治阶级和士大夫阶层的人物奉作格物、致知、修身、齐家、治国、平天下的宗旨。在田骈看来，对待事物最好的办法就是顺其自然，强调"变化应求而皆有章，因性任物而莫不宜当"。田骈还强调法治，认为没有法会使国家动乱，必须事断于法，一切以法律为依据。

据《汉书·艺文志》记载，田骈著录《田子》二十五篇，列入道家，但并没有被保留下来。

慎子的法学思想有哪些

慎子，名慎到，约生于公元前 390 年，赵国人。

慎子原是道家学者，后来从中分离出来，成为法家的代表人物。齐宣王、齐湣王时期他游学在稷下，在稷下学宫讲学多年，并小有名气，对法家思想在齐国的传播起到了重要作用。

和先秦时期其他法家代表人物相比，慎子的法家思想有明显的区别。当时，申不害和商鞅分别重视"术"和"法"，而慎子重视的则是"势"。"势"主要指权势，慎子认为，君主若要实行法治，就必须重视权势，这样才能令行禁止。君主只有在掌握权势的基础上才能保证法律的顺利执行。他认为法治更优于人治，甚至认为不好的法律也比没有法律要好。慎子还提倡"因循自然"、"清静而治"，即在法治的基础上遵循事物的本性发展，就连法也必须遵循自然本性。由此可见，慎子的思想是老庄道学与法家的融合统一。

用当代人的眼光来看慎子的法家思想，可发现其重法轻贤的缺陷，且重法与顺应自然本就是个难以统一的矛盾。不过，慎子避免了老庄道学纯粹任自然而不要法治的主张，同时也避免了法家主张绝对法治而不必因循自然的弊端，对后期的法学发展起到了一定的启发作用。

尹文是何许人

尹文，约生于公元前 360 年，齐国人，战国时代著名的哲学家。他与田骈是同一时代的人，并都是当时稷下道家学派的代表人物。

尹文提倡宽容，也就是通常所说的"恕道"，教导人们不要争斗，主张对别人的态度甚至侮辱也要容忍。他反对战争，提倡化干戈为玉帛。尹文"恕道"的主张，与孔子的"己所不欲，勿施于人"是一致的，而且它不仅相通于儒家思想，更是和老子无为而治的"尚柔"精神一脉相承。尹文认为，"大道容众，大德容下"，对百姓和臣民，只要讲究宽恕、忍让的道德，一切便会顺其自然。而国君若能做到"无为而治"，能够"容天下"，便能得民心，这就是"道用则无为而自治"的道理。可以说，尹文的思想具有调和色彩，对后期儒家思想产生了深远影响。

尹文有著作《尹文子》，但现今只有一卷被保留了下来，内容是由语录和故事混杂，各段自成起讫。其上篇论述形名理论，下篇论述治国之道，是后世研究道家思想的珍贵史料。

邹衍的学术思想有哪些

邹衍，约出生于公元前324年，战国末期齐国人，伟大的思想家、哲学家，阴阳家学派的创始者与代表人物。

邹衍的主要思想是"五德始终说"和"大九州说"。他提出"五德始终"的历史观，把当时流行的"五行说"运用到社会的变动和王朝的更替上。他认为是由金、木、水、火、土构成了整个物质世界，人类社会也是按照五德转移的次序进行循环的，每一朝代都主一德，每一德都有盛有衰。盛时，它对应的那个朝代就会兴旺发达；衰时，这个朝代就要灭亡。人类社会的历史变化遵循着五行相生相克的规律不断循环着。

在对宇宙的空间认识方面，邹衍创立了"大九州"说，认为儒家所称的中国，只占天下的八十一分之一。这种对世界地理的推论性假说，在当时拓宽了人们对地理范围的认识，有一定的积极意义。

邹衍一生著述非常多，《汉书·艺文志》记载其所著《邹子》有四十九篇、《邹子终始》有五十六篇，他的思想在这些著述中都有较为全面的记载。此外，邹衍在音乐、方技方面也颇有造诣。

吕不韦是怎样一个人

吕不韦，战国末期卫国商人，后担任秦国丞相，是我国古代伟大的政治家、思想家。

吕不韦早年是一个商人，他穿梭于各地，以低价买进，高价卖出，逐渐积累起千金的家产。一次，吕不韦在赵国都城邯郸看到秦王孙公子异人（后改名子楚）被作为人质，他认为此人"奇货可居"，便对他施与重金资助，并游说秦太子安国君宠姬华阳夫人，立子楚为嫡嗣。后来，子楚果真被立为太子，并于次年即位，成为庄襄王。

子楚对吕不韦的知遇之恩十分感激，便任命他为丞相，封为文信侯。庄襄王死后，年幼的太子嬴政即位，也尊吕不韦为相国，号称"仲父"。吕不韦在任期间，曾攻取周、赵、卫的土地，立三川、太原、东郡，为秦王嬴政兼并六国的事业做出巨大贡献。

后来，吕不韦因嫪毐叛乱受到牵连，被免除相国职务，出居河南封地。吕不韦在河南期间，各诸侯国宾客使者纷纷前来看望，嬴政担心他发动叛乱，便要求吕不韦一家迁往蜀地。吕不韦得知自己被秦王猜忌，便喝下鸩酒自杀而死。

吕不韦的历史功绩有哪些

吕不韦是历史上一个备受争议的人物，有人认为他是一个伟大的政治家，也有人认为他是一个政治投机者。比较公正地说，他是一个对历史发展做出贡献的人。他立子楚为嫡嗣，对秦王室的稳定起到了重要作用，避免了秦王去世后内乱的发生，维持了对东方六国的高压态势，加快了统一六国的步伐。吕不韦对外战争讲究计谋，避免硬仗、恶战，以最大程度降低损失。公元前247年，东方五国联合抗秦，吕不韦设计离间联军首领信陵君和魏王,最终联军瓦解,不攻自破。他还提出了兴"义兵"的思想,要求"兵入于敌之境,则民知所庇矣,黔首知不死矣。至于都国之郊,不虐五谷,不掘坟墓,不伐树木,不烧积聚,不焚室屋,不取六畜,得民虏而归之",在当时这种思想对推动社会的进步有一定的意义。

吕不韦最辉煌的成就当属《吕氏春秋》。他招贤纳士,组织门下的三千门客编纂其所知见闻,这部辉煌的集体创作才得以诞生。该书有八览、六论、十二纪,共二十多万字,将先秦各派学说汇聚在一起,所以也被称之为"杂家"。书编成以后,吕不韦将其悬挂在国门上,并声称能改动一字者便赏千金,"一字千金"这一历史典故便是由此而来。

第六章 学术经典

所谓经典，指的是具有典范性、权威性、经久不衰的传世之作。学术经典是中国传统文化的重要组成部分。尤其是一些国学经典，更是传统文化的瑰宝，其语言千锤百炼，字字如金，是千百年来读书人从事文学创作的基础文本，是上至帝王将相，下至黎民百姓治国、修身、立德的基本依据。

我国历史上第一部编年体通史著作是什么

编年体是我国史书编纂的一种体裁,是以时间为线索,按年、月、日的顺序来叙述历史。编写历史最早采用的便是编年体,也是最简便的方法。编年体的历史著作虽能够给人以明确的时间观念,但是在反映同一历史事件的前后联系上略显困难。

《资治通鉴》是我国第一部编年体通史著作,由北宋时期著名史学家司马光主编,全书共294卷,历时19年完成。它记载了从周威烈王二十三年,即公元前403年,到五代后周世宗显德六年,即公元959年之间共1362年的史实,跨越16个朝代。它是我国记载最详细为详尽的编年体史书,在史学界占有重要地位。

司马光编写这部书是为了总结以往历朝历代的经验教训,供统治者借鉴。宋神宗认为这本书"鉴于往事,有资于治道",因此命名为《资治通鉴》。

《资治通鉴》文笔优美,叙事生动,具有很高的文学价值和史学价值,在历史上和《史记》并列为史家绝笔。

"二十四史"指的是哪些书

二十四史是我国历代编写的二十四部史书的合称,一直被历朝统治者视为正统,因此又称为"正史"。二十四史上起传说中的黄帝,即公元前2550年,下至明朝崇祯十七年,即公元1644年,长达3213卷,约4000万字,都是用纪传体的体裁编写。

二十四史分别是:《史记》(西汉·司马迁)、《汉书》(东汉·班固)、《后汉书》(南朝宋·范晔)、《三国志》(晋·陈寿)、《晋书》(唐·房玄龄等)、《宋书》(南朝梁·沈约)、《南齐书》(南朝梁·萧子显)、《梁书》(唐·姚思廉)、《陈书》(唐·姚思廉)、《魏书》(北齐·魏收)、《北齐书》(唐·李百药)、《周书》(唐·令狐德棻等)、《隋书》(唐·魏征等)、《南史》(唐·李延寿)、《北史》(唐·李延寿等)、

《旧唐书》（后晋·刘昫等）、《新唐书》（宋·欧阳修、宋祁等）、《旧五代史》（宋·薛居正等）、《新五代史》（宋·欧阳修）、《宋史》（元·脱脱等）、《辽史》（元·脱脱等）、《金史》（元·脱脱等）、《元史》（明·宋濂等）、《明史》（清·张廷玉等）。

我国第一部史学评论专著是什么

《史通》是我国第一部史学评论专著，它由唐代著名史学家刘知几编著。刘知几生活于唐朝中前期，早年中进士之后一直在长安做官。在他四十二岁的时候进入史馆，参与史书编纂工作。但他的史学理论并没有得到史馆主管官员的认可，因此他经常受到训斥。他觉得这样下去会埋没了自己的史学才能，于是开始私下撰写《史通》，来表达自己对于史学的独特见解。他写作的《史通》共二十卷，分内外两篇，各十卷，都以专题论文的形式撰写。内篇原有三十九篇，其中三篇已经失传，现在只有三十六篇；外篇共十三篇，上下合为四十九篇。

《史通》对唐代以前的许多经典史书都进行了批判和分析。它论述了唐代以前史书的著述情况，并对它们的类别、源流和体例都做了系统而全面的总结。刘知几认为，史书只应该将记载重要的、有用的史实记入史书，而寓言、神话和传说等，都不能作为史料编入史书中。他强调史学家必须具备史才（能力）、史学（知识）和史识（观点）三个条件，即能力、知识和观点。其中最重要的便是史识。《史通》开辟了我国的史学评论的道路，对我国后世的史学理论产生了深远的影响。

我国第一部完整的编年体史书是什么

《左传》是我国历史上第一部完整的编年体史书。《左传》原名《左氏春秋》，到汉代被改名为《春秋左氏传》，简称《左传》。相传，《左传》是生活于春秋末期的左丘明为了解释孔子的《春秋》而作。左丘明，春秋末期人，一生只写了《左传》

这本书。

《左传》上起鲁隐公元年，即公元前722年，下至鲁哀公二十七年，即公元前468年，以《春秋》为主要纲目，通过记录和叙述春秋时期的具体史实来解读《春秋》，一直被当成儒家最重要的经典巨著之一。

《左传》自问世成书以来就对后世产生了深远的影响。它继承并发展了《春秋》的编年体，引录和保存了当时流行的一部分应用文，对后世应用文写作起到了很好的推动作用。史学界认为，《左传》是继《尚书》和《春秋》之后，开《史记》《汉书》先河的重要经典。名著《经学通论·春秋》这样评论《左传》："左氏叙事之工，文采之富，即以史论，亦当在司马迁、班固之上，不必依傍经书，可以独有千古。"

《左传》代表了先秦史学和文学的最高成就，对确立编年体史书的地位起了至关重要的作用。《左传》不仅是一部历史著作，也是一部非常优秀的文学名著。它用精彩、简练的笔调描写了许多战争场面，因此也被人称为"相斫书"。《左传》文字优美，言辞婉转。我国著名翻译家钱春绮先生在谈到他的翻译经验时说，没有什么过人之处，只是因为能够熟练背诵《左传》而已。由此可见其文字的优美程度。

我国第一本纪传体通史是什么

《史记》是我国第一部纪传体通史。它记载了上至传说中的黄帝时代，下至汉武帝太史元年间共3000多年的历史。最开始《史记》是没有书名的，一般被称为"太史公书"或者"太史公传"。《史记》与《资治通鉴》并称为"史学双璧"，在我国历史上有着非常重要的地位。

《史记》由司马迁历时花了18年写作而成，全书共一百三十篇，约五十二万六千五百字，表十章、书八章、本纪十二、世家散失、列传七十，详实地记录了上古时期包括政治、经济、军事、文化等各个方面的发展状况。

《史记》是我国历史上第一本"纪传体"史书，它不同于以前的编年体史书，是以人物传记为中心来反映历史的一种体裁。自此以后，官方所修的正史全都无一例外地沿袭了《史记》中的本纪和列传两部分，并以此作为传统。

《史记》还是一部优秀的文学著作，被现代伟大的文学家和思想家鲁迅先生赞誉为"史家之绝唱，无韵之离骚"。

我国第一本纪传体断代史是什么

《汉书》是中国历史上第一部纪传体断代史，它由东汉时期著名的历史学家班固撰写。《汉书》记载了上起西汉汉高祖元年，即公元前206年，下至新朝的王莽地皇四年，即公元23年，共230年间的史事。它包括十二篇本纪，八篇表，十篇志，七十篇列传，全书共一百篇，共计八十万字。

自《汉书》成书以来，历朝历代都效仿它的体例，相继编纂纪传体断代史。值得一提的是，《汉书》的八篇表和《天文志》是由班固的妹妹班昭以及马续共同续写完成。班昭也因此成为是"二十四史"中唯一的女作者。《汉书》史料丰富，素来有"闻见博洽"的美誉，在史学史上有重要的价值和地位。

我国第一本国别体史书是什么

《国语》是我国第一部国别体史书著作。它记载了周王室和鲁国、齐国、晋国、郑国、楚国、吴国、越国等诸侯国的历史。在时间上，它上起周穆王十二年，即公元前990年，下至智伯被灭，即公元前453年。

《国语》和《左传》都被看作是对《春秋》的解读，因此也被称为《春秋外传》。据近代学者考证，春秋时期有专门记诵和讲述从古到今的历史官员，称之为盲史官。盲史官讲述的史事被后人集录成书，就叫作《语》，再按照国别区分，就是《楚语》《越语》等，总称为《国语》。现在流传的《国语》是一些残存记录的汇总。

《国语》共二十一卷，其中《晋语》九卷，《楚语》二卷，《齐语》只有一卷。

《晋语》记录到智伯灭亡,即到了战国初期。因此,《国语》的内容并不局限于春秋,但确实记载了很多春秋及其以前的重要史实。《国语》有极高的史学价值,著名史学家司马迁在写作《史记》时就参考了其中的内容。

关于《国语》的作者,自古以来一直存在争议,到现在还没有定论。司马迁在《报任安书》中说:"左丘失明,厥有《国语》。"他第一次提出《国语》的作者是左丘明。到了晋朝,开始有人怀疑这一说法,但直到现在也没有确凿的证据。

我国第一部词典是什么

《尔雅》是我国第一部专门解释词义的著作,也是第一部按照词义系统和事物分类来编纂的词典。"尔"是"近"的意思,"雅"是"正"的意思,"尔雅"就是"接近、符合雅言"的意思。即在语音、词汇和语法等几个方面都非常规范的标准语。

《尔雅》是我国古代最早的词典。它被认为是我国训诂的开山之作,对训诂学、音韵学、方言学、古文字学等都产生了深远的影响。它按照义类编排,是读懂包括五经在内的上古文献的重要工具书。

关于《尔雅》的作者是谁,历来说法不一。有人认为是孔子门人所作,也有人认为是周公所作,而孔子和他的弟子对其进行过增补。现代学界普遍认为,《尔雅》成书于秦汉时期,经过代代相传,期间增减多次,在西汉时期整理而成。

《孝经》是谁写的

《孝经》是我国古代著名的伦理学著作。它以孝为中心,非常集中地阐述了儒家的伦理思想。它认为,"孝"是由天定的,是天经地义的,"夫孝,天之经也,地之义也,人之行也。"《孝经》还指出,孝是所有德行的根本,是评判一个人道德的重要标准。国君可以用孝治理国家,臣民则可以用孝来立身和持家。在《孝经》中,第一次将"孝"与"忠君"结合起来,认为"忠"是"孝"的发展和扩大,是愚忠思想的重要来源。

《孝经》还对"孝"提出了具体的要求和方法。它认为,人的一生应当是"孝"的一生,"孝"应该贯穿于人的所有行为之中,孝顺的开始是"身体发肤,受之父母,不敢毁伤";终点是"立身行道,扬名于后世,孝经鼎以显父母"。它还将道德规范和刑罚联系起来,所谓"五刑之属三千,而罪莫大于不孝",主张利用国家法律的权威,维护尊卑秩序。

在唐代,《孝经》被尊为经书,唐玄宗李隆基曾亲自为之作注,且一直流传至今。到了南宋,《孝经》被列为《十三经》之一。此后受到历代统治者的极度重视,对于维护社会的伦理纲常起到过很重要的作用。

关于它的作者,相传是孔子。到了南宋,有人开始对此表示怀疑。古籍浩如烟海,很多未能保留下来,所以现在难以考证。

《白虎通义》讲了什么内容

公元79年,东汉汉章帝建初四年,为了讨论"五经"思想上的异同,汉章帝下令召集很多饱学之士,让他们在白虎观进行辩论解说,以便达成共识。后来,我国著名史学家班固等人总结这些经学辩论的结果,并把辩论结果撰写成书,即流传到现在的《白虎通义》。可以说《白虎通义》是唯心主义的哲学典籍,全书有浓厚又神秘的唯心主义色彩。书中基于已经被神化了的阴阳五行学说,来解释社会中出现的种种现象。

《白虎通义》集两汉经文经学之大成,主要记载了在白虎观辩论会中,天下才子对经学的议论和评价,书中有很多内容都在复述董仲舒的"新儒学",并有所发挥。书中观点是天高地厚,天为尊,天是最高的神,地是天的妻子,天地万物生于五行,天作为最高的神,安排世界上所有的事情。这样一来,世间的万事万物都具有封建伦理的性质。天造就了人,人时时处处模仿天,皇帝是天子下凡,天人一体,可以遥相感应,顺理成章地成为最高统治者。

相对于董仲舒的三统学说，《白虎通义》作了更为详尽的解说，它认为"三统"受命于天。所以，封建社会的"三纲五常"都是天经地义的，任何人都不能违背，如果谁胆敢违背，就会受到上天的惩罚。《白虎通义》还大力倡导学习。不过，这里所说的"学"的内容，并不是客观世界的知识，而是"圣人之道"。

《后汉书》是谁写的

《后汉书》是一部纪传体通史，是继《史记》和《汉书》之后第三部由私人撰写的重要史籍。《后汉书》在我国史学史上有着非常崇高的地位，它和《史记》《汉书》《三国志》并称为"前四史"。

《后汉书》记载了从东汉光武帝建武元年，到汉献帝建安二十五年，即公元25年到公元220年，共195年间的重要史实。

《后汉书》分为十卷本纪，八十卷列传，三十卷志共三部分。其中，前两部分本纪和列传的作者是南朝时期著名的史学家范晔。范晔在撰写时，参考了当时社会上流传的七部后汉史料，并参考袁宏所著的《后汉纪》。《后汉书》语言简明周详，叙事生动，此书一问世就取代了以前流行的所有后汉史籍。后一部分，志的作者是司马彪。北宋年间，有人将这三部分合在一起，一直流传至今，就是今天众所周知的史书《后汉书》。

《后汉书》借鉴了《史记》和《汉书》的体例，但是范晔根据东汉的时代特征，在撰写过程中大胆创新。他在皇帝本纪之后添加了皇后本纪。东汉从汉和帝开始，接连六个太后临朝。范晔将她们的生平事迹也编写成了本纪的形式，非常准确地反映了这一时期的政治特点。此外，他还增加了《党锢传》《宦者传》《文苑传》《独行传》《方术传》《逸民传》和《列女传》七个类传。范晔是我国首位在纪传体史书中专门为妇女作传的史学家。

《三国志》记载了哪些历史

《三国志》问世于西晋年间，作者是著名史学家陈寿，主要记载了东汉末年魏、蜀、吴三足鼎立时期的史实，详细记载了从魏文帝黄初元年，到晋武帝太康元年，即公元 220 年到公元 280 年，共 60 年间发生的重大历史事件。《三国志》自成书以来就备受后人推崇。

陈寿是一位非常优秀的史学家，他擅长叙事，文笔简洁，剪裁得当，深得当时人们的赞许。同时期的夏侯湛写了《魏书》，看到《三国志》之后，自叹弗如，当即焚毁了自己的作品。后世的很多历史学家对陈寿更是推崇备至，认为在记载三国历史的史书中，只有陈寿的《三国志》可以和《史记》《汉书》媲美。所以，《三国志》一直流传到现在。

陈寿原本是蜀国人，蜀灭亡之后，他投降西晋做了大臣。西晋传承魏国衣钵而得天下。所以，西晋统治者一直尊魏为正统。陈寿在撰写《三国志》时也尊魏为正统。在《魏书》中，他专门为曹操写了本纪，但在《蜀书》和《吴书》中，没有给刘备和孙权作纪，只是写了本传。虽然如此，这本书实际上以魏、蜀、吴三国各自成书，如实地记载了三国鼎立的局势。《先主传》和《吴主传》在记事手法上也和本纪结构完全相同，只是称谓不同罢了。

《晋书》是谁编写的

《晋书》现存一百三十卷。其中，皇帝本纪十卷，志二十卷，列传七十卷，载纪三十卷。它记载了从西晋开国，到东晋灭亡，即公元 265 年到公元 420 年，共 155 年间的史实。

《晋书》体例完备，记录了很多繁杂多绪的历史事件，同时又不会让人们感觉烦乱无章。它采用了《史记》中世家的写作方式，载记的名号，完整地记述了各族政权逐鹿中原、割据征伐的兴衰史，这一做法受到后世很多史学家的赞赏。《晋书》内容充实，文字简练，编写者大多是文学大家，在书中，叙事过程简明扼要，不乏生动、精彩的神来之笔。在"二十四史"中，《晋书》是最富有文学色彩的一部。

《晋书》的作者不是一人，这也是令人瞩目的原因。参与主持编写《晋书》的共计二十一人，分别是：监修房玄龄、褚遂良、许敬宗；编写天文、律历、五行三志的李淳风；拟订修史体例的敬播；其他十六人是令狐德棻、来济、陆元仕、刘子翼、卢承基、李义府、薛元超、上官仪、崔行功、辛丘驭、刘胤之、杨仁卿、李延寿、张文恭、李安期和李怀俨。其中，房玄龄，李淳风，令狐德棻等人都是享有盛名的大历史学家。

《宋书》讲了什么内容

"二十四史"之一的《宋书》，记载了南朝刘宋一代的史实。《宋书》包括本纪十卷，志三十卷，列传六十卷，共计一百卷。如今传世的版本中，有些列传内容残缺不全，有些列传则是后人用唐高峻所著的《小史》和《南史》的内容补充的。

《宋书》记载的历史时段虽短，但篇幅庞大，其中一个最主要的原因是书中很多传记专门为豪门士族所写。比如列传部分，几乎有一半是写地主阶级、中高门士族的。仅仅以王、谢两大宗族来看，《宋书》为王氏立传的达十五六人，为谢氏立传的也有近十人。一些人虽然品行不高，但因为出身世家大族，也被列入"佳传"之中。因此，《宋书》在很多地方是失实的，甚至有媚上的嫌疑。

虽然如此，《宋书》依然有一定的史料价值。著名史学家刘知几在《史通》中写道："宋氏年唯五纪，地止江淮，书满百篇，号为繁富。"《宋书》保存了很多原始史料，尤其是它收集、记载了当时士人的很多奏议、书信和文章，读者能够从这些原始的史料中了解当时中国的社会、政治和经济发展的实际状况。《宋书》还对文学的发展做了系统的论述，对我国古代文学发展起到了积极作用，这在我国传统史书中是首创。

《宋书》的作者是我国著名的文学家和史学家沈约。他在音律方面的杰出贡献对我国文学产生了深远影响。

《止足传》是《梁书》首创的吗

止足，就是我们所说的知足。"止足"的起源非常古老。春秋时期道家经典《老子》中说"知足不辱，知止不殆"，又说"祸莫大于不知足，咎莫大于欲得"。在两汉之际传入我国的佛教也认为，贪欲会给人带来无穷无尽的祸害，因此，人要知足。这些思想发展到魏晋南北朝时期，已经成为很多官员和知识分子的人生信条。针对这一独特的社会现象，《梁书》中设有《止足传》。

在官方所著的史书中设立《止足传》，这在《梁书》中是首创。我国著名的清代史学家赵翼在他的著作《廿二史札记》中说："梁书有不必立传而立者。'处士'之外，另立'知足'一门。其序谓鱼豢魏略有知足传，谢灵运晋书有知足传，宋书亦有知足传，故梁书亦存此门。然所谓知足者，不过宦成身退，稍异乎钟鸣漏尽，夜行不休者耳。传中如顾宪之政绩，自可立良吏传。其余陶季直、萧素辈，传之不胜传也。"从这些话中，可以看出赵翼并不赞成《梁书》设立《止足传》这一做法，但是，这也恰好从侧面证明了在官方史书中设立《止足传》确实是《梁书》的首创。

为什么说《魏书》"钩沉致远"

北方少数民族鲜卑族入主中原，拓跋珪建立北魏政权之初，非常重视搜集和整理历史。著名史学家魏收对这些保存下来的史料进行整理，在此基础上撰写成《魏书》。

魏收很有才华，和当时著名的词赋家徐陵齐名。即便是在历史上声名狼藉的文宣帝高洋也称赞道："好直笔，我终不作魏太武诛史官。"翻译成白话文就是说：魏收这本《魏书》写得非常好，我是不会像北魏太武帝那样诛杀史官的。

《魏书》共一百三十篇，包括十四篇帝纪，九十六篇列传，二十篇志。据说，《魏书》刚刚问世的时候，北齐统治集团高层因此而掀起轩然大波。有两个原因，其一是有的门阀世族在书中没有记载，其二是它是我国封建社会历代"正史"中第一部专门记载少数民族政权史事的著作。现在看来，魏收的史学观点是非常客观的。

此外，魏收在书中准确客观地描写了当时的时代特点，这主要表现在志上。《魏书》新增《官氏志》《释老志》两篇。《释老志》叙述了佛教在中国的传播，详细记载了佛教在北魏时期的兴衰过程。

鉴于《魏书》诸多优点，著名学者李延寿称赞它"追踪班、马，婉而有则，繁而不芜，持论序言，钩沉致远"。

《周书》是谁写的

《周书》由唐代著名史学家令狐德棻主编，参与编写的还有岑文本和崔仁师。

贞观三年（629年），唐太宗下诏，令一些饱学之士编修梁、陈、齐、周、隋五代的历史。令狐德棻、岑文本和崔仁师受命负责编纂北周史。七年之后到公元636年，《周书》编纂完成。

《周书》共有五十卷，其中，本纪八卷，列传四十二卷，史论则大多出自唐朝名臣岑文本之手。《周书》记载了北周（557~581）一代24年间的历史事件。《周书》文笔简洁，得到过许多历史学家的称赞。著名的清代史学家赵翼说《周书》"叙事繁简得宜，文笔亦极简劲"。值得一提的是，《周书》不仅翔实地记载了西魏和北周王朝的历史，同时还记载了东魏、北齐、梁和陈四代的重大历史事件，从正面反映出当时中国历史的发展趋势。

令狐德棻是唐初著名的史学家，曾多次参与官方史书编写工作。令狐德棻受了南朝遗留华丽文风的影响，在对历史事件进行叙述的时候，往往过分渲染，华而不实，不能如实反映北周时期的社会风气。因此，刘知几曾在《史通》中多次批评《周书》。然而瑕不掩瑜，《周书》在史学界依然具有不可替代的地位，具有很高的历史价值。

《南史》记载的是哪些朝代的事件

《南史》是唐朝著名历史学家李延寿编撰的,是"二十四史"之一。《南史》共有八十卷,其中包括,本纪十卷,列传七十卷,记载了从宋武帝刘裕永初元年到陈后主陈叔宝祯明三年,即公元420年到公元589年,共169年间的史实。记载了南朝时期宋、齐、梁、陈四国的兴衰史。

《南史》把南朝各国史书的纪传汇合起来,删繁就简,虽然看起来简单易懂,但也容易让人有拼凑之感。虽然如此,但《南史》文字简明,在史学上依然占有重要地位。作者想要突出门阀士族的地位,因此在书中过多采用了家传这一记叙形式。这样一来,读者看历史就像在看世家大族的族谱。因此,在新文化运动时期,著名文学家鲁迅先生曾说:"所谓'二十四史',就是一部封建王朝的家谱。"

《北史》记载的是哪些国家的兴衰

《北史》是《南史》的姊妹篇,由李大师及其子李延寿共同编纂完成。和《南史》一样,记载了北朝时期魏、齐、周、隋的史实。《北史》是汇合、删减北朝各国的史书而成。《北史》共一百卷,分为本纪和列传,本纪十二篇包括魏本纪五卷,齐本纪三卷,周本纪二卷,隋本纪二卷,列传八十八卷。它记载了从北魏登国元年,到隋义宁二年,即公元386年到公元618年,共计232年间的重大历史事件。

《北史》是在《魏书》《齐书》《周书》《隋书》的基础上删订修改而成,同时参考了当时能够见到的各种史料,对史实进行了不少填充。

《北史》内容有好有坏,偶尔出现良莠不齐的情况。但是,它体例完备、史料翔实、文字简练,被历朝历代所重视。《魏书》《齐书》和《周书》流传到在唐代末期就已经残缺不全,人们大多取《北史》中的内容来补充历史。

《北史》在一定程度上可以作为"通史"来读。它连通北魏、东魏、西魏、北齐、北周和隋六个封建王朝，把这些朝代都看作一个总的历史阶段，因此可以被当作一部通史。作者李延寿曾说，他编撰《北史》，是想要模仿司马迁的《史记》，其中既指采用纪传体的形式，也包含了"通史"的思想和要求。

《隋书》的重要历史意义是什么

唐朝建立初年，为了吸取前朝灭亡的教训，以史为鉴，以此来实现长治久安。当时著名的史学家令狐德棻向唐高祖李渊提出了编修北朝时期梁、陈、北齐、北周、隋五国历史的谏言。唐高祖觉得有道理，当即便命令让史官编修，但几年过去了，几部史书都没有编修完成。到了唐太宗李世民贞观年间，朝廷打算重新编修这五部史书，皇帝下令由著名谏臣魏征负责主编，和颜师古、孔颖达和许敬宗等人一起编修《隋书》。

公元633年，《隋书》编写完成。参与编修《隋书》的魏征、颜师古、孔颖达和许敬宗名臣都是饱学之士，因此《隋书》具有很高的史学价值，有很高的史学地位。

唐太宗亲身经历了灭隋的战争，战功显赫，他了解隋朝统治者的腐败，有很强的忧患意识。他继位做皇帝之后，经常和大臣们在一起谈论隋朝的灭亡原因，提出"以古为镜，可以知兴衰"的看法。在李世民的指导下，汲取历史教训，这成为编修《隋书》一直贯彻的指导思想。魏征刚正不阿，主持编修这部书的时候要求属下按实编写，因此，《隋书》继承了"秉笔疾书，不为尊者讳"的优良史学传统。除此之外，《隋书》中还保存了大量关于政治、经济和科技文化的史料。其中十志记录了梁、陈、北齐、北周和隋五朝的典章制度，有些部分甚至可以追溯到汉魏时期。这些内容对后人研究隋朝具有很重要的意义。因此，《隋书》具有很高的历史价值。

《唐书》为何有新、旧之分

《唐书》这部史书记载了我国唐朝历史，是一部纪传体史书，一共有两百卷，其中有皇帝本纪二十卷，志三十卷，列传一百五十卷，由五代后晋时期的史学家刘昫和张昭远等人编撰完成。它记载了从唐高祖李渊武德元年，到哀帝天祐四年，即公元618年到公元907年，共289年间的历史事件。

《唐书》编撰时间仓促，质量良莠不齐。因此，书中关于唐代的描述，显得简单粗糙，在史料的剪裁、体例的考究、文字的简洁等诸多方面，都存在很多问题。北宋建立之后，宋仁宗认为《唐书》编写过于粗糙简陋，就下令史官重修。在欧阳修、宋祁、范镇、吕夏卿、王畴、宋敏求、刘羲叟等人的努力下，一部全新的《唐书》问世了。人们为了将这两部《唐书》区分开来，就按照编修时间的先后，把这两部书分别称为《旧唐书》和《新唐书》，新旧之分便由此而来。

《新唐书》中很大篇幅都是志，这是书中的一大亮点，增加了以前史书中所没有的《仪卫志》和《兵志》。对于其余几个志也添加了新材料。因此，全书质量高于《旧唐书》。

《二十四史》中哪一部篇幅最长

"二十四史"浩如烟海，总计近四千万字。在这二十四部史书当中，《宋史》全书共计四百九十六卷，其中帝纪四十七卷，志一百六十二卷，表三十二卷，列传二百五十五卷，总计大约五百万字，为篇幅最多的一部。

《宋史》史料丰富，叙事详尽。两宋时期，国家经济繁荣，文化昌盛，印刷业盛行于全国各地，在当时编写的史书，大多都能够印刷成册，在民间广为流传。同时，宋朝的科举制也日臻完善，当时宋朝统治者设立了庞大的政府机关，很多文人志士在政府供职，而且官员的待遇丰厚，有着良好的物质基础来著述史书。宋朝的统治者非常重视本朝历史的修撰，因此，宋朝的史学得到了空前的发展。由脱脱主持编写的《宋史》是基于旧有宋朝国史编撰而成的，很大程度上保存了宋朝国史的原貌。

《宋史》详细记载了当时的政治、经济、军事、文化、民族关系、典章制度以及这一历史时期的许多人物，是研究两宋历史的基本史料。《宋史》于元朝末年开始编修，当时，全国各地起义不断，社会动荡，统治者没有足够重视《宋史》的编修工作，因此编纂时间仓促，仅仅用了两年零七个月的时间就编修完成了。所以，《宋史》在总体上显得比较粗糙。在编写过程中，史官没有对史料进行认真的鉴别和校对，对历史资料也没有精心裁剪，因此结构混乱，编排失当。不过，因为其翔实的史料，庞大的篇幅，仍是研究两宋历史不可或缺的重要史料。

《明史》写了什么内容

《明史》是"二十四史"的最后一部，共计三百三十二卷，其中，本纪二十四卷，志七十五卷，列传二百二十卷，表十三卷。书中记载了自朱元璋洪武元年，到朱由检崇祯十七年，即公元1368年到公元1644年，276年间的史实。《明史》内容详尽，篇幅庞大，在"二十四史"中仅仅次于《宋史》。可是比起来，《宋史》的编纂只花了两年零七个月，而《明史》的编纂所花的时间和精力远远超过《宋史》，也超过了以往编修的所有史书。

《明史》编撰完成后，许多史学大家对这部书做出了好评。清代著名史学家赵翼在《廿二史札记》中写道："近代诸史自欧阳公《五代史》外，《辽史》简略，《宋史》繁芜，《元史》草率，惟《金史》行文雅洁，叙事简括，稍为可观，然未有如《明史》之完善者。"他对《明史》的推崇和赞赏溢于言表。

明朝是中国历史上最传奇的朝代之一。在明朝有一辈子贪玩的皇帝，不愿为君，跑到北方边塞自封为"神武大将军"，有皇帝不分昼夜处理政务，也有皇帝28年不上朝，有在朝廷上对皇帝破口大骂，视死如归的清官海瑞，有敢为天下先，实施政治改革的政治改革家张居正，有大奸大恶的历史罪人魏忠贤，也有抗倭救国的名将戚继光，有冲冠一怒为红颜、打开山海关的吴三桂，也有至死不渝死死守住北疆国门的名将袁崇焕……《明史》忠实地记录下了发生在明朝的这些事情。鉴于《明史》，清朝的统治者传承了很多明朝的制度。《明史》具有极高的历史价值和崇高的史学地位。

《明实录》讲了什么内容

《明实录》是明代历朝官修的编年体史书，保存了大量关于明朝的原始史料，是研究明朝历史的重要史籍。这部书记录了从明太祖朱元璋到明熹宗朱由校共十五代皇帝在位期间的历史。其中，建文帝一朝附在《太祖实录》中，景泰皇帝一朝附在《英宗实录》中，由于毅宗崇祯朝、安宗弘光朝、绍宗隆武朝、昭宗永历朝处于明朝末期，当时战乱横行，北方边境有满军压境，国内各地百姓起义不断，明政府忙于战事无暇分身来编修史书，所以没来得及编写。

《明实录》一书分为13部，有1600多万字，它记录了明朝官员所呈上来的奏章和皇帝的批复等政府内部文件，又将派遣到各地为官的官员搜集到的先朝事迹作为补充，逐年记录各朝皇帝的诏敕、律令，详细记载了一些明朝时期发生的政治、经济、文化等方面的历史大事件。

因为战乱等原因，明朝的许多原始史料都已经被毁。《明实录》是唯一一部完整保存到现在的原始史籍。谈迁写《国榷》，查继佐《写罪惟录》，张廷玉编纂《明史》，夏燮写作《明通鉴》等史书都参考了《明实录》。到现在，越来越多的明史研究者都将《明实录》视为不可或缺的参考史料。

《明会典》为何要进行三次编修

《明会典》是明朝官方修订的一部记录行政法的内容的法典。明孝宗弘治十年，即公元 1497 年，由于以前各个朝代的典章制度都分散于不同的典籍当中，相关官员在查阅的时候很不方便，民间老百姓更是很难搞清楚。明孝宗就下诏命令大臣们分馆编辑，用五年的时间编修完成，皇帝定书名为《大明会典》，共 180 卷。这是《明会典》的第一次编修。

公元 1529 年，明世宗嘉靖皇帝下令继续编修《明会典》，编修完成之后并未颁布发行。这是第二次编修。明神宗万历四年，即公元 1576 年，朝廷再次重修，经过 11 年编修才最终完成，定名为《重修会典》，共有二百二十八卷，这是第三次编修。由此可以知道，《明会典》一共经过三次编修。现在流传的《大明会典》有两个版本，它们内容繁简不一。现在学者在提到《明会典》时，一般指万历年间编修的版本，即第三次编修的《重修会典》。

《明会典》以明朝的六部官制为纲，在纲下面分别详细叙述各个行政机构的职权，以及处理事件的具体的案例。它主要是根据明代官修《诸司职掌》《皇明祖训》《大诰》《大明令》《大明集礼》《洪武礼制》《礼仪定式》《稽古定制》《孝慈录》、《教民榜文》《大明律》《军法定律》《宪纲》等书编纂而成，在典章制度方面的记载相当完备，远远超过《明史》和《明实录》中的记载，是后世研究明代典章制度的重要文献。

《明大诰》主要讲了什么内容

明太祖朱元璋即位之初对就非常重视刑事法规。鉴于朱元璋童年和少年时代的悲惨经历，朱元璋对官吏一直充满了仇恨。他认为元朝的吏治太差是导致前朝灭亡的主要原因之一。为了澄清明朝吏治，防止政治贪污，他将自己亲自审理的案件加以汇总后又加上自己的评议，然后合成一种训诫天下臣民必须严格遵守的刑事特别法，即大诰，并在其中记载了很多酷刑。

《明大诰》是中国历史上最为普及的一本书，当时几乎每家每户都有。在历来书籍的发行量上，仅次于20世纪60年代发行的《毛主席语录》。《明大诰》主要针对官吏，尤其是地方官员。里面记载了许多酷刑，如断手，阉割等。朱元璋规定，臣民一旦犯罪，家里有《大诰》，可以罪减一等，如果没有，就罪加一等。朱元璋为了实现他"海清河晏"的政治理想，朱元璋还让村里的一些有学问的老人专门在村子里给目不识丁的村民讲解，教他们学会怎样告发和惩处地方官员。例如，朱元璋规定：所有的地方官员，若没有得到皇帝的允许都不能私自到民间走访，当地农民一旦发现有私自到基层走访的官员，有权将其绑起来押送京师，若沿途官员有阻拦者，一律族诛。

到了朱元璋统治晚期，他认为这些残酷的条令对震慑人心大有作用，国家的治理也因此取得成效，因此就在法规里面并入了其他法规，同时也将很多酷刑废除。不过，随着朱元璋的逝世，《明大诰》也完全失去了法律效力。

《增广贤文》为何被誉为蒙学经典

《增广贤文》是我国古代最为著名的儿童启蒙书目之一,也叫作《昔时贤文》,或者《古今贤文》。我国著名戏曲家汤显祖创作的《牡丹亭》中就曾提到此书。因此,有学者以此推断,这本书最迟写成于万历年间(即汤显祖生活的时代)。不过,如今所见的版本是经过明清两代文人的不断增补后成形的,通称《增广贤文》。关于它的作者,一直没有记载,后人推断这可能是民间智慧的结晶。

《增广贤文》从表面上看,好像杂乱无章、没有条理,但其中自有内在的逻辑。这本书对人性的认识以"性本恶"为前提,用冷峻的目光洞察社会人生。它认为,金钱已经污染了维系家族的亲情,因此"贫居闹市无人问,富在深山有远亲";我们一向信赖的朋友也未必是可靠的,因此"有酒有肉多兄弟,急难何曾见一人";金钱决定了人的地位尊卑,并不由道德学识决定,因此"不信但看筵中酒,杯杯先敬有钱人"。《增广贤文》高度概括了社会上种种丑恶的现象,并将其赤裸裸地罗列在读者面前。

《增广贤文》中搜集了的绝大多数句子都来自于各类经典句子,有雅有俗,雅俗共赏。这本书通俗易懂,人们很容易便能从中学到儒家的思想观念和为人处世的人生智慧。或许正是因为它一反常规,从"反面"来进行教导,又或许是因为它亲近平和,它一直被当作儿童的启蒙读物,历来受到很多人的推崇和青睐。

《大清会典》为何被称为"清朝宪法"

《大清会典》是康熙、雍正、乾隆、嘉庆、光绪五个朝代所修会典的总称,又称《大清五朝会典》。《大清会典》按照行政机构来分目,内容包括宗人府,内阁,吏、户、礼、兵、刑、工六部等职能以及相关的制度。

《大清会典》是清朝的行政法规大全，是以行政法律为主要内容的法律汇编，详细记述了从清朝开国之初直至末年的各种行政法规和事例。从一个侧面反映出我国封建行政体制的高度完善。它是清朝的行政法规大全，也是我国古代社会最完备的行政法典。

在体例上，《大清会典》参考仿照明朝会典，采取以官统事、以事隶官的形式。该书按照中央行政机关进行划分，在每个行政机关之下，对每个机关的职权都有具体的规定，以及处理事务的程序方法，合在一起便构成会典正文。在正文之下作为补充地附上有相关规则。

《大清会典》五朝首尾相连，内容翔实繁复，体例严谨，在当时的中国乃至世界上，都是最完备的行政法典。清朝几乎所有的行政法令都依据《大清会典》来制定和施行，因此《大清会典》又被称为"清朝宪法"。

《竹书纪年》的名字是怎么来的

《竹书纪年》记载了从夏商周三代到春秋战国时期的历史，相传是由战国时魏国史官编著。《竹书纪年》是编年体史书，记载了先秦时期的历史，跟传统正史的记载有很大差别，对研究先秦史有着极高的参考价值。《竹书纪年》跟近年来在长沙马王堆汉初古墓出土的古书非常相似，里面的许多记载也跟甲骨文和青铜铭文相类似，可见其重要的史料价值。

《竹书纪年》又称《汲冢纪年》。西晋时期，有人在汲郡古墓挖出了一些竹简，整理成书之后，发现属于编年体体例，因此又将其称为《纪年》。

《竹书纪年》在被整理成书之后，在史学界引起很大的轰动。它记载的史料跟司马迁的《史记》不仅在内容上有所差别。而且价值取向也很不一样。《竹书纪年》详尽记载了从夏朝到战国这段时期内发生的血腥政变和军事冲突。根据《史记》记载，商朝太甲被伊尹囚禁3年后，太甲改过自新，伊尹又将国家重新交到他的手中。太甲复位后，洗心革面，励精图治，最后成了一位贤明的君王。但是，根据《竹书纪年》

的记载，伊尹放逐太甲后，自立为王，七年后太甲偷偷跑回来杀死了篡位的伊尹。但近年来陆续出土的甲骨上的资料都对司马迁的观点有所证明。因此，有人对《竹书纪年》的真实性和客观性表示怀疑。

《水经注》写了什么内容

《水经》是我国古代一部专门记载河流的书，由晋代郭璞编著。这本书对全国137条主要河流的水道情况进行记载。原文仅1万多字，记载简略，缺乏系统性，对河流的来龙去脉和流经区域的地理情况都记载得不够详细、具体。

北魏著名的地理学家和文学家郦道元博览群书，他认为《水经》虽然对我国的河流进行专门的记述且系统性较强，但对水道之外的地理情况并没有相关的描述。郦道元喜欢游历，这使得他有丰富的游历见闻。为了将自己丰富的见闻和渊博的地理知识留给后世，他以《水经》为纲对全国的地理情况重新描述。当时的中国正处于四分五裂的状态，他想起《禹贡》上写的祖国版图广大。他很希望河流等这些自然的因素能够打破政治的疆界，从而实现祖国的统一。下定决心后，他就开始为《水经》作注，这就是后来闻名于世的《水经注》。

《水经注》全书共40卷，系统全面地介绍了主要河流流经区域的自然地理和经济地理等方面的内容，是一部集历史、地理、文学价值于一身的集大成著作。《水经注》共30多万字，详细介绍了我国境内的一千多条河流，以及跟这些河流相关的郡县、物产、风俗、传说和历史等。一些碑刻墨迹和渔歌民谣也被记录在内。《水经注》文笔雄健俊美，有着很高的文学价值。

《大唐西域记》是谁写的

贞观十九年，即公元645年，著名的玄奘法师从西天取经回到长安后，举国震惊。连一向并不崇信佛教的唐太宗都破格接见了他。玄奘向他讲述了取经的目的之后，唐太宗便让他在大慈恩寺开坛讲经，弘扬佛法，并翻译佛经。不过，真正让唐太宗感兴趣的是玄奘一行所到国家的政治现状和风土人情。因此，他请玄奘法师在翻译佛经和讲经说法的同时，也让他记录下自己取经途中的见闻。一年之后，玄奘法师完成了这部作品，就是举世闻名的《大唐西域记》。

《大唐西域记》记载了玄奘亲身经历以及听说的138个国家和地区及城邦，包括今天我国的新疆维吾尔自治区和中亚地区、阿富汗、伊朗、巴基斯坦、印度、尼泊尔、孟加拉、斯里兰卡等。《大唐西域记》内容非常丰富，对各地的地理形势、水陆交通、气候、物产等都有生动的描述，还有对这些地区的民族、语言、历史、政治、经济生活、宗教、文化和风俗习惯等方面的详细记述。其中，他还详细记载了各地宗教寺院的状况和佛教的故事传说。整本书文笔简洁流畅，记述主次分明、详略得当。

《大唐西域记》是一部地理学名著，也是一部历史学名著。它对于研究古代中亚和南亚的历史，有非常重要的参考价值。玄奘还将佛教史上几次著名的结集记录了下来，还记录了一些著名佛教学者的活动，是研究印度佛教史的珍贵资料。我国四大名著《西游记》的创作便是来源于这本书。

《徐霞客游记》有什么重要贡献

徐霞客是我国著名的地理学家，他一生游历过无数的名山大川。他用日记的形式将自己在游历途中的见闻记录下来，于是便有了地理学名著《徐霞客游记》，该书在地理学史上占有非常重要的地位。

徐霞客游历了34年，拜访了天台山、雁荡山、黄山、庐山等名山大川，写有游记17篇，此外还有《浙游日记》《江右游日记》《楚游日记》《粤西游日记》《黔游日记》《滇游日记》等著作。现保留的一共有60余万字。《徐霞客游记》采用日记的形式记述了徐霞客从1613年到1639年间的旅行观察所得，详细记录了地理、水文、地质、植物等现象，具有很高的地理学价值和文学价值。

《徐霞客游记》对我国地理学的贡献包括以下四个方面：

第一，对于喀斯特地区的类型分布和地区间的差异有详细的考察和科学的记述，尤其是喀斯特洞穴的特征、类型及成因。徐霞客是中国乃至世界第一个对喀斯特地貌进行广泛考察的人。

第二，对古代文献中记载的关于中国河流源头的一些错误进行纠正。

第三，仔细观察并记载了很多植物的生态品种，明确提出植物分布和花期的早晚会受地形、气温、风速等因素的影响。

第四，在对云南的考察过程中，调查了云南腾冲打鹰山的火山遗迹，科学地记录与解释了火山喷发出来的红色浮石的质地及成因。他是第一个用文字的形式描述地热现象的中国人。

《洛阳伽蓝记》有什么样的文献价值

《洛阳伽蓝记》是我国著名的历史学、地理学、佛教和文学名著。作者杨炫之曾是北魏官员，当时的洛阳佛寺多且气派宏伟。公元547年，作者再次拜访洛阳，只见"城郭崩毁，宫室倾覆，寺观灰烬，庙塔丘墟，墙被蒿艾，巷罗荆棘"，就连寺庙里的钟声都很难听到。联想起昔日洛阳的繁盛，作者不禁感慨万千，于是就多出走访，最终创作了《洛阳伽蓝记》。它是我国古代地理学名著，也是不可多得的文学名著，跟郦道元的《水经注》一起被认为是北朝文学的双璧。

《洛阳伽蓝记》共五卷，是南北朝时期记载洛阳佛寺兴衰的地方志。它按照城内、城东、南、西、北的次序，主要记载了当时在洛阳城影响较大的40多所名寺，对其所在的具体位置及相关事件都有详细的记载。从这本书中，我们可以看到从北魏孝文帝迁洛阳到尔朱氏之乱这40年间，洛阳台省坊市的分布情况，甚至还能看到外商在洛阳的生活，以及各国的风土人情。这本书的内容涵盖相当广泛，包括政治、经济、社会、文学、艺术、思想、宗教等方面，具有极高的文献价值。

《贞观政要》为什么被视为从政指南

《贞观政要》是一部政论性史书，以记言为主记载了唐太宗贞观年间与名臣房玄龄、杜如晦、魏征、王珪等人关于施政问题的对话，也有一些大臣的谏议和劝谏奏疏。除此之外，该书也将一些政治和经济上的重大举措一同记录下来。

《贞观政要》是由唐朝著名历史学家吴兢编著，他生活于唐高宗到唐玄宗这一历史时期，目睹了许多起血腥的宫廷政变，以及黑暗丑恶的社会现实。他对唐太宗时期清明的政治风气十分仰慕，于是就搜集这段历史后并加以整理，经过几年的努力之后写出了《贞观政要》，被许多人看作从政指南。

《贞观政要》对唐太宗的治国和施政经验进行全面而具体的总结，将君臣问答、奏书、方略等材料，按照为君之道、任贤纳谏、君臣鉴戒、教诫太子、道德伦理、正身修德、崇尚儒术、固本宽刑、征伐安边、善始慎终等一系列专题内容分门别类，希望可以对当时的最高统治者产生影响。因为他的体例较为特殊，所以《贞观政要》既有对史实的描述，又有非常强烈的政论色彩；既忠实地记录了唐太宗的贞观之治，又总结了其丰富的治国之道。

《贞观政要》成书以后，历代统治者对其极为重视。这主要有两方面的原因：第一，唐太宗李世民是我国古代最伟大的皇帝之一，他文韬武略，他的臣子也大多是名垂后世的典范，如魏征和房玄龄等；第二，这本书是作者许多年苦心孤诣的结晶，它全面而系统地记载了唐初几位卓越政治家的政治理念，后世许多统治者对其极为认可。

清代戏曲"双璧"指的是哪两部著作

清代戏曲"双璧"是指孔尚任的《桃花扇》和洪升的《长生殿》。

孔尚任是清初最著名的戏曲家，他经过十几年艰苦的创作，三易其稿写出了传奇剧本《桃花扇》。《桃花扇》成书之后便得到广泛流传。在舞台上表演之后，更是受到人们的青睐。《桃花扇》以明代才子侯方域来江南创"复社"途中偶遇秦淮歌妓李香君，双双坠入爱河并赠题诗扇为线索展开记述。不久，侯方域被魏忠贤的亲信阮大铖设计陷害，并强行将李香君许配给他人。李香君宁死不从便一头撞在柱子上想要自杀，鲜血瞬间流淌到侯方域送给她的诗扇上面。侯方域的朋友杨龙友用鲜血在扇中画出一树桃花。这部戏曲是人们对于爱情的忠贞的赞美，同时揭露了社会的黑暗现实。

《长生殿》是清朝初年剧作家洪升创作的剧本，题材取自著名诗人白居易的长诗《长恨歌》和元代剧作家白朴的剧作《梧桐雨》。《长生殿》用优美的文笔讲述了唐玄宗和杨玉环之间不离不弃的爱情。对唐玄宗时代社会和政治方面的内容进行了极大的补充，弥补了《梧桐雨》的不足；此外，洪升将主题由"长恨"改为"长生"，也是一个非常大的突破。在白居易的《长恨歌》和白朴的《梧桐雨》中，他们对李杨二人的爱情虽然也有高度的赞美，但更多的是同情他们生死两隔的遭遇，所以为"长恨"。洪升认为他们的爱情感天动地，值得歌颂与赞扬，即使生死两隔，但爱情却从未消失，所以为"长生"。

在清代诸多戏曲中，由于这两部在思想和艺术成就上最高，因此被称为清代戏曲"双璧"。

《列女传》讲了什么内容

西汉时期，汉成帝的皇后赵飞燕在失宠后，招来一批体格健硕美男子，终日与其厮混在一起，淫乱无度，甚至还在大街上四处招摇。光禄大夫刘向耳闻目睹了赵皇后的淫乱，难以忍受，但也不便直接指出，只好煞费苦心，搜集以前贤明的皇后和贞洁妇女的故事，写成一册《列女传》。

这本书写成之后被直接呈献给汉成帝，他希望汉武帝能明白他的良苦用心，好好整治一下后宫。汉成帝看后虽有很大感触，还多次夸奖刘向，但一直没有采取什么实质性的行动。不过，这部《列女传》却一直流传下来。

《列女传》是一部介绍中国古代妇女行为的书，也有人认为它是一部妇女史。《列女传》共记述了105名妇女的故事，全书分为七类，分别为：母仪传、贤明传、仁智传、贞顺传、节义传、辩通传和孽嬖传。刘向选取的故事体现的是儒家思想对妇女的看法，以及儒家思想对妇女德行的要求。受到当时时代的局限性，这本书里面赞扬和提倡的有些内容在现在看来，对妇女非常不公平。

《列女传》对后世影响深远。有不少大户人家将其作为自己女儿的启蒙读物。其中的一些故事至今还广为流传，比如著名的"孟母三迁"。

《商君书》主要讲了什么内容

《商君书》是法家的代表著作之一，也称《商子》。《商君书》包含文体种类繁多，议论体有《农战》《开塞》《划策》等十多篇，有的先综合后分析，有的先分析后综合。说明体有《垦令》《靳令》《境内》等篇，大多是对秦国政令的诠释。辩难体有《更法》，通过人物对话的相互驳辩来阐述商鞅的中心论点。著名史学家司马迁在创作《史记·商君列传》时曾经录入《更法》，用来表明商鞅的主张。

《商君书》的作者是谁，一直备受争议，有人认为它是后人假托商鞅之名创作，也有人认为它就是商鞅本人所作，还有人认为商鞅只是作者之一，这本书是多个人的著作合集。一般认为，商鞅确实写作过《商君书》，但并没有确凿的证据证明就是现在看到的这本。

商鞅是我国著名的改革家，在他的主导下秦国开始变法，逐步走向富强，最后统一了六国。《商君书》字数不多，但涵盖内容广泛，其中涉及经济、政治、军事、法治等诸多重大问题。

《黄石公三略》讲了什么内容

《黄石公三略》，也叫《三略》，是我国古代最著名的兵书之一，跟《六韬》合称为"三略六韬"。

《黄石公三略》不同于其他的兵书，它侧重从政治策略上阐明治国用兵的道理，有自己的独特之处，将诸子百家的许多思想糅合进作战策略。自成书以来受到历代军事家重视，到了北宋时期，它被视为军事必读书。即使到现在，它仍具有一定的借鉴作用。

相传《黄石公三略》的作者是西汉初年的隐士黄石公。著名史学家司马迁在《史记·留侯世家》中这样记载：张良去刺杀秦始皇，不幸遭遇失败。秦始皇大怒，下令全国搜捕。张良无奈之下只好在下邳隐姓埋名。在那里，他遇到一个自称"谷城山下黄石即我"的老者，并将《太公兵法》（即《黄石公三略》）传授给他，让他辅佐刘邦打天下。后来在张良潜心研究下帮助刘邦建立了西汉政权。不过，根据现代学者的考证，《黄石公三略》于西汉中期以后成书，并非黄石公本人编写，而是后人假托黄石公的名义编纂而成的。

《黄石公三略》全书共3800多字，由上、中、下三略组成。它专论战略，尤其偏重政略，是我国古代第一部专讲战略的著作。此外《黄石公三略》中六分之一都是引用古代兵书《军谶》和《军势》中的内容，多达700余字。因此，这部兵书还将已经散佚的这两部兵书的部分精华保留了下来。

《淮南子》讲了什么内容

《淮南子》也称《淮南鸿烈》，或《刘安子》，由西汉宗室淮南王刘安主持编写。

"鸿"有广大的意思，"烈"是光明的意思。刘安认为这本书包括了广大而光明的道理，所以便以这两字来命名。《淮南子》涵盖内容非常广泛，其主要宗旨倾向于道家思想，但其中还包括道家、阴阳家、墨家、法家和部分儒家的思想。《淮南子》全面而系统地总结了西汉前期道家的思想，为后人研究西汉以前的道家思想提供了极为珍贵的史料。其中还涉及了很多医学方面的内容，值得后人深究。

《淮南子》博大精深，后世很多学者对其中的思想非常推崇，因此将它归为道家著作；也有人觉得这本书内容庞杂，像著名的史学家班固就将其归于杂家；更多的人认为，《淮南子》尽管涵盖了诸子百家的思想，但却是以道家思想为纲领，比如著名的思想家梁启超和胡适等数人都非常认同这种观点。梁启超说："《淮南鸿烈》为西汉道家言之渊府，其书博大而有条贯，汉人著述中第一流也。"

《淮南子》记述的寓言故事和神话传说也非常多，其中《鲧禹治水》《共工怒触不周山》《塞翁失马》等都较为有名。

《淮南子》的作者刘安是道家的忠实信徒。他崇尚老子清静无为的思想，追求养生之术。曾经还亲自试炼丹药，据说，作为中华美食之一的豆腐就是他在炼丹的过程中无意发明的。

《盐铁论》主要讲了什么内容

西汉昭帝始元六年，即公元前81年，汉昭帝主持召开了"盐铁会议"，就盐铁专营、酒类专卖和平准均输等问题展开辩论，其中贤良文人为一方，御史大夫桑弘羊为另一方。汉昭帝一生极为好战，他推行桑弘羊制定的盐铁官营、酒类专卖及均输、平准、统一铸币等一系列重大的财政政策，来获取更多的财富充盈国库。这些措施在充实国库的同时却损害了中小工商业者和群众的利益。为了讨论民生疾苦，朝廷从全国各地召集60多位贤良文人来到长安，与以御史大夫桑弘羊为代表的政府官员辩论。这便是盐铁会议。是我国历史上第一次规模较大的关于国家大政方针的辩论会。

会议结束后，汉昭帝下令废除全国的酒类专卖和关内铁官。30年之后，桓宽根据会议的官方记录，又对其进行考证和推理，详细记述了双方互相责难的问题，于是便有了闻名于后世的《盐铁论》。

《盐铁论》前四十一篇，主要是对会议正式辩论的经过和双方的主要观点进行复述。第四十二篇到五十九篇的主要内容是会议结束后双方对匈奴的外交策略以及法制等问题的相关探讨。最后一篇是后记。《盐铁论》是研究西汉政治和经济的重要史料。通篇采用对话的写法展开记述，而且章节之间又相互关联，这在古代散文作品中是不常见的。

不过，桓宽偏向儒家思想，很多地方都没有很客观的评价。他多次描写到政府官员的窘态和无能，这是不值得提倡的。

《朱子语类》主要讲了什么内容

在古代中国，将一个人称为"子"是对他最高的评价，如孔子、孟子等。春秋战国时期人才辈出，因此，那些大学问家通常都会在自己的姓后面加上一个"子"来命名自己的著作，如《孟子》《韩非子》《墨子》等等。

两汉以后，像孔子、孟子一样能在思想上对人类产生影响人已经非常少了。因此，能被称作"子"的更是少之又少。到了两宋时期，著名的哲学家程颐、程颢和朱熹共同开创了程朱理学，在我国的思想界占据主导地位长达五个世纪。因此，程颐和程颢都被称为程子，而朱熹则被称为朱子。

朱熹是程朱理学的集大成者，他将禅宗和道家的精髓思想集中在一起，对儒家学说是一个极大的开拓。他和孔子一样，也有许多弟子。《朱子语类大全》记录的就是他和弟子们之间的问答，全书共一百四十卷，现在统称为《朱子语类》。和《论语》相比，这本书在编排上要系统得多，它首先论述了理气、性理和鬼神等世界本原问题，朱子认为太极和理是天地的开端；其次，朱子阐释了心性情意、仁义礼智等伦理道德问题；最后，朱子论述了知行、力行、读书和为学等求知方法。除此之外，朱子还对《四书》《五经》分别进行论述。

《朱子语类》内容丰富，基本上代表了朱子的思想，成为宋明理学的代表著作之一。

《传习录》的主要内容是什么

宋明理学到明代中期之后发展到一个新的阶段，即为心学。著名哲学家王阳明是心学的开创者，他继承了二程和陆九渊的心学，对朱子理学进行批判，将这些心得融合在一起，使儒家学说又向前迈进了一大步。

《传习录》是王阳明先生的主要代表作之一，它是语录和论学书信的汇编。王阳明取《论语》中"为人谋而不忠乎？与朋友交而不信乎？传不习乎？"的最后一句话，浓缩成书名《传习录》，意思是对已经学到的知识要经常温习。

王阳明的主要哲学思想几乎都包含在《传习录》里面，对研究他的心学有着重要的参考价值。《传习录》的上卷经过王阳明本人审阅，中卷里面的书信都是王阳明的亲笔，大部分写于晚年，下卷虽然没有经过他的审阅，但是对他晚年的思想有较为系统而详细的记述。王阳明继承了程颢和陆九渊的心学传统，并在陆九渊的基础上对朱熹的理学进一步批判。朱子说"存天理，灭人欲"，王阳明认为这是去心外求理、求外事外物之合天理与至善，是不正确的。因为，他认为人心本来就是善良的，社会的伦理道德正是建立在人心"至善"的基础之上。

王阳明对知行问题在《传习录》中也有很详细的探讨。朱子主张先知后行、轻知重行。王阳明认为朱子割裂了知行之间的联系，因此提出了"知行合一"的理念。他认为知和行本来就是紧密相连的，因此要"知行合一"。

《永乐大典》是世界上最大的百科全书吗

《永乐大典》是我国最著名的一部古代典籍，明朝永乐年间编纂而成，也是目前为止世界上最大的百科全书。保存了14世纪以前我国历史地理、文学艺术和哲学宗教等百科文献。《永乐大典》共计22937卷，其中目录就有60卷，分成11095册，全书约3亿7千万字。

《永乐大典》可以当之无愧地称为"世界之最"，在规模上远超之前的所有书籍，即便是在清代康乾盛世时期编纂的大规模类书《古今图书集成》也只有1万卷，1亿6千万字，还不及《永乐大典》的一半。在编写体例上《永乐大典》属于类书。类书，就是将一类或多类文献资料搜集整理出来，按照一定的方法，比如按照类、韵、字等重新进行编排，从而方便读者检索和查阅，类似于西方的百科全书。

《永乐大典》是由著名的学者解缙和姚广孝共同编纂。分为整本和副本两部分。在一次大火中正本被毁坏，但起火原因不详。在明清之际的战火中大部分副本也被毁坏。1900年，八国联军火烧圆明园，已经残缺的《永乐大典》也被洗劫一空，现在剩下的800多册分布在30多个国家和地区。

《四库全书》中的"四库"是什么意思

《四库全书》是我国历史上规模最大的一部丛书，由清朝乾隆时期著名大学士纪晓岚主持编著，从1772年开始，共历时十年。这套丛书分为经、史、子、集四部分，古代几乎所有的图书都包括在内，因此叫作《四库全书》。

根据文津阁的藏本，《四库全书》一共收录了古籍3503种，共79337卷，装订成36000余册，保存了众多丰富的文献资料。不过，乾隆皇帝命人编纂此书的目的却是为了钳制民间的思想，因此，在编纂的过程中，被焚毁的书更多。

《四库全书》完成后，抄录七部，分别藏于文宗阁、文汇阁、文渊阁、文津阁、文澜阁、文溯阁和文源阁七阁。其中，藏于文宗阁的《四库全书》在中英鸦片战争的时候被英军焚毁，文汇阁收藏的《四库全书》被太平军焚毁，藏于文澜阁的藏本虽然也被太平军焚毁，但在著名藏书家丁氏兄弟的努力下，将其修复还原，现藏于浙江省图书馆；文津阁的藏本一直被保存了下来，现收藏于国家图书馆；文源阁内的藏本于1860年英法联军火烧圆明园时焚毁；文溯阁藏本在"文革"时因为中苏关系紧张，被运送到甘肃，现在仍在甘肃；文渊阁藏本随国民党政府去了中国台湾，现收藏于台北故宫。

《康熙字典》为何有巨大的影响力

《康熙字典》由康熙年间文华殿大学士兼户部尚书张玉书及文渊阁大学士兼吏部尚书陈廷敬主编，编写时参考了明代的《字汇》《正字通》两书。直到今天，《康熙字典》仍是语言文字工作者的常用工具书。

《康熙字典》把汉字按部首分类，按笔画排列单字，共分为十二集，用十二地支标识。其中，每集又分为上、中、下三卷，并按韵母、声调以及音节分类排列韵母表及其对应汉字，共收录汉字四万七千零三十五个，是研究汉字最重要的参考文献之一。《康熙字典》还是我国第一部以字典命名的汉字辞书。

《康熙字典》产生这么大影响力的原因可概括为以下几点：

第一、收字非常丰富，在很长一段时间内是我国字数最多的一部字典（直到1915年《中华大字典》出版，收字四万八千多，才超过它）。

第二、它以二百一十四个部首分类，并注有反切注音、出处及参考等，每一个字的各种音节和不同意义都列了进去，非常便于使用者查阅。

第三、除不常见的字外，对大部分字的不同意思都有举例说明，而且所举的例子都是摘自能够找到的古书。

《菜根谭》有什么深远的影响

《菜根谭》为明代洪应明所著,主要内容是论述修养、人生、处世、出世等。洪应明在编著这本书的时候,用公正的态度汲取了诸子百家的学说,尤其是综合吸收了儒家、道家和佛家的核心思想。《菜根谭》的出现,潜移默化中对人们身心产生了一些很正面的影响。毛主席曾多次称赞这本书"嚼得菜根者,百事可做"。可见其影响非同一般。

《菜根谭》之所以产生这么深远的影响,主要有下面三点原因:

第一,《菜根谭》文字简练,语言隽永,雅俗兼备,文辞优美,对仗工整,含义深远,耐人寻味。

第二,《菜根谭》是以处世思想为主的格言式小品文集,采用了语录体的形式,将儒家的中庸思想、道家的无为思想和释家的出世思想糅合在一起,思想博大精深,对后世产生深远的影响。

第三,《菜根谭》对人们陶冶情操、磨炼意志都有重要的作用。作者曾说之所以命名为"菜根"就是"人的才智和修养只有经过艰苦的磨炼才能获得"。

《齐民要术》是现今最早、最完整的农学著作吗

北魏著名农学家贾思勰创作的《齐民要术》是我国现存最早、最完整的农学著作,也是世界上最早的农学著作之一。"齐民"就是指平民百姓,而"要术"则是指谋生方法。因此,"齐民要术"的意思就是平民百姓谋生的方法。

《齐民要术》对6世纪以前黄河中下游地区的农牧业生产做了系统而细致的总结,其中还包括食品的加工与贮藏、野生植物的利用等,在我国农学史上具有划时代的意义。《齐民要术》正文分成10卷,92篇,收录1500年前中国农艺、园艺、造林、蚕

桑、畜牧、兽医、配种、酿造、烹饪、储备，以及治荒的方法。书中引用到的古籍多达200种，其中引述了包括失传已久的《氾胜之书》和《四民月令》等重要农书。所以我们可以从《齐民要术》中了解已经失传书籍的部分内容。

《齐民要术》自问世以来，受到历代政府的极度重视。在传播到海外之后，也经常被奉为研究古物种变化的经典。据说，著名的生物学家达尔文在研究进化论的时候曾经参考过一部"中国古代百科全书"，有人猜测便是《齐民要术》。

《农政全书》主要讲了什么内容

《农政全书》由明朝著名数学家和农学家徐光启编著，该书对我国的农业发展有非常深远的影响。它涵盖的范围十分广泛，古代农业生产和人民生活经验的方方面面在书中都有详细的记载，治国治民的"农政"思想一直贯穿整部作品，这也是《农政全书》和其他大型农书的主要区别。其他的大型农书，比如北魏贾思勰的《齐民要术》虽然中心思想是农本观念，但偏重于叙述农业生产技术知识，属于一本纯技术性的农书。

《农政全书》的内容大体可以分为农政措施和农业技术两个部分。其中，全书的纲领是农政措施，而农业技术是实现农政措施的技术保障。因此，像开垦、水利、荒政这样一些不同寻常的内容都会出现在《农政全书》中，而且占了很多篇幅，这在其他大型农书中是非常罕见的。如"荒政"一类，北魏《齐民要术》中谈到了一两种预备饥荒的作物，元代王祯的《农书》中开始出现"备荒论"，但是不足2000字，不能和《农政全书》相提并论。《农政全书》将"荒政"作为一目多达18卷，位于全书第一目。徐光启综合叙述了历代的备荒政策，并且详细分析了救灾措施的利弊等诸多方面，最后还附上了草木野菜等414种可以充饥的植物。

徐光启为了写作《农政全书》可谓呕心沥血，先后两次亲自种植农作物，并不断搜集和整理资料。后来，在朝廷的委托下，长时间忙于修订历书，以致《农政全书》始终无法最终定稿。不久之后，徐光启逝世，《农政全书》由他的门人陈子龙等人负责修订，于崇祯十二年，即公元 1639 年刻板付印，并定名为《农政全书》。不过，那时是战事混乱时期，这部伟大的著作并未受到人们的关注。清朝建立之后，这部书受到统治者的重视，多次让大臣们学习。

《梦溪笔谈》为何被称为"中国科技史上的里程碑"

北宋著名科学家沈括将自己一生的所见所闻及独特的见解收录进自己编写的《梦溪笔谈》一书中。西方学者对这本书的成就也很认可，他们将这本书称为中国古代的百科全书，著名的李约瑟博士说这本书是"中国科技史上的里程碑"。目前，《梦溪笔谈》已经被翻译成多种语言出版。

《梦溪笔谈》共分为三部分，分别为《笔谈》《补笔谈》和《续笔谈》。其中《笔谈》共 26 卷，分为 17 门，依次为"故事、辩证、乐律、象数、人事、官政、机智、艺文、书画、技艺、器用、神奇、异事、谬误、讥谑、杂志、药议"。《补笔谈》三卷，《续笔谈》一卷。全书共 609 条，内容涉及天文、数学、物理、化学、生物、地理、气象、医药、农学、文学、历史、音乐和美术等多个方面。其中，自然科学方面的记载占了全书综述的 36%。

沈括本人学识渊博，科学素养极高，他所记述的科技知识，基本反映了北宋的科学发展水平和自己的研究心得，被英国学者李约瑟誉为"中国整部科学史中最卓越的人物"。《梦溪笔谈》对劳动人民在科学技术方面的卓越贡献做了详细的记载，对作者自己的研究成果也有非常细致的描写，反映了我国古代尤其是北宋时期自然科学所取得的辉煌成就。

1979 年 7 月 1 日为了纪念沈括，以及表彰他在我国科学史上的突出贡献，中国科学院紫金山天文台将于 1964 年发现的一颗小行星 2027 号以他的名字命名。

《文心雕龙》讲了什么内容

《文心雕龙》是我国古代一部文学理论巨著，作者是南朝文学理论家刘勰，这本书也是我国文学批评史上第一部体系严密的文学理论专著。《文心雕龙》对南朝齐梁时期以前的美学成果做了全面的总结，对文学的审美本质及其创造鉴赏的美学规律做了深入而细致地探讨和论述。

《文心雕龙》全书分为上下两编，每编25篇，包括"总论"、"文体论"、"创作论"、"批评论"和"总序"等五部分。其中，5篇总论是整部作品的枢纽和理论基础；20篇文体论，每篇分别论述一种或几种文体；19篇创作论，分别论述了作家的创作过程、创作风格、写作技巧和文辞声律等；5篇批评论，是全书最精彩的部分，它对过去的文风以及作家的成就从不同角度作出评价，并探讨了批注的方式方法；最后一篇是全书的总序《序志》，对作者的创作目的和全书的部署意图做了说明。

有史以来，我国对文学批评方面最为精密的书便是这部《文心雕龙》了，作者立论非常广泛，将所有的书都当成文学书来看。《文心雕龙》在孔子的美学思想的基础上，采纳了道家的思想学说。近代有学者认为，《周易》的二元论对刘勰这本书的创作有很大的影响。此外，刘勰写作《文心雕龙》的时候已经在定林寺参禅悟道，最初又帮助著名僧人僧祐整理佛经，因此，也有人认为《文心雕龙》多少会受佛教思想的影响。

《博物志》讲了什么内容

《博物志》是一部志怪小说集，由西晋著名文学家张华创作。它分类记载了奇异事物、古代琐闻杂事以及神仙方术等。《博物志》大都是从古籍中选取素材，内容涵盖范围十分广泛，既包括山川地理方面的知识，也有关于历史人物的传说，还描述了奇花异草和飞禽走兽，甚至还有荒诞不经的神仙故事，此外还有不少古代神话材料。

《博物志》全书共十卷，是我国第一部博物学著作，是继《山海经》之后，又一部包罗万象的奇书。这本书填补了我国无博物类书籍的空白。

《博物志》很多故事写得生动有趣而且非常完整，在我国以前的书籍中并不多见，其中较为有名的是"蜀南多山，猕猴盗妇人"这个故事。据说，四川南部的猕猴用长绳来引诱大陆上的漂亮女子并娶做妻子，在这些女孩生下儿子后再把她们送回原先的家里。这个故事到了唐代就演变成《补江总白猿传》《剪灯新话》和《申阳洞记》等传奇。《博物志》里面还记载了一个名叫"千日酒"的故事。相传刘玄石喝了千日酒（一种酒名，也作千日醉）之后醉死，下葬三年之后才醒来，因此有"玄石饮酒，一醉千日"的说法。

《博物志》对诸如五岳之类的名山大川等相关地理知识也有记载，其次还有一些关于神仙方术的记载。作者张华学识渊博，从小就对奇人奇事充满好奇，成年做官之后遍访传奇故事，于是这部包罗万象的著作也随之诞生。

《太平广记》描写了什么内容

《太平广记》是由宋代时期著名学者李昉主编。《太平广记》属于类书，共500卷，其中目录10卷。太平兴国二年，即公元977年，李昉等人奉命开始编纂，历时一年后编纂完成。因其成书于宋太宗太平兴国年间，和《太平御览》同时编纂，因此被称为《太平广记》

《太平广记》的内容大多源自于从汉代到北宋初年的野史、小说、释藏、道经等和以小说为主的杂著。全书共引用400多种书目，按主题分为92大类，下面又细分为150多小类。其中小说占的比重最大，所以它实际上是一部宋代之前的小说总集。很多失传已久的书都被收录在里面。如唐传奇中著名的《李娃传》《柳氏传》《无双传》《霍小玉传》《莺莺传》等，能够保存下来全是它的功劳。

《太平广记》描写最多的是神怪故事，有55卷记载的是神仙，有15卷记载的是女仙，有 25 卷记载的是神，有 40 卷记载的是鬼，再加上道术、方士、异人和草木鸟兽的精怪等等，大体上都属于志怪故事，代表了我国文言小说的主流。我国后世文学受《太平广记》的影响非常大。宋代以后，很多话本、杂剧、诸宫调的题材都来源于《太平广记》。

"三言二拍"指的是什么

"三言二拍"是明代时期三本传奇短篇小说集以及两本拟话本集的合称。"三言"指的是《喻世明言》《警世通言》和《醒世恒言》，是由明代著名文学家冯梦龙编著而成。"二拍"是指《初刻拍案惊奇》和《二刻拍案惊奇》，由明代著名文学家凌濛初编著。

"三言"每部 40 篇，共 120 篇。《喻世明言》、《警世通言》和《醒世恒言》于天启元年先后发行，即公元 1621 年。"三言"中有的故事是对宋元明以前的旧本修改后又根据文言笔记和传奇小说等重新创作而成。因此，"三言"是在旧内容的基础上又增添了新的内容。"三言"选材十分广泛，内容复杂，许多优秀的作品，既重视故事的完整性，情节的曲折动人，又运用了多种表现手段，刻画人物性格。它的出版发行是古代白话短篇小说整理和创作高潮到来的标志。

凌濛初受"三言"的影响编著了《初刻拍案惊奇》（1628 年出版）和《二刻拍案惊奇》（1632 年出版），两本书都是 40 卷，人们习惯将其合称为"二拍"。"二拍"基本上是个人创作，是我国第一部由个人独立完成的白话小说集。"二拍"的部分作品重现了当时市民的生活及意识形态。凌濛初对情节的组织尤为擅长，使得文章很具吸引力，但就总体艺术魅力来说，远比不上"三言"。

《弟子规》的书名有什么含义

《弟子规》原名《训蒙文》，是由清朝康熙年间的秀才李毓秀编著而成。《弟子规》的内容是对《论语·学而》第六条"弟子入则孝，出则悌，谨而信，泛爱众而亲仁。行有余力，则以学文"的文义解读。作者采用三字一句，两句一韵的形式编纂而成。《弟子规》一共分为五个部分，即弟子在家、出外、待人、接物与学习上应该恪守的守则和规范。

《弟子规》共有360句，1080个字，三字一句，用两句或者四句表达一个意思，前后押韵，读起来朗朗上口，易于记诵。《弟子规》先是"总叙"，接着分为"入则孝、出则悌、谨、信、泛爱众、亲仁、余力学文"七个部分。它将孔孟和老子等圣贤道德教育的成果集中在一起，是传统道德教育著作的纲领性书目。《弟子规》自问世以来便受到人们普遍欢迎，许多教书先生用它对孩子进行启蒙教育，为孩子们将来的成长和发展奠定了坚实的基础。在古代"弟子"有很多种意思，具体说来，在家是指孩子；在学校是指学生；在社会上是指公民。"规"就是规范。"弟子规"的意思就是"弟子"们应该遵守的社会道德规范。

李毓秀是清朝初年著名的学者和教育家。他曾跟随老师党冰壑游历近二十年。成年之后还曾担任过小官，但他对入仕没有兴趣，对教学却感兴趣。他精研《大学》《中庸》等经典，创办敦复斋四处讲学，引来了四面八方的人前来听学，太平县御史王奂也曾多次向他请教，十分仰慕他的才学，尊称他为李夫子。

《随园诗话》有什么学术价值

《随园诗话》是一部极具针对性的诗话作品,作者是清代著名诗人袁枚。这本书的内容相当丰富,涵盖了诗歌的方方面面:从诗人的先天资质,到后天的修养;从写景、言情,到咏物、咏史;从立意构思,到谋篇炼句;从辞采、韵律,到比兴、寄托、自然、空灵、曲折等各种表现手法和艺术风格,以及诗的修改、诗的鉴赏等等。

袁枚生活于乾隆时期,当时正处于学术界思想最活跃的时期,正是崇理学与反理学、重汉学与反汉学斗争激烈的时候。袁枚对反理学与反汉学非常支持,他大力提倡"性灵",反对诗歌复古。他的主张在当时影响很大,以至于"性灵"说成为文学史上最著名的文学主张之一。这种学说对清代诗歌的健康发展起到了极大的推动作用,在清诗史有着非常重要的意义。

这本书坚持文学发展的观点,对封建正统文学观念及形式主义思潮起到了巨大的冲击作用。此外,袁枚还强调了骈文的美文学价值,对文学的发展起到了一定积极的意义。不过,袁枚在《随园诗话》中说得非常精彩,但他笔下的诗歌却多平淡无奇,大多描写身边琐事,或者一些风花雪月的无病呻吟,缺乏社会内容和艺术感染力,并不足为人道。

《黄帝内经》是"黄帝"所著的吗

《黄帝内经》成书于西汉,分为《灵枢》和《素问》两部分,是古代医生假托轩辕黄帝的名义创作的。《黄帝内经》的问世,开创了中医学独特的理论体系,是我国医学由单纯积累经验的阶段发展到系统的理论总结阶段的重要标志。全书对中医理论做了综合全面的论述,在古代解剖知识的基础上,以哲学思想为指导,通过对生命现象的长期观察,以及医学上的实践验证,由感性到理性,由片面到全面,逐步发展而成。《黄帝内经》中提出许多重要的理论原则和学术观点，为我国后续中医学的发展起到了至关重要的作用。

《黄帝内经》是以黄帝、岐伯、雷公之间对话和问答的形式，对病机病理展开阐述，同时主张采取防患于未然的措施，在人生病之前就开始预防。此外，《黄帝内经》还主张养生、益寿、延年。它与《难经》《伤寒杂病论》和《神农本草经》并称为我国传统医学四大经典著作，也是我国现存的最早的医学典籍。

《黄帝内经》的作者是谁现在已经无从得知。有学者认为，这本书应该由许多医学经验丰富的医生集体创作而成，不可能是一个人独自完成。《淮南子》中曾经说，世俗的人大多喜欢尊崇古代而贬斥现在。因此，有的人借此假托神农黄帝的名义去著书立说，这样就能让人们相信。可见，它真正的作者不大可能是黄帝。

《说文解字》讲了什么内容

《说文解字》，简称《说文》，是我国第一部按部首编排的字典。由东汉著名经学家和文字学家许慎编著而成。《说文解字》在汉和帝永元十二年成书，即公元100年，到安帝建光元年，即公元121年。据说这本书是许慎作为礼物进献给汉安帝的。

许慎根据汉字字形，创立了540个部首，将当时已经使用的9353字分别按这540个部首重新排列。这540个部首又根据字形之间的联系合并为14大类，《说文解字》的正文就按照这14大类分为14篇，再加上卷末的序言全书共15篇。许慎在《说文解字》中对汉字的造字规律进行了系统的描述，即六书——象形、指事、会意、形声、转注、假借。在体例上，《说文解字》先列出小篆，如果古文和籀文不同，就在后面列出。在做好这些之后就具体解释这个字的本意，之后再解释字形跟字义或者字音之间的关系。《说文解字》开创了部首检字的先河，被后世的字典广泛沿用。

《说文解字》对我国汉字的发展主要有以下三方面的贡献：

第一、第一次阐发了六书，为汉字建立了理论体系。

第二、第一次从汉字系统中归纳出540部首，并创立了按部首排列汉字的字典编篆法。

第三、保留下来的小篆是极为宝贵的文字资料，为后代学者研究和学习甲骨文、金文提供了便利。

《说文解字》诞生以后就引起学者的广泛关注，他们反复对其进行研究。在清朝时研究之风达到顶峰。这一时期，先后涌现出许多大家，最著名的代表人物和代表作是段玉裁的《说文解字注》，朱骏声的《说文通训定声》，桂馥的《说文解字义证》，王筠的《说文释例》《说文句读》。由于这四人取得的成就最高，所以被后世学者尊称为"说文四大家"。

《广雅》是中国最早的词典吗

《广雅》是我国第一部百科词典，也是中国最早的词典。全书共收录18150个汉字。《广雅》仿照《尔雅》的体裁，相当于《尔雅》的续篇。篇目也和《尔雅》一样分为19类，每一篇的名称、顺序、说解方式，甚至是全书的体例，都跟《尔雅》相同。不过，《广雅》在取材范围上要比《尔雅》广泛得多。书名"广雅"，就是有增广《尔雅》的意思。

《广雅》成书于三国魏明帝太和年间，即公元227年到233年。《广雅》将三国以前百家的训诂学说集中在一起，在一一考究后编撰成书。它采用了《周易》《尚书》《春秋》《礼记》《左传》《国语》《公羊传》《谷梁传》《诗经》《论语》《孟子》《庄子》《淮南子》《楚辞》等著作里面的具体事例，对字词的用法，包括古代意义和现在的意义都有一一的考察。因此，这本书一直是研究汉魏以前词汇和训诂的重要著作。

《广雅》分为上、中、下三卷，是由三国时期魏国的张揖编著。张揖认为《尔雅》并没有完整的收集训诂，所以决心将其进行扩充，这便是《广雅》。

《切韵》是最早的韵书吗

《切韵》是我国最早的韵书，由隋代著名语言学家陆法言编著。魏晋南北朝时期，我国的音韵学发展迅速。陆法言将以前关于韵律方面的知识都收集到一起，经过自己精密的思考和整理之后写成了《切韵》。《切韵》于隋文帝仁寿元年成书出版，即公元601年。全书共5卷，收了1.15万个汉字，分成193韵，其中平声54韵，上声51韵，去声56韵，入声32韵。自出版发行便引起了很大的反响。唐朝初年，还将它定为官韵。

《切韵》是现在可考的最早的韵书，并且原稿早已失传，现在人们能够看到的是敦煌出土的唐人抄本《切韵》片段以及一些增订本。不过，在其增订本《广韵》中对《切韵》有完整而系统地保留，因此得以流传至今。近年来，随着考古学的发展，相继出土了《切韵》的残本，整理之后，能够和《广韵》相印证。

《切韵》以韵目为纲，韵又按声归入平、上、去、入四部分，将同韵同音的字放在一起。每个字都有简单的解释。《切韵》对当时汉语的语音是一种再现，并且开创了韵书修撰的体例，该体例从隋唐开始一直沿用至今。而且，由《切韵》归纳出来的语音体系，经过《唐韵》《广韵》《集韵》等书籍的继承，一直被官方视为正统。

《马氏文通》是研究什么的著作

《马氏文通》是我国历史上首次利用西方语言学理论研究中国语法的著作，具有划时代的意义。《马氏文通》于1898年首次出版，受到时代的局限性，读起来非常困难。

《马氏文通》由进步的爱国知识分子马建忠编著。他认为汉语太难懂是导致中国贫穷落后的根本原因，而汉语难懂的原因又在于它所蕴含的语法规则没有被揭示出来。因此,他决定用西方的语言学理论来研究中国汉语语法。马建忠精通拉丁语、希腊语、英语、法语等多种西方语言。在哥哥马相伯的帮助下,马建忠用时十几年终于完成了三十多万字的《马氏文通》,其中他哥哥精通西方语言,并著有《拉丁文通》,对他给予了很大的帮助。如果没有马建忠,中国语法体系的建立,可能还要晚上好多年。

梁启超和杨树达等文学大家对《马氏文通》的出版给予了极大的称赞。但是,《马氏文通》因"文繁而征引旧籍多,今贤所束阁者,故不独喻之者寡,即寓目者亦已少矣",在很长一段时间里并未受到人们的关注。不仅如此,还有许多知名的学者撰文批评,他们认为马建忠是在照抄照搬西方的理论,并没有什么新的建树。

新中国成立之后,一些著名的语言学家在认真研读了这本书之后,开始为马建忠平反。如著名的语言学家朱德熙先生曾说:"《马氏文通》往往因其模仿拉丁文法而为人诟病。其实作为第一部系统地研究汉语语法的书,能有如此的水平和规模,已经大大出人意料,我们实在不应苛求于马氏了。只要看《文通》问世二十余年以后出版的一批语法著作,无论就内容的充实程度论,还是就发掘的深度论,较之《文通》多有逊色,对比之下,就可以看出《文通》的价值了。"现在,越来越多的语言学家潜心研究《马氏文通》,通过对其中错误的挖掘和深思,取得了很好的成果。

《百家姓》讲了什么内容

《百家姓》是一本关于姓氏的书,成书发行与北宋初年。期初《百家姓》共收录了411个姓氏,后来又增加到568个,其中,444个单姓,124个复姓。《百家姓》和《三字经》、《千字文》并称"三百千",是北宋以来我国幼儿的启蒙读物之一。

我国的姓氏文化有着悠久的历史,每一种姓都有其独特而丰富的文化内涵。在我国几千年的历史上每一种姓都有著名的代表人物,为国家的进步和发展有着卓越贡献,同时也存在一些臭名昭著的人,因此姓氏之间并无贫富贵贱之分。《百家姓》对我国姓氏的记载并不完全。据说,在文献上记载中就有高达5600余种能够确定的姓氏。因此，《百家姓》所记载的只是其中的一小部分而已。但它上面记载的都是一些常见的姓氏，所以也有一定的代表性。

《百家姓》是按照音韵来排列次序的，并不按照姓氏人口的多少来，这样易学好记、读起来朗朗上口。其中，"赵钱孙李"是《百家姓》前四姓，这是什么原因呢？《百家姓》于北宋时期成书，开国皇帝是赵匡胤。按照中国古代的思想观念，皇家最为尊贵，因此，赵便被排在了第一位。《百家姓》形成于吴越钱塘地区，因此，吴越国国王钱氏位居第二，俶正妃孙氏以及南唐国王李氏紧接着称为百家姓的第三位和第四位。

第七章 名家名作

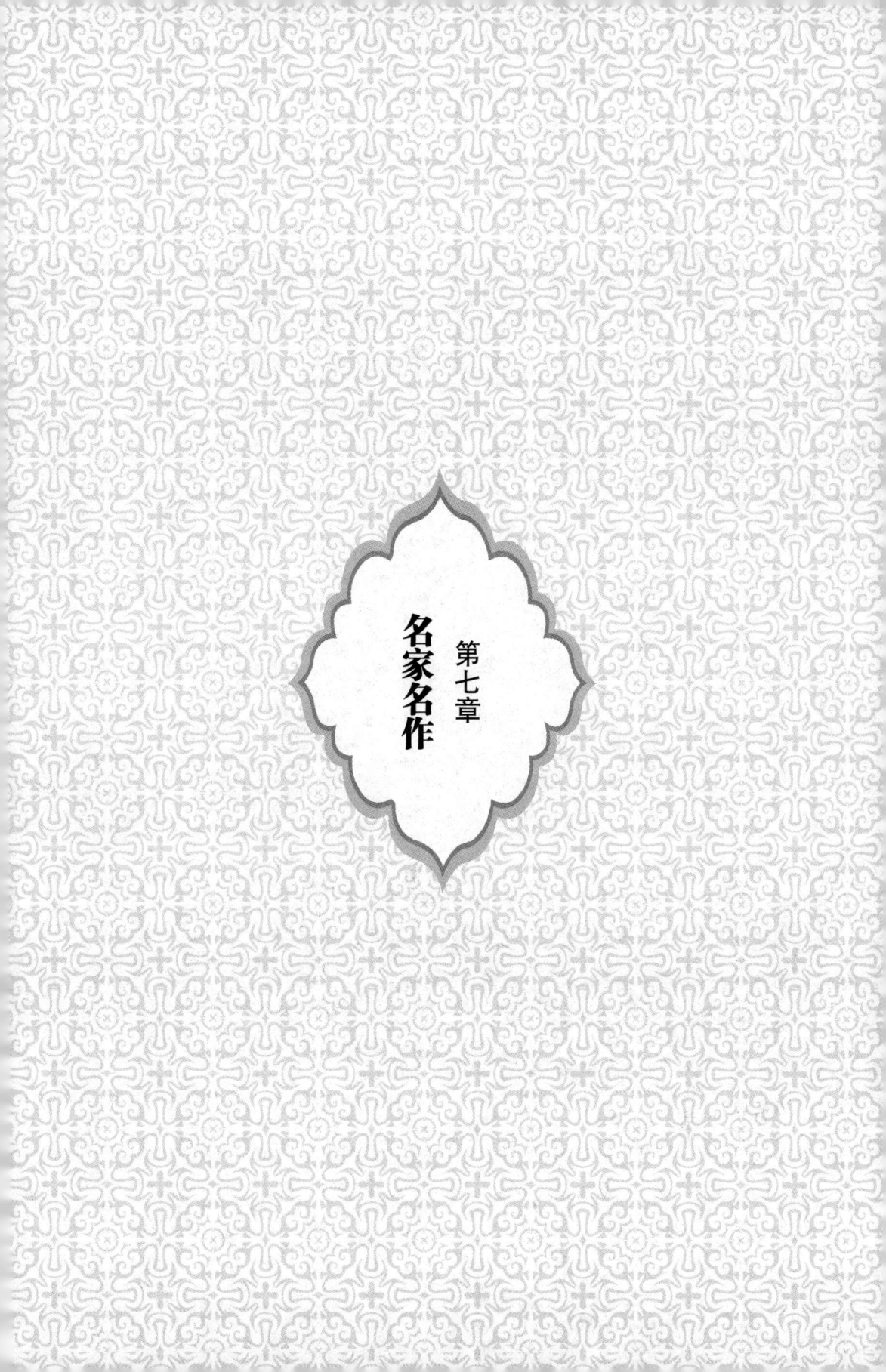

中国文化宝库中缺少不了文学作品，优秀的名家名作不仅是精神文化财富，也是人们审美价值的集中体现。这些名家名作，能开启人类的智慧和创造力，引导人类寻求内心的真善美，使得人们能够与自然和他人和谐相处，一同发现世界，改变世界。

《离骚》写了什么内容

《离骚》是《楚辞》的代表作,是我国古代文学史上最长的浪漫主义政治抒情诗,全书共 373 句,也是我国历史上第一首由诗人独立创作的长篇抒情诗。它以诗人自身的身世、品德和理想为写作基础,充分表达了诗人在遭受诽谤而被君王疏远时的痛苦心情,同时痛斥了昏庸的楚王和他身边那些奸佞小人。诗人还将自己提出的"美政理想"凸显出来,这对黑暗的社会现实进行了无情地抨击,并表现出自己永远不会与污浊的世俗同流合污的高尚品格,诗中还将自己至死不渝的爱国热忱表达得淋漓尽致。

著名史学家司马迁在《史记·屈原贾生列传》中说:"屈平疾王听之不聪也,谗谄之蔽明也,邪曲之害公也,方正之不容也,故忧愁幽思而作《离骚》,离骚者,尤离忧也。"意思是说,屈原作《离骚》是由于晚年在政治上很不得意,而"离骚"就是遭受诽谤、感到忧愁的意思。《离骚》主要分为两个方面的内容,一是统治集团的丑恶,二是自己不畏强暴、追求真理、不避艰难、热爱祖国和人民的高尚品格。《离骚》善用比喻,具有浓厚的浪漫主义气息。它的形式是借鉴楚国人民的口头创作,屈原在此基础上将其加以改造,写成长篇,从而使得《离骚》包含的内容又丰富了许多。

杜甫的《石壕吏》抨击的是谁

《石壕吏》是"诗圣"杜甫诗歌中最为脍炙人口的作品之一。《石壕吏》创作于"安史之乱"之后,作者在游历中,亲眼见到石壕吏的恶行,心中愤慨万千但又无能为力,最后作了这首诗来揭露封建统治者的残暴,表达对于下层穷苦人民的深切同情。

《石壕吏》是一首杰出的现实主义诗篇,诗中写到差吏到石壕村乘夜捉人,强行征兵,连年老体衰的老妇也不放过的事实。这首诗语言精练,句句叙事,没有一句抒情或是议论性的句子，但实际上却巧妙地通过叙事来抒发了诗人的感情，表达了鲜明的爱憎。作者将自己的感情隐藏在叙事之中，节省了很多笔墨，又给人留下深刻的印象，譬如"吏呼一何怒！妇啼一何苦！"这句诗写了双方矛盾的冲突，作者对双方的冲突矛盾没有发表任何评论，却让人感受到官吏的残暴，以及对下层人民悲惨遭遇的感同身受。全篇结构严谨，一气呵成，感情充沛，给人留下深刻的感触。

曹植的《洛神赋》写了什么

曹植是"建安三曹"之一，在我国文学史上有巨大的影响力。他一生写了许多脍炙人口的诗文歌赋，其中以《洛神赋》最为有名。

《洛神赋》原名《感甄赋》，普遍认为是曹植被封鄄城时创作。唐代学者李善则认为这篇文章是专门为甄皇后而作，这种看法也得到许多后世学者的认同。

这篇赋用虚幻的形式，写人神之相恋，最后因为人神有别，只好无奈地看着对方离开。也有人认为这篇赋并不是为甄皇后而作，是曹植假托洛神之手，向文帝展示自己的赤胆忠心，希望能受到理解和重用。但最后由于种种原因，曹植和文帝之间始终无法沟通，使得其在政治上陷入极度的苦闷，这篇赋从多个角度着墨，极力描绘洛神的美貌，生动传神，如"其形也，翩若惊鸿，婉若游龙，荣曜秋菊，华茂春松。髣髴兮若轻云之蔽月，飘飖兮若流风之回雪……"在文学技法上有很高的艺术成就，具有浓厚的艺术感染力，深受后人的喜爱。

李煜的婉约词为何会打动人心

李煜是我国古代历史上最伟大的词人之一，同时，他还是南唐第三任国君，也叫李后主。他精通书法，熟谙绘画、音律、诗文。其中在词这方面取得的成就最高。

李煜的词可以按照时间及其人生遭遇分为两大类：第一类写作于为投降宋朝之

前，这类题材比较狭窄，主要反映的是宫廷生活和男欢女爱；第二类是在写作于投降宋朝之后所作，他受尽了屈辱，饱尝亡国之痛，受尽屈辱的悲痛，所以词作的内容大多表现了亡国之痛，艺术成就非常高超。

李煜的作品流传下来的作品并不多，但是几乎每一首都脍炙人口，如《虞美人》、《浪淘沙》《相见欢》《望江南》等都是我国文学史上的经典名篇。李煜的词作大多哀婉凄凉，充满了深沉的忧伤。他后期创作的词极大拓展了其题材范围，意境深远，感情真挚，语言清新，极富艺术感染力。"问君能有几多愁？恰似一江春水向东流。"等名句就好像无声的小雨，在不经意间已经湿润了人们的心田。

李清照的词有什么样的艺术风格

李清照，我国历史上最伟大的女词人，婉约词派的代表，有"千古第一才女"的美誉。李清照的词根据时间和其自身遭遇分为前期和后期。李清照早年生活优裕，和丈夫赵明诚琴瑟和谐，婚姻幸福美满。金兵入侵中原之后，她被迫和丈夫流落南方，在南逃途中，丈夫不幸去世，她的境遇更加孤独艰难。因此，她前期创作的词大多表现她悠闲的生活，而后期的词作则大多悲叹身世，充满伤感。在艺术创作上，她善于运用白描手法，语言清丽，自成一家。

李清照的词作独树一帜，在当时颇受欢迎，流传千古，有"一代词宗"的美誉。她的人品和像她的词作一样令人尊敬。在丈夫面前，她温婉多情；面对敌人入侵，她横眉冷对，不让须眉。两宋时期出现了很多著名的词人，可谓群星璀璨。李清照在这些耀眼的群星中毫不逊色，她的词作在艺术上达到了炉火纯青的境界，形成了独特的艺术风格——"易安体"。她不追求华丽的堆砌，而是将自己对周围事物的感触通过白描的手法展现得恰到好处。她将"语尽而意不尽，意尽而情不尽"的婉约风格发展到了极致顶峰，因此一直被奉为婉约派的代表。此外，她也写作过一些豪放词，对辛弃疾、陆游等词人的创作也有着深远的影响。

《钗头凤》为何会脍炙人口

红酥手，黄縢酒，满城春色宫墙柳。东风恶，欢情薄，一怀愁绪，几年离索。错、错、错。

春如旧，人空瘦，泪痕红浥鲛绡透。桃花落，闲池阁，山盟虽在，锦书难托。莫、莫、莫。

这是宋代著名的大诗人陆游创作的《钗头凤》，也是陆游最为脍炙人口的名篇之一，历来受到名家的称赞。

陆游和他的原配夫人唐婉在结婚之后，琴瑟和谐，情投意合，恩爱无比。但是，陆游的母亲对儿媳一直存在偏见，逼迫陆游休掉唐婉。陆游自然不肯，百般劝谏，苦苦哀求，但母亲仍不为所动。无奈，两人只好含泪分别。不久之后，唐婉改嫁给"同郡宗子"赵士程。两人就此便断了联系。

几年后的一个春天，陆游在绍兴城南禹迹寺附近游园，与跟丈夫一起出游的唐婉相遇。陆游见到唐婉，心中伤痛再次浮现。唐婉虽然难过，但并没有表露出来，而是让丈夫安排下人摆酒设宴招待陆游。陆游难过之极，在难过的情绪之下喝了很多酒，心中生出无限的悲凉和感慨，于是乘着酒性写下了这首千古名篇。

唐婉看完这首词之后，心中也是感慨万千，念及旧事，念及陆游对自己的情谊，也写了一首《钗头凤》。人们通常将两首词放在一起阅读。不过，唐婉的《钗头凤》在艺术上要稍逊色一些。

韩愈的《师说》有什么影响

韩愈是"唐宋八大家"之一，是"古文运动"的领袖。在我国文学史上的地位非常高，被称作"韩文公"。韩愈生活在唐代中期，当时学风糜烂，读书人在拜师时往往不会看其学问，而是看其官爵和名望。韩愈非常厌恶这种风气，在这种社会背景下，韩愈写作了《师说》。

韩愈认为求师重道自古已然，不应该背弃这一古道。只要一个人有学问，在某一方面有超过自己的地方，就可以成为自己的老师，而不应该因为其身份低微或者年龄小于自己，就不肯虚心求教。《师说》论述了跟随着老师学习的重要性及必要性，大胆批判了流行于当时的社会陋习，表现出非凡的勇气和斗争精神。其实，韩愈在《师说》里所说的老师指的并不是各级官府的学校的老师，也不是指"授之书而习其句读"的启蒙教师，而是指那些在社会上取得卓越成就，能够"传道授业解惑"，对世人的思想和精神产生较大影响的人。

《师说》是"古文运动"时期创作的名篇，对唐代中后期的文风产生了很大的影响。更重要的是，它影响了一大批年轻人。正是在这些人的支持下，韩愈发动的"古文运动"才得以成功。除此之外，《师说》也在一定程度上推动了我国教育学的发展。民国时期，著名的教育家陶行知先生提出著名的"小先生制"，就是受到这篇文章的影响。当下倡导学习型社会，也可以看作是《师说》中部分精神的延续。

柳永和青楼有着怎样的故事

柳永是我国北宋时期最著名的词人之一，也是婉约派最具代表性的人物。柳永原名三变，字景庄，后改名永，字耆卿，因其排行第七，因此也被称为柳七。宋仁宗时期，他考中进士，曾做过屯田员外郎，因此也有柳屯田之称。柳永仕途失意后，一生放浪形骸，多数时间流连于青楼妓院之中。柳永将毕生的所有精力都用来填词，并自诩为"白衣卿相"。

柳永的词大多描绘城市风光，以及青楼歌妓们的生活，尤其擅长书写游子羁旅行役之情。柳永还创作了许多慢词。他的词铺叙刻画，情景交融，语言通俗，音律谐婉，在当时广为流传，所谓"凡有井水饮处，皆能歌柳词"。柳永创作的慢词对宋词的发展有很大的影响。

柳永自诩甚高，去京城参加考试时，被青楼歌馆里的歌妓吸引，便整日沉浸其中风流快活。他以为自己考中状元没有丝毫悬念，不料最后落榜。之后，柳永绝大部分时间都待在青楼里。因为他才华横溢，又真诚待人，很受一些名妓的喜欢。他每写完一首词，都让那些名妓们去唱。也正因为如此，他的词才能广为流传，走进千家万户。

柳永51岁时中了进士，去福建做了两年的官，最后因为过于耿直，屡遭排贬。柳永晚年生活穷困潦倒，死的时候一贫如洗，更是连下葬的钱都没有。名妓谢玉英、陈师师等人感念他的才学和痴情，就凑钱替他安葬。出殡的时候，整个京城的名妓都跑来为他送葬，哭声一片。名妓谢玉英为他披麻戴孝，两个月之后因思念过度，郁郁而终。

为何说《聊斋志异》"鬼话连篇"

蒲松龄是我国古代最优秀的短篇小说家，他创作的《聊斋志异》成为我国古典文言短篇小说的巅峰之作。《聊斋志异》简称《聊斋》，俗名叫作《鬼狐传》。全书共包括有短篇小说491篇，题材广泛，内容丰富，取得了很高的艺术成就。我国文言短篇小说发展到清朝已经十分成熟，到了蒲松龄这里，又迈上了一个新的台阶，几乎达到炉火纯青的地步。

《聊斋志异》成功地塑造了很多典型的艺术形象，人物形象灵活生动，故事情节曲折离奇，构思严谨巧妙，文笔简练，历来受到名家的好评。现代著名学者郭沫若曾这样评价:"写鬼写妖高人一等,刺贪刺虐入木三分。"

蒲松龄早年以教书为业,七十多岁才考中进士,一生穷困潦倒。他40岁左右的时候开始创作《聊斋志异》,历时30多年将其完成。"聊斋"是他书斋的名字,"志"是记述的意思,"异"指奇异的故事。因此,"聊斋志异"的意思就是在聊斋中记述奇异的故事。

《聊斋志异》写了许多神仙鬼狐的故事,大概可以分为以下三类:人与人或非人之间的友情故事;不满黑暗社会现实的反抗故事;讽刺不良品行的道德训诫故事。通过这些看上去鬼话连篇、荒诞不经的故事,作者对当时黑暗、腐败的社会制度进行了有力的批判,在一定程度上揭露了随时可能爆发的社会矛盾,表达了普通百姓的美好追求和愿望。

罗贯中的《三国演义》是事实吗

《三国演义》是四大古典文学名著之一,也是我国历史上第一部章回体长篇历史演义小说。《三国演义》以魏、蜀、吴三个政治集团之间的政治和军事斗争为题材展开记述。从内容上来看,这部小说大致可以分为以下五个部分:黄巾之乱、董卓之乱、群雄逐鹿、三国鼎立、三国归晋。《三国演义》用诗一般的笔调描写了许多波澜壮阔的战争故事,成功塑造了诸葛亮、刘备、关羽、曹操、周瑜、郭嘉等脍炙人口的人物形象。

《三国演义》,原名《三国志通俗演义》,顾名思义,就是《三国志》的通俗版。《三国志》并不是作者在创作《三国演义》时唯一的参考书籍,书中素材更多源自于民间传说。因此,《三国演义》虽然没有完全歪曲历史,但是也并非完全按照历史事实来写。在《三国演义》中,草船借箭的是诸葛亮,但在历史上,草船借箭的是孙权。又譬如,《三国演义》第五回中写关羽温酒斩华雄,威震天下,其实华雄并不是死在关羽刀下,而是被孙坚所杀。《三国演义》是按照"七实三虚"的原则进行创作的,也就是说,大部分情节与历史事实相符,小部分为虚构。

《三国演义》塑造了三个最经典的人物形象，即：奸绝曹操，智绝诸葛亮，义绝关羽。著名小说史研究专家鲁迅先生曾经说诸葛亮"多智而近妖"，其实，真实的诸葛亮是一个卓越的政治家，但并不擅长打仗。真实的曹操也不像小说中描写的那样奸诈虚伪，而是一个胸怀天下的政治家。

施耐庵的《水浒传》写了什么

《水浒传》四大名著之一，又名《忠义水浒传》，大概成书时间是元末明初。它的作者是谁一直备受争议，有人认为是施耐庵，也有人认为是罗贯中，现在的学界普遍认为它是由施耐庵著，罗贯中编次。《水浒传》得到广泛的流传，已经被翻译成多种语言文字，对我国乃至东亚的叙事文学都有着深远的影响。

《水浒传》以宋江领导的农民起义为题材，通过一系列生动的故事，揭示了当时不可调和的社会矛盾，揭露了封建统治阶级的腐朽和残暴，从正面反映出"官逼民反"的残酷现实。虽然《水浒传》的作者被认定为施耐庵和罗贯中，但实际上参与创作的人跨越了从宋元到明朝初年的几百年，他们包括民间说书人、文人等。从这个角度来讲，它是一部世代累积型的长篇小说。

"水浒"一词出自《诗经·大雅·緜》，它的原句是"古公亶父，来朝走马，率西水浒，至于岐下"。至于作者为什么要命名该书为"水浒"，历来也是争议不断。在小说中，宋江等人都是一些忠义之士，只是因为贪官污吏横行，蛮不讲理，才将他们逼上梁山，落草为寇。虽然被逼上梁山，但宋江等人仍然认为朝廷是好的，只是下面的人在使坏，所以还是一直希望得到朝廷的招安。朝廷几次派兵围剿，都被梁山军队打败，最后迫不得已只好招安。宋江等人被招安后便被编进军队，走上了讨伐方腊和辽国的前线。最后，超过半数的梁山好汉都牺牲在这两次征讨中。《水浒传》全书情节曲折，字里行间中充斥着侠肝义胆，读来荡气回肠。

吴敬梓的《儒林外史》抨击了什么

《儒林外史》是我国古代最优秀的章回体长篇小说之一，是由吴敬梓编著而成。《儒林外史》全书五十六回，近四十万字，描写了将近两百个人物。小说写的是明代的故事，但实际上真实地反映了康乾时期在科举制度的禁锢下，读书人对功名的变态追求和荒诞的生活。这部小说出色地塑造了很多像范进和周进等卑微的文人形象，还塑造了一些有钱的吝啬鬼，如严监生。此外，作者还对吃人的科举、礼教和腐败事态进行了辛辣的讽刺。这些，都对这部小说成为中国古代讽刺文学的典范有着非常重要的推动作用，也让吴敬梓成为我国文学史上最杰出的批判现实主义作家之一。

到明清时期，科举制度已经丧失了活力。朱元璋建立明朝之后，力求改革科举制以禁锢人民的思想，创造了臭名昭著的八股制度。八股制度要求读书人熟读"四书五经"，但不能有自己的见解。清朝建立之后，将这一制度全部沿袭下来。八股制度对读书人产生了极坏的影响，严重束缚了他们的思想。吴敬梓便是其中的受害者。吴敬梓家境富有，父亲在他幼年时去世了，留下了巨额的遗产。吴敬梓无意科举，因为他觉得科举制度限制了他才能的发挥。他早年挥金如土，到了中年贫病交加。孔子说："学而优则仕。"吴敬梓虽然不参加科举考试，但在他心中还是渴望做官的。仕途无门之后，他将自己的精力都放到写作上来，花了20年时间完成了这部《儒林外史》。

《儒林外史》的篇幅较为散乱，结构不够严谨，虽然里面有些段落很精彩，但不能给人一气呵成的感觉。其中的经典片段，如范进中举已被选入中学语文课本，成为人们耳熟能详的故事。这部小说在艺术上的缺陷掩盖不了其卓越的成就，它对磨灭人性的科举制度的抨击以及其中深刻的思想受到很多文学巨擘的青睐和好评。

冯梦龙的《东周列国志》写了什么内容

《东周列国志》是明朝末年著名小说家冯梦龙创作的一部历史演义小说。全书由古白话写成,主要记述了从西周宣王到秦始皇统一六国这五百多年间的历史。

冯梦龙是在一定的时代背景下创作《东周列国志》。早在元代,民间就流传一些关于"列国"故事的白话本。到了明代嘉靖、隆庆年间,学者余邵鱼编纂了一部《列国志传》。冯梦龙根据各种史书对《列国志传》进行了改正修订,于是便有了一百零八回的《新列国志》。清朝乾隆年间,蔡元放对《新列国志》再次进行修改,并正式定名为《东周列国志》。

《东周列国志》是我国也是世界上时间跨度最长,人物最多的一部小说。这部小说主要描写了东周时期"列国"的故事。记述了很多诸侯国之间的争霸战争,以及强国和弱国之间的吞并战争,还写了一些当时有影响力的政治家和大学问家。春秋时期是我国历史上第一个思想大爆炸的时代,先后出现了老子、孔子、墨子、孟子、庄子等伟大的思想家,他们对中国乃至世界都产生了深远的影响。冯梦龙用深情的笔调写了这些出色的思想家们的政治理念,歌颂了他们胸怀天下的可贵品质。此外,《东周列国志》对商鞅变法和李悝变法等也有详细的记述。

李宝嘉创作《官场现形记》的原型是什么

《官场现形记》是由清末著名小说家李伯元编撰而成,是晚清四大谴责小说之一,也是我国第一部在报刊上连载的长篇章回小说。它敢于直面社会矛盾,因此在当时引起了很大的轰动。《官场现形记》全书共60回,结构上跟《儒林外史》相似。

《官场现形记》的主要内容是清朝末年官场上的故事。它以晚清官场为表现对象,集中描写了清朝末年官场上种种腐败、黑暗和丑恶的社会现状。在李伯元的笔下,有对位高权重的军机大臣、总督巡抚的记载,也有知县典史、管带佐杂的描述,他们有的目光呆滞,有的贪污腐败,无恶不作。这些一个个看上去并不相关的故事构成了一幅官僚的百丑图。

《官场现形记》里面的人物和故事并不是完全虚构,很多都能在现实生活中找到原型。只是作者在创作的时候没有用他们的真实姓名而已。我国现代著名学者胡适先生曾经对《官场现形记》的原型进行过考证,他说:"就大体上说,我们不能不承认这部《官场现形记》里大部分的材料可以代表当时官场的实在情形。那些有名姓可考的,如华中堂之为荣禄,黑大叔之为李莲英,都是历史上的人物,不用说了。那无数无名的小官,从钱典史到黄二麻子,从那做贼的鲁总爷到把女儿献媚上司的冒得官,也都不能说是完全虚构的人物。"胡适说这些话是有据可循的。譬如说,小说中的华中堂,多数人都认为可能是荣禄。

据说,慈禧太后曾经根据这本书中的情节,派人去调查一些官员,并给予相应的惩处。当然,这一说法的真实性已经无法考证了。

《朱子家训》为何会流传千年而不衰

《朱子家训》又叫《朱子治家格言》或《朱柏庐治家格言》,是我国古代最著名的家训之一。《朱子家训》的主要内容是家庭道德,全文仅634字,用简洁易懂的语言精辟地阐明了修身齐家的道理。《朱子家训》中很多内容是取自我国传统文化的优点,如尊敬师长,勤俭持家,邻里和睦等,即便在今天,仍有借鉴价值。当然,受到当时时代的限制,《朱子家训》里面也有许多封建糟粕,比如对女性的偏见。

值得注意的是,《朱子家训》的作者是朱熹的后代朱柏庐,而非宋朝大儒朱熹。朱柏庐早年希望考取功名,报效国家,于是奋发图强,刻苦钻研。然而他生不逢时,刚成年不久,清军入关明朝灭亡。在这种历史条件下,他放弃了对功名的追求。之后便一直在乡间教学,并潜心研究程朱理学,一时之间小有名气。康熙皇帝曾经多次征召,但他都婉言谢绝了。他用名言警句的形式将中国几千年形成的道德教育思想表达出来,即便是不识字的人也能口头相传,还可以写成对联条幅挂在大门上和厅堂里,作为持家和教育子女的座右铭，足见《朱子家训》对后世的影响。因为这些优点，《朱子家训》一直受到士大夫阶层的推崇，被尊为"治家之经"广为流传，清朝到民国这段时期之内，成为儿童启蒙的必读书目之一。

《小窗幽记》是一本什么样的书

《小窗幽记》是明清小品文的代表之一，也叫《醉古堂剑扫》。《小窗幽记》共12卷，都是格言警句类的小品文。由明朝大儒陈继儒创作而成。陈继儒是上海人，成年后一直隐居昆山，潜心著述。他擅长于写诗，文章也写得很好，书法上学习苏东坡和米芾，又擅长绘画，因此在当时颇有名气。

《小窗幽记》分为醒、情、峭、灵、素、景、韵、奇、绮、豪、法、倩共十二集，以修身养性和处世之首为主要内容展开记述。全篇文字清新脱俗，格调高雅，论事论理都有独到的见解，对隐逸文人淡泊名利称道不已，对其乐于在山林间生活的陶然洒脱极为赞赏。"醒"是《小窗幽记》的开端，也是全书的纲领。作者认为，我们生活在尘世中，很多世俗的东西会蒙蔽我们的双眼，以至于无法看到那些真正有价值的东西，因此，人要"醒"，要在滚滚红尘中保持一颗随时觉悟的心，时刻都要保持清醒，认清自己和周围的世界。作者在对不好风气的批判中，透露出哲人式的冷静，因此，语言往往玲珑剔透，短小精美，引人深思，具有独特的魅力。这本书和《菜根谭》、《围炉夜话》并称为中国修身养性的三大奇书，历来受到人们的青睐。

王永彬的《围炉夜话》是怎样的一本书

《围炉夜话》是我国历史上最著名的文学品评著作之一，是由清朝著名文学评论家王永彬先生编著而成。

《围炉夜话》对明清时期及以前的文学掌故分段进行评论，取得了极高的艺术成就。与其他批评文学的著作不同，这本书的背景是虚拟出来的，即在一个冬天的夜晚围着火炉，跟好友在一起畅谈文艺。因此，《围炉夜话》语言亲切、自然，读起来朗朗上口。而且，《围炉夜话》里面的见解都很独到，因此这本书在文学史上占据着很重要的地位。

《围炉夜话》共有221则，以"安身立业"为纲领，分别从道德、修身、读书、安贫乐道、教子、忠孝、勤俭等十个方面来品评以前的文学作品。作者并不是单纯探讨文学，而是通过对文学掌故的探讨揭示了立德、立功和立言都以"立业"为根本。在当时能够有这种见解是相当难得的。

作者王永彬是清代著名的文学家，他厌恶科举制度，到晚年才获得贡生科名，之后被任命为修职郎，参与《枝江县志》的编修工作。后来，他被任命为教谕，以教书为业。他受儒家思想的影响很深，在教学的时候，先教会学生怎样做人，然后再传授他们知识，因此，他教书不以科举应试为唯一目的。更难得的是，他严于律己，只有自己做到了，才去要求别人。对于身边的人，见到行善的一定会奖赏，见到作恶的一定要反复规劝，直到他改正为止。正是由于他这种淡泊的君子心性，才能写出《围炉夜话》这样的好书。

王国维的《人间词话》是怎样的一本书

《人间词话》是一部在学术界享有盛名的文学批评名著，由著名国学大师王国维编著。《人间词话》也是我国学术史上第一部用西方文艺理论来研究中国古典文学的著作。这本书自出版以来就很受人们的喜爱。如著名的美学大师朱光潜先生曾经这样评价："近二三十年来，就我个人所读过的来说，似以王静安先生的《人间词话》为最精到。"

王国维是我国近代成就最高的国学大师，他早年学习了西方美学，尤其是德国著名哲学家叔本华和尼采的美学，他试图在中国旧有的文学理论中加入西方的美学和文学理论，从而创造出一种全新的美学和文学理论。《人间词话》就是这样的尝试。

在形式上，《人间词话》跟中国古代的诗词并没有什么太大的差别，但它的理论体系却已有了很大的改变。《人间词话》最大的贡献就是提出了境界说。王国维认为，"境界"是诗人和词人创作的原则，也是评价文学应该遵循的标准。王国维根据自己独特的文艺观，将艺术境界划分为三种基本形态："上焉者，意与境浑；其次，或以境胜；或以意胜。"不过，最出名的还是他境界这个形态，也影响力最广的论断，同时还是关于"治学三境界"的论断，即"昨夜西风凋碧树。独上高楼，望尽天涯路。"；"衣带渐宽终不悔，为伊消得人憔悴。"；"众里寻他千百度，蓦然回首，那人却在，灯火阑珊处。"这三句都是宋词中的佳句，王国维用它们来表现治学的三重境界，即悬思、苦索、顿悟。

关汉卿《窦娥冤》是一个什么样的故事

《窦娥冤》全称《感天动地窦娥冤》，是我国古代悲剧的代表作，出自古代最杰出的戏剧大师关汉卿。

《窦娥冤》的剧情来自于《列女传》中的《东海孝妇》。不过，关汉卿并不是像《列女传》的作者刘向那样去歌颂为东海孝妇平反的于公。作者以自己所处时代背景为前提，巧妙地用这段故事，真实而深刻地反映了在蒙古人统治下，极端黑暗和残酷的社会现实。

窦天章无力偿还欠下蔡婆婆的高利贷，便将自己的女儿窦娥给蔡家做童养媳。不久后，窦娥的丈夫因病去世，窦娥便与婆婆相依为命。一天，蔡婆婆去向赛卢医讨债，差点就被赛卢医杀害，这一幕恰好被张驴儿和他的父亲撞见。张驴儿便以此为借口，要和父亲一起入赘蔡家。窦娥不愿意，张驴儿就买来砒霜，想要毒死蔡婆婆，威胁窦娥改嫁。阴差阳错，他把自己的父亲毒死了。张驴儿便将此事嫁祸于窦娥。主审官员威胁窦娥，她若不肯承认便要打死蔡婆婆，窦娥只好招认。临死前，窦娥许下三桩誓愿——血溅白绫，六月飘雪，大旱三年，以此来证明她的冤屈。结果，这三个誓愿都一一应验。窦娥的父亲窦天章中举之后，梦见窦娥的鬼魂叫冤，便对此案进行重新审理，为窦娥昭雪。

在艺术上，《窦娥冤》已经出现将现实主义和浪漫主义融合的趋势。关汉卿凭借自己丰富的想象，采用夸张的手法显示出正义的强大力量，同时也反映了人们希望伸张正义的愿望。这部作品的语言通俗自然，朴实生动，精练优美，是不可多得的佳作。

《琵琶记》主要讲了什么内容

《琵琶记》是元代著名的戏曲之一，出自著名戏剧家高明。高明字则诚，号菜根道人，元末明初人，四十岁左右中了进士，曾在杭州等地作过小官。后来隐居于宁波城东的栎社镇，就在这段时间里，《琵琶记》问世。他创作的剧本除《琵琶记》外，还有《闵子骞单衣记》，但没有被保留下来。

《琵琶记》写的是汉代书生蔡伯喈和赵五娘之间悲欢离合的爱情故事。故事源自于民间南戏《赵贞女》，不过，作者在创作的时候，将原故事中背亲弃妇的蔡伯喈写成了一个全忠全孝的典型。书生蔡伯喈在和赵五娘结婚后，便不再想其他的事，整日沉溺于幸福之中。他的父亲不同意他这样下去，便逼着他进京参加科举考试。结果，在他考中状元后，牛丞相强行将女儿许配给他。他一直在外做官，并不知道父母皆因饥荒而逝。他非常思念自己的父母和妻子，就要辞官回家，但并没有得到朝廷的批准。赵五娘见丈夫离家不归，便一路行乞去京城寻找丈夫。皇天不负有心人，终于她找到了自己的丈夫，最后故事圆满结局。这部剧在反映古代忠孝两难全的道德困境的同时，也对一些读书人考取功名就攀附权贵、背信弃义等行为进行了强烈的谴责。

《琵琶记》在我国文学史上有着崇高的地位，在民间创作的基础上，高明将戏文的剧本创作提高到一个新的水平。在戏剧发展史上高明的地位就和关汉卿在元杂剧发展史上的地位一样崇高。《琵琶记》在艺术上所取得的成就，不仅对当时的剧坛影响深刻，而且也为后期明清传奇开辟了道路。因此，文学家一直将高明称为"南戏之祖"。

《西厢记》和《莺莺传》有什么不同

自古以来，我们文学史上歌颂爱情的动人篇章有很多。在众多的作品中，《西厢记》被认为是最成功的一部，有"《西厢记》天下夺魁"的美誉。

《西厢记》全名《崔莺莺待月西厢记》。相传，唐朝大诗人元稹在很早的时候父亲就去世了，被邻村崔庄一个大户人家收留。那家有一个女儿叫崔小迎，她和元稹青梅竹马，两小无猜。小迎十岁那年，父亲去烟粉作坊做工，举家搬迁。元稹也跟着一同前往，他们曾在竹林里拜过天地，亲密无间。元稹15岁的时候考中了明经，两人便私订终身。不久之后，元稹进京赶考，太子少保韦夏卿对其极为赏识，便将自己的女儿嫁给了他。元稹的妻子去世后，他曾经多次回家寻找小迎，但都没有下落。后来，元稹将这个故事记录下来，便有了《莺莺传》，张生对崔莺莺始乱终弃，作者却说莺莺是"尤物"、"妖孽"。著名小说史研究专家在《中国小说史略》中对元稹提出了尖锐的批评，说："篇末文过饰非，遂堕恶趣。"

著名戏曲大师王实甫根据元稹的《莺莺传》写成了《西厢记》。不过，作者在创作时大力丰富了故事情节，并对莺莺的才气大力称赞，肯定和赞扬了她对于爱情的勇敢追求。这些，都是原作《莺莺传》无法匹敌的。王实甫对青年男女彼此间的爱慕和渴求非常肯定，在他的笔下，爱情中张生和崔莺莺所处的地位是完全平等的。他们并肩共同对抗那些反对他们结合的势力。全剧以张生和莺莺团圆的美好结局收场，极大程度上满足了国人"有情人终成眷属"的心理。

《西厢记》文辞华丽优美，富有诗意，每支曲子都是一首美妙的抒情诗。它是我国古典戏剧的杰作，对后来以爱情为题材的小说和戏剧创作都影响深远。

《牡丹亭》讲的是什么故事

《牡丹亭》全名《牡丹亭还魂记》，是明代著名戏曲家汤显祖的代表作。《牡丹亭》共55出，写的是杜丽娘和书生柳梦梅的爱情故事，跟《紫钗记》《南柯记》《邯郸记》合称"临川四梦"。

《牡丹亭》是我国戏曲史上的浪漫主义杰作。贫寒书生柳梦梅在梦里和一个女子有姻缘，并时常想念她。南安太守杜宝有个女儿叫丽娘，出落得亭亭玉立，跟随陈最良读书。丽娘在花园中散步，因为《诗经·关雎》而伤春，朦胧中看到一个书生前来求爱。于是他们便在牡丹亭畔幽会。杜丽娘因此茶饭不思，一病不起。她在临死前要求母亲将她葬在花园的梅树下，又让丫鬟春香在太湖石底藏上自己的画像。三年后，柳梦梅进京赶考，恰巧借宿在杜丽娘下葬的地方，机缘巧合杜丽娘的画像被他看到后，这才知道原来他的梦中情人便是这画像上的女子。柳梦梅掘墓开棺，杜丽娘起死回生，两人结为夫妻。柳梦梅因破坏杜丽娘的坟墓，刚到京城就被杜宝囚禁起来。不久后发榜，柳梦梅高中状元。在清楚了事情的前因后果后，杜宝依然不承认他们的婚事，而强迫他们离婚。这件事情最终闹到皇帝那里，皇帝对他们的爱情很支持，就下旨赐婚。柳梦梅和杜丽娘经历生死之恋后，终成眷属。

《牡丹亭》是我国戏曲史上最杰出的作品之一，与《西厢记》《窦娥冤》《长生殿》合称中国四大古典戏剧。《牡丹亭》文辞典雅，语言秀丽，是难得的佳作。明朝人沈德符曾这样评价："汤义仍《牡丹亭梦》一出，家传户诵，几令《西厢》减价。"汤显祖也尤为看重这部作品，他说："一生四梦（即临川四梦），得意处惟在牡丹。"

《长生殿》讲了什么故事

《长生殿》是"清代戏曲双璧"之一,由清朝初年著名戏曲家洪升用时十多年才完成,写成之后,又仔细修改了三次。成书之初叫《沉香亭》,第二遍修改的时候改称《舞霓裳》,第三次定稿的时候才正式定名为《长生殿》。

《长生殿》写的是唐明皇和杨贵妃的爱情故事,一共50出,大概内容是:唐玄宗在刚当上皇帝的时候励精图治,国势强盛,但很快就纵情于声色之中。一天,他发现自己的儿媳妇杨玉环才貌出众,就册封其为贵妃。她的家人也因其册封得到了不同程度的赏赐。不久之后,唐明皇与杨贵妃游幸曲江,虢国夫人随驾,虢国夫人不施铅华的淡雅深深打动了唐明皇,于是便宠幸了她。杨贵妃对此很吃醋,言语间顶撞了唐明皇。明皇一气之下就将她送归相府。最终在高力士的撮合下,他们破镜重圆,甚至恩爱更胜从前。安禄山贿赂杨贵妃的堂哥杨国忠,从而当上了节度使的高官。安禄山做了节度使之后,四处招兵买马。杨国忠昏聩,认定安禄山会造反,为证明他的先见之明,他开始逼迫安禄山造反。安禄山被逼无奈起兵造反。很快叛军将潼关攻破,唐玄宗只好携杨贵妃西逃。在逃跑的途中,愤怒的军士一致要求处死杨国忠。玄宗无奈只得同意。但处死杨国忠后士兵们的怒气仍没有平息,要求继续处死杨贵妃。玄宗只好含泪让杨贵妃自缢。之后,唐明皇日夜思念杨妃。

临邛道士杨通幽奉旨作法,找到杨玉环幽魂。每一年的八月十五日晚上,杨通便指引唐明皇的魂魄来到月宫与杨贵妃相会。他们的爱情感动了玉帝,于是就让他们结为夫妻永远住在了天上。

《金瓶梅》的作者兰陵笑笑生到底是谁

有我国"第一奇书"美誉的《金瓶梅》，它的作者兰陵笑笑生的真实身份，一直众说纷纭。至今为止，仍是一个不解的谜团。

在众多的猜疑之中，以下五种较有影响力。

第一种说法认为他就是著名文学家王世贞。《万历野获编》是最早提出王世贞作《金瓶梅》的这一说法的。清朝过半的研究者都认为兰陵笑笑生就是王世贞。不过，这一说法在20世纪30年代遭到鲁迅、吴晗、郑振铎等人的质疑。

第二种说法认为是嘉靖年间的大名士贾三近，这一说法是该书的研究专家张远芬提出的。他提出了十条证据，如贾三近是正三品大官，他的阅历足可创作《金瓶梅》等等。

第三种说法认为是屠隆，是由现代著名研究专家黄霖提出的。他提出了七条证据，如小说第56回的《哀头巾诗》《祭头巾文》都出自屠隆的作品《开卷一笑》；又如屠龙家境富有，因为科举失意，就沉迷于风月场上，最后染上梅毒病死，这和主人公西门庆非常相似等等。

第四种说法认为是李开先，提出者是徐朔方，他也提出了几条证据，如李开先是山东人，又做过京官，而且才华横溢，符合《金瓶梅》的作者的条件；又如其中有部分文字可以在李开先的其他作品中找到等等。

第五种说法认为是明朝著名才子徐渭，这一说法是由明清时期著名散文家袁中道提出的。著名学者潘承玉对这一说法进行了全面而系统的论证。他经过考证之后，认定作者只可能是生活在嘉靖、隆庆和万历三朝的绍兴人，且必须擅长写应用文。综合以上这些论点，只有徐渭符合条件。

这五种说法都有一定的道理，但是谁都没有确凿的证据证明，因此，兰陵笑笑生的身份直到现在仍是一个谜。

《老残游记》的主题思想是什么

《老残游记》出自清末著名文学家刘鹗，是其代表作之一，该书被鲁迅先生评为晚清四大"谴责小说"之一。《老残游记》的主题思想就是——谴责。出版发行之后产生了巨大的反响，先后被翻译成多国文字，流传非常广泛。

《老残游记》共 20 回，写了一个被人称做老残的江湖医生铁英在游历中的所见所闻。老残浪迹江湖，以行医为生，甘于淡漠不愿入仕。虽然他只是一个江湖医生，但他无时无刻不在关心国家和民族的命运。他是非分明，侠肝义胆，会在别人需要帮助的时候，尽自己最大努力施以援助。跟随着他的足迹，可以清楚地再现当时清朝末年山东一带的生活状态。

当时，封建官僚无恶不作，为了利益不择手段，草菅人命。作者在痛斥那些鱼肉百姓的贪官的同时也将笔锋对准"清官"。作者认为，"赃官可恨，人人知之。清官尤可恨，人多不知。盖赃官自知有病，不敢公然为非；清官则自以为不要钱，何所不可？刚愎自用，小则杀人，大则误国，吾人亲目所见，不知凡几矣"。他的这种看法也是相当难得的。他是我国文学史上第一个揭露"清官"暴政的作家。

《老残游记》问世以后，便受到人们的追捧，甚至是一些名家也对其尤为喜爱。鲁迅先生曾在经典名著《中国小说史略》中多次称赞这部书，说它"叙景状物，时有可观"。

第八章 正本清源

汉字是谁创造的？汉字什么时候从竖写变成"横写"？陈世美真的是负心郎吗？本章就对历史上的一些"冤假错案"进行"平反"，以正本清源，还历史真相。

汉字是由仓颉创造的吗

据《吕氏春秋通诠·审分览·君守》记载：仓颉，姓侯冈。相传汉字的创造者是黄帝时的史官仓颉，他曾把流传于先民中的文字加以搜集、整理和使用，在汉字创造的过程中起到了至关重要的作用。但根据目前的研究得知，这一说法并不真实，汉字绝非由仓颉一人所创，但他可能是汉字的整理者，所以后人尊称他为"造字圣人"。

传说他首创的"鸟迹书"震惊尘寰，可以称得上是人文始祖。黄帝对他的伟大功绩十分认可，赐以"仓"姓，意为君上一人，人下一君。传说玉帝为奖励其造字的功德，特赐给人间一场谷子雨，就是现在的"谷雨"节气。现在仍有很多地方，在"谷雨"节气当天会祭仓颉。仓颉去世后，当地百姓把庙宇修建在他的墓葬附近，并将村庄取名"史官村"。

竖写的汉字何时开始"横行"

古代人们主要是在竹简和木简上书写材料，竹简狭长，写好后用绳子穿起来，可以左右卷展。因为竹简是竖向的，所以只能竖写。同时，大多都用毛笔从上往下写，这样比较方便，逐渐就形成了向左换行、从右往左书写的顺序格式。后来发明了纸张，但是人们已经习惯了这种书写方式，便将其沿用下来。

直到清朝末年，外国的许多文化陆续传到中国，一些学者和名流提倡学习西洋文化，倡导使用拼音文字。这样，阿拉伯数字、标点符号等经常在汉文中被引用，但这样一来竖写就显得特别别扭。人们逐渐意识到竖写汉字非常不方便，而西方从左到右"横行"的方式更符合阅读习惯。

"壹、贰、叁"等大写数目字，本意就是指数字吗

在汉字里数字是区分大小写的，"一二三四五六七八九十"是小写，"壹贰叁肆伍陆柒捌玖拾"是大写。小写的数字容易识别也容易辨识，但也容易被更改，人们用读音相同的汉字的大写来代替，这样就避免了小写的弊端，可作为记账和债务的专用数字。

这几个大写数字原意指的并不是数目的多少，"壹"的本意是专一，"贰"的本意是背叛和变节，"叁"是参字的另一种写法，本意有"加入"和"谒见"的意思。"肆"的本意是任意妄为，"伍"源于古代的"五人为伍"的说法，"陆"的本意是指高出水面且地势平坦的土地，"柒"的本意是漆树或漆料，"捌"源于"有齿为耙，无齿为捌"，"玖"的本意是黑色的美石，"拾"的本意是把东西捡起来。

打败仗为什么被称作"败北"

古代将战败称为"败北"。"北"本意是"背"或"相背"，是一个象形字，在甲骨文中，"北"字是两个人背向而坐的形状，由此可以看出这个字原有"背对背"的意思。

东汉许慎《说文解字》记载："北，背也，二人相背。"古时两军作战，打了败仗后逃跑的一方总是背对着胜利的一方，因此"北"这个字便有了失败的含义。"败北"就是背敌而逃，不管逃的方向是什么都叫"败北"。

秦汉以后，"败北"的意思得到延伸，不仅用来指军事失败，也将办事失利称为"败北"。在现代汉语中，"败北"还用来泛指在各种竞争、竞赛中失败。

"博士"最早是个官名吗

博士最早在战国时期作为官名出现。据《汉书·百官公卿表上》记载:"博士,秦官,掌通古今。"这里的博士是指那些学问高深、博古通今的人。秦代至汉代,博士的主要职责是掌管图书,通晓古今史事,以备顾问。汉代博士为太常属官,属于政府里的高级官员,主要是负责教授弟子,管理和礼仪相关的事项。

西汉和东汉以前,一般按照一定的标准采取征拜和荐举的办法来选用博士,如《汉书·成帝经》中记载,博士须是"明于古今,温故知新,通达国体"之人。到了东汉必须通过考试方可任命博士,只有精通《易》《书》《孝经》《论语》的人,才能被荐举为博士。

孔庙为什么称文庙

孔子作为我国古代伟大的思想家、教育家,是儒家思想的奠基人。孔庙即供奉和祭祀孔子的地方,也称"文庙"。在孔子死后的两千多年里,尤其是建立开科取士制度之后,历代王朝开始尊崇孔子,并且这种风气越来越浓厚。称孔子为"至圣至尊,万世师表",几乎达到了登峰造极的地步。于是全国各地到处都在修建孔庙,以表达对孔子的尊崇之情。其中规模最大的是曲阜孔庙大成殿。

唐开始将文庙作为孔庙的别称。唐玄宗于开元二十七年(739年)封孔子为文宣王,因此,孔庙被称为文宣王庙。明永乐年间,多数武庙都建在文宣王庙旁边,于是民间就把与武圣人并列的文圣人孔子的庙,称为文庙。除此之外,孔庙还有至圣庙、宣圣庙、夫子庙、先师庙等别称。

"拖油瓶"到底是指什么

旧社会妇女改嫁，若是带着前夫所生的孩子，那这个孩子就被称为"拖油瓶"。这种叫法有一定的贬义或歧视性意味。很多人不明白为什么会出现这样一个奇怪的称呼。实际上这个说法是以讹传讹，本来正确的说法是"拖有病"，而不是"拖油瓶"。

一般来说，通常都是家境不好的男性才娶寡妇为妻。尤其是旧社会天灾人祸时常发生，一旦寡妇带来的孩子出现什么意外，就会引来前夫亲属的责难。后夫为避免这类纠葛，娶寡妇做妻子时，会请人写一字据说明其带来的孩子之前就已经有什么病，若今后有什么不测与后夫无关。因而人们就把再嫁妇女的子女称为"拖有病"。由于"拖有病"与"拖油瓶"发音相近，后来就被人传为"拖油瓶"。

不过，旧社会推崇从一而终，倡导女性在丈夫死后也要守节不得改嫁，所以即便是继父接纳了"拖油瓶"，但人们都会瞧不起这对新结合的夫妇，"拖油瓶"带有歧视性意味自然也就不难理解了。当然，这种观念也随着社会的进步而不断发生变化。

古时已有"走后门"

"走后门"一词出自北宋年间，跟蔡京有关。

宋徽宗即位后，升蔡京为宰相，但他心胸狭窄，刚上任就拼命贬斥哲宗朝的旧吏，并规定前朝的官员，其子女不得为官和入京，甚至连其诗文也不准流传。人们对他这一做法强烈不满，民间对此也多有讥嘲。

在一次朝廷宴会上，请艺人们前来演出，聪明的艺人借机演了这样一幕戏：一个大官坐于公堂之上，传判各事。有个和尚要求离京出游，可由于所持的戒牒是哲宗年间的，被判令还俗；一个道士遗失了度牒请求补发，但由于他出家于哲宗年间，所以立即被责令脱下道袍，复为百姓。这时，一个属官上前低声问道："今国库发下了一千贯俸钱,皆为旧朝钱文,该如何处置?"这个大官沉思后低声说道:"那就走后门,从后门搬进来吧!"

其中"走后门"一词既有对蔡京所作所为的嘲弄,也有对官家牟取私利的讽刺。后来,这个词经过多次延伸,直到现在常用来比喻通过托熟人、拉关系、送礼行贿等不正当手段或途径,来达到某种目的或者获取某种不当利益,特别指一种人情关系。

"万岁"指的就是皇帝吗

皇帝早朝的场面经常出现在古装剧里面,只见文武百官跪下,连声高呼"万岁、万岁、万万岁"。所以,人们很自然地认为"万岁"就是指皇帝。其实,这是不正确的,因为,从根本上来说,"万岁"一词的产生与皇帝并没有关系。

"万岁"这一词是在西周后出现的,但之前有"万年无疆"、"万寿"的记载,但它并不是用来称赞天子,纯粹是一种行文的款式,这种款式也可以刻在铸鼎上。从战国到汉武帝之前,"万岁"这个词也时常出现,但也不是帝王专用。这个时期,"万岁"分为两种用法:一是说死期,二是表示欢呼。到汉武帝时,"罢黜百家,独尊儒术",儒家为了表达对皇帝的尊敬,把"万岁"专用于皇帝一人。自此"万岁"便成了皇帝的代名词,只有皇帝才能称为"万岁"。

而历史剧中朝拜皇帝的场面,每次大臣高呼"万岁、万岁、万万岁",这种"三呼万岁"的叫法也是不符合史实的。《汉书·武帝本纪》记载:元封元年春,武帝登临嵩山,随从的吏卒们听到了山中隐隐传来了三声高呼万岁的声音。现在从科学的角度来看,这很可能是山中回音,可统治者将其看作是"祥瑞之兆"。并把"山呼万岁"定为臣子朝见皇帝的礼仪,称作"山呼"。《元史·礼乐志》里对"山呼"的具体仪式有详细的记载:凡臣子朝见皇帝时,要跪左膝,掌管朝见的司仪官高喊"山呼",众臣叩头并应和:"万岁!"司仪官再喊"山呼",臣子像前次一样,继续应和:"万岁!"最后司仪官高喊:"再山呼!"朝见的人再叩头,第三次应和说:"万万岁!"

如此可见,"万岁"原本不是指皇帝,而"三呼万岁"本应为"山呼万岁"。

陈世美真的是负心郎吗

戏曲《铡美案》将"陈世美"的形象刻画得淋漓尽致，因此此人被世人所熟知。在剧中陈世美欺君罔上，抛父弃母，杀妻灭子，丧尽天良，禽兽不如，最后被包拯处决，陈世美也因此成为一种耻辱的象征。

但是，真实的陈世美并不是这个样子的，据《均州志·进士篇》和《湖北历史人物辞典》记载：陈世美又名陈年谷、熟美，均州（即十堰丹江口市）人，出身官宦之家。顺治八年（1651年）辛酉科进士，康熙帝极其赏识他的才华，将其任命为贵州省分守思仁府兼石道按察使，兼布政司参政。陈世美生性热情好客，在贵州当官时经常接待来谋取官职的同乡同学。谁知后来就连不认识的也来投奔，陈世美本就公务繁忙，他也疲于应付这些琐事，索性就嘱咐管家一律谢绝。有两个士子与陈世美是老乡，曾一同进京赶考，在陈世美困难的时候，曾以钱物相助过。但这些陈世美的管家并不知情，只是听从主人的嘱咐，直接回绝。所以导致这两个人心生报复，一气之下便将社会上一些升官发财、忘恩负义、抛妻弃子之事全部捏造在一起嫁祸给陈世美，并编成戏曲《铡美案》在各地演出。

据传，清代末期有剧团在均州演出此戏时，陈世美的后人组织族中众人，砸了剧团的衣箱，殴打演员使得演出被迫停止。据说，在当地仍有"北门街不唱陈世美，秦家楼不唱秦香莲"的俗话。

而《铡美案》属于戏曲的一个不得已的发展。当时《秦香莲》演出后收到了非常好的效果，看戏的人络绎不绝，看后更是骂声载道。据说每次演出结束后观众仍不肯离去，要求"杀了陈世美"。掌班的为了讨好观众便顺应观众的要求，让宋朝的包拯斩了清朝的陈世美。

就这样陈世美负心汉的形象就这样出现在戏曲里了，可见其有多冤枉！

潘美真的是奸臣吗

在传统剧目《杨家将》中，潘美卖国求荣、陷害忠良，将一个大奸大恶的形象展示得淋漓尽致，与南宋的秦桧不相上下。

但是，历史上潘美的形象却不是这样的。

据《宋史》记载：潘美生于925年，卒于991年，是大宋王朝的开国名将。潘美行伍出身，直接参与了拥立赵匡胤称帝的陈桥兵变。潘美深得赵匡胤的信任，在他对开国诸将杯酒释兵权中，只有潘美一人的兵权未被解除。其后，潘美南征北战，为宋王朝立下了汗马功劳。

潘美之所以被冤枉是因为杨业。宋太宗雍熙三年（986年），辽军大举入侵北宋，宋军兵分东西两路迎击敌人，与辽兵在朔州交战。东路有名将曹彬统帅，西路以潘美为主、杨业为副，又以军机库使刘文裕为护军王。

在这几人中，护军王身份特殊，有直接向皇帝上书的特权，是皇帝安插在边关的耳目，担负着为朝廷提供军情的重任，统帅对他也礼让三分。而杨业原是辽国大将，后来才归降大宋。即便是取得了很多战绩，但也一直受到排挤和蔑视。

护军王刘文裕心胸狭窄，且一直急功近利，不顾敌我力量悬殊，令副帅杨业进军，杨业明知出兵必败却不敢违抗军令。潘美权力有限，只能装聋作哑，任由杨业出战。

后来杨业果然战败，且被抓为俘虏绝食三日后身亡。但在国人眼中杨业是以身殉国，所以成了全国闻名的悲剧英雄，成为人们讴歌的对象。而潘美却阴错阳差成为陷害杨业不折不扣的小人。

至今在河南省开封市仍有两个湖，一清一浊，清者被人唤作"杨家湖"，浊者被唤作"潘家湖"。可见，历史有时也会犯糊涂，显得不近人情。

包拯真的是丞相吗

在传统戏剧和一些影视剧中，经常将包公称为"包相爷"。而真实的历史中，包拯从未做过宰相。

在中国古代的政治体制中，宰相制度是联结政治制度各部分的中心环节，一直居于核心地位。

而包拯处于宋代，当时正是宰相制度的调整期，同时设立有正副宰相，或者多相并行以分散权力，但一直都没有一个固定的编制。北宋前期，副宰相被称为"参政知事"，其存在的目的就是为了分散正宰相的权力，所以和正宰相享有同等的权力。宋太宗后，一相四参或两相两参是常有之事。但不管怎样调整，存在于皇权和相权之间的矛盾永远是不可调和的。所以，在宋朝，宰相一职对文武百官来说犹如鸡肋，食之无味且有风险，弃之又心有不甘。

包拯是北宋天圣五年进士，他曾七次上书弹奏江西转运使王逵，并严厉批评宋朝的任官制度，引起朝野上的一时轰动。嘉祐元年（1056年）十二月，包拯被朝廷任命为开封府权知。他上任不到一年，便把开封府治理得井井有条，深得百姓的拥戴和敬仰。宋嘉祐六年（1061年），他被提升至枢密副使。次年五月病逝。因此，枢密副使是包拯担任过最高的行政职务，也就是枢密院的副长官，而不是丞相。

唐伯虎未曾点秋香

明代的唐伯虎在我国民间是一个非常有名的人物，几乎人人皆知。民间流传着他很多有趣的传说，其中最为离奇、流传最广的当属唐伯虎"三笑点秋香"。受弹词说唱和影视剧宣传的影响，唐伯虎在人们心中是一个爱拈花惹草的风流家伙。

历史上真实的唐伯虎确实是一名才子，曾有过三段婚史，却并非风流之人。

唐伯虎是明代人，因其在寅年寅时出生，寅为虎，故得名伯虎。他从小就很聪明，非常擅长诗画，16岁中秀才，19岁娶徐氏。但是几年后父母及妻子接连病故，使他深受打击。在这种情况下，他发愤苦读，在乡试中名列榜首。自此，"解元公唐伯虎"一时名遍南京城。唐伯虎27岁时续弦，娶妻何氏。后来，进京考进士因其才能遭到同乡人的妒忌，被诬告行贿主考官，被押入大牢，几番周折才获释。何氏见他做官无望便离他而去。在唐伯虎深陷囹圄之时，有一位名叫九娘的青楼女子一直周济帮助他。出狱后，唐伯虎便娶了九娘为妻，远离官场，潜心作画，成为丹青高手。

清代学者俞樾曾在《茶香室丛钞》中就为唐伯虎做证，断定传说中的"唐伯虎点秋香"是好事者把别人的事转在他的名下。也有人考证过历史上秋香这个人确实是存在的，只是比唐伯虎大二十岁，是当时南京一个小有名气的青楼妓女，唐伯虎似乎不大可能会与她有牵连。所以，历史上唐伯虎"点秋香"的艳遇也许根本就是不存在的。

至于说"唐伯虎有九个妻妾"，他最后娶的妻子名为"沈九娘"，很可能这个传说就是从这个名字上以讹传讹而来的。当时唐伯虎贫困交加，怎么可能有九个妻妾？

陈子昂成名靠炒作

近年来，"炒作"极其火热，手段和方法也日新月异。很多人都以为"炒作"这一词是近来才出现的。但实际上，"炒作"这一行为自古有之，而且古人在自我炒作方面不比后人逊色多少，例如陈子昂，他就是靠炒作才使自己小有名气。

据唐朝李亢《独异志》中所载，陈子昂在四川老家时，还是一个无名小子，但他对未来充满希望，便带着满腔热情来到长安。谁知，在长安待了十年，即便他满腹经纶，但苦于无人赏识，所以一直默默无闻，不为世人所知。一天，他看见有人在街头出售胡琴，胡琴质量一般，但卖得非常贵。前来看热闹的人很多，但因为大家都没人知道胡琴的价值，所以一直无人购买。陈子昂灵机一动，把那把胡琴以很高的价格买回家中，并到处宣称自己精通胡琴，并说自己将择吉日在家里演奏，希望众人都前来捧场。

吉日已到，很多人都来了，陈子昂当场发表演说。他说："我陈子昂在京城住了十几年，创作了那么多诗文，却一直无人问津，而对这把胡琴，你们却青眼有加。这把胡琴质量很一般，只是下等乐工所制，我怎么会将它放在心上？"说着，陈子昂将高价购买的胡琴狠狠地摔在地上，胡琴当场断裂。当时就把众人给惊呆了，此时陈子昂将自己的文章"遍赠会者"。结果可想而知："会既散，一日之内，声华溢都。"作品《登幽州台歌》更是一夜走红，被人广为传阅。

陈子昂的这次自我炒作算是炒作中的典范，很快他的才华便被人熟知。不久之后，他被建安王聘为记室，后来又做了拾遗。当然，陈子昂自身的才华和素养对他能一日炒作成功起到了决定性作用，因为"打铁还要自身硬"。

孔明真的草船借箭

诸葛亮，字孔明，三国时期杰出的政治家、思想家、军事家和谋略家。《三国演义》中对诸葛亮相关事迹有非常精彩的描述，其中"草船借箭"便是其中之一。然而历史中，真正"草船借箭"的是孙权而不是诸葛亮。

在《三国演义》中，诸葛亮借助大雾天气，把二十只战船开到曹军寨前擂鼓呐喊，曹操不敢轻举妄动怕惨遭埋伏，便派弓弩手放箭。结果，诸葛亮轻而易举便得到了十万多支箭，大挫曹操的军事力量。《三国演义》作为一部历史小说，在对突出诸葛亮性格、品德、功业等方面作出大量描述外，但又过于夸张地把诸葛亮神化成一个半人半神的形象。

据《三国志》记载，建安十八年（213年），孙权与曹操两军在对峙一个多月后仍没有分出胜负。一天，为了观察曹军动静，"权乘大船来观军，公（曹操）使弓弩乱发，箭着其船，船偏重将覆，权因回船，复以一面受箭，箭均船平，乃还。"说的是曹操胡乱把一些箭全部射在了孙权的船上，孙权刚开始并未想到船身会中这么多箭，以至于差点就失去平衡，于是他急中生智，便有了"草船借箭"这一典故。

罗贯中为了突出诸葛亮的智慧、智谋，便把孙权"草船借箭"这一故事转移到诸葛亮身上。因为《三国演义》被广大百姓所熟知，而对《三国志》较为陌生，因此"草船借箭"的主角便成了诸葛亮。

"胎教"自古就有

很多人觉得"胎教"是个新词，属于新生事物。然而，我国古代其实就有非常完整的胎教理论，而且我国是世界上最早提出胎教的国家。

两千多年前的《黄帝内经》就有关于"胎病"的论述。《大戴礼记·保傅》对于胎教作出了更为明确的描述："古者胎教，王后腹之七月，而就宴室。太史持铜而御户左，太宰持斗而御户右。比及三月者，王后所求声音非礼乐，则太师瑟而称不习；所求滋味者非正味，则太宰倚斗而言曰：不敢以待王太子。"这段话的意思是说，皇后怀孩子七个月时，就要搬出自己的寝宫住在别的宫里，不该看的东西不看，不该听的东西不听，所听音乐和所嗜口味等，都要有所节制。

据《史记》记载，周文王的母亲太任是历史上第一个对孩子进行胎教的人，周文王出生后非常聪明，很可能就是胎教的原因。文王的孙子周成王也接受过胎教，长大后也是智力超常。周朝就这样用胎教的方法来培养接班人。到了汉代，关于胎教的内容在很多书籍中出现，胎教学说初步形成。宋代名医陈自明在《妇人大全良方》中就有专门的"胎教论"。贾谊《新书》也有专门的《胎教》篇。胎教学说在明代得到进一步完善和发展。清代陈梦雷等人把历代的胎教学说汇集一起，立为"小儿未生胎养门"。

古人还曾这样总结过："训子须从胎教始，端蒙必自小学初。"可见，"胎教"自古就有，并不是什么新鲜事物了。

"出家"并非易事

很多人认为"出家"是件很简单的事情，只要把头发剃光，换上袈裟，便是皈依佛门了。但真正的"出家"其实很难。

古语有这样一句话："出家乃大丈夫事也，非王侯将相所能为也！"意思是说，"出家"是大丈夫的事情，即便是将军宰相也未必能做得到。这句话似乎过于夸张，因为将军可以凭武功平定贼寇祸乱，保卫国家；宰相可以凭其文才学识治理政务，使国家太平。将相几乎掌握着天下的大事，怎么偏偏"出家"例外呢？之所以说"出家"难，是有原因的。

在古代，即便一个人有强烈的出家愿望，还必须持有度牒才能"出家"。度牒是官府发放的，是证明僧尼合法身份的凭证，是被朝廷认可的出家资格证明。度牒一般由尚书省下的祠部颁发，故亦称"祠部牒"。

度牒上一般会写明所度僧尼的法名、俗名、身份（指明童子或行者及其职衔）、籍贯、年龄、所住或请住持寺院（入何寺院名籍）、所诵经典、师名等，并有祠部的批文、签署日期和官署名等。僧尼有了度牒身份才算合法，才能算得上一个正规僧人。留居本寺或行游其他地方便不会遭受刁难，可免赋税和劳役、兵役等义务，受到政府的保护。

得到一本度牒绝非易事。历代官府为了增加国库收入，不会无偿发放度牒，一般会明码标价出售度牒，因此需要很大一笔钱才能买到它，钱少是不能够"出家"的。在宋代，有一段时间，度牒曾被停止印发，这样得到它就更难了。

即使在现在，"出家"也并非易事，是一件非常严肃郑重的事情，除了发心纯正外，还有一大堆的条件限制。

太监不等于宦官

说起"宦官"很多人会联想到"太监"。把两者当成一回事，这是一种常见的误解。因为在清朝之前，"宦官"和"太监"这两个概念的区别还是很大的。

首先，从出现的时间上来看。"宦官"一词早在战国时期就已经出现，而直到辽代，才有"太监"的说法。

宦官制度在历史上形成得较早。《周礼》《礼记》中对宦官都有相关的记载。周王朝及各诸侯国大都设置了宦官。当时担任宦官的大多都是处以宫刑的罪人，或是从民间百姓的年幼子弟中挑选出来的。

宦官含有"官"的成分，应包括臣隶及仕官在内，人们常说的"宦海、宦途"，仍旧是自"官"而言的。大约在秦汉之后，才将宫中阉人专称为宦官或宦者。

其次，战国时期的宦官可以不是阉人，而东汉以后宦官开始从"阉人"中挑选，所谓宦官"悉用阉人"。在明朝以后宦官和太监才有了联系。在古代，太监原本是一种官职的名称。到了唐宋时期，朝廷中仍有太监这一官位，所任者也并非都是阉人。明代在宫廷中设置了由宦官所领的二十四衙门，各设掌印太监，是宫廷中的上层宦官。此后，太监才逐渐成为带有尊敬色彩的通称。所以，在大明王朝，太监是高级宦官，而且必须从宦官中挑选，而宦官却未必都是太监，宦官通常受太监的管束。发展到了清朝，太监和宦官才开始互用。

"倒霉"原来是"倒楣"

现在我们用来形容运气不好时就会说"倒霉"，也就是遇到了让人感觉窝囊的事情。但"倒霉"中的"霉"是怎么来的呢？实际上，"倒霉"应该是"倒楣"。

大约在明朝后期就出现了"倒楣"一词。明朝沿袭自隋唐以来的科举取士制度，科举是当时读书人唯一的出路。所以,科场内竞争也越来越激烈。虽然明朝的监考制度相对完善,但也无法阻止作弊的行为。读书人要想在科举考试中取得成绩就显得更加艰难。在这种背景下,有考生的家庭为了求吉利,同时为了给考生心理上的安慰,会在考试之前,把一根旗杆竖在自己家门前,以此来给考生加油鼓励,这根旗杆就被称为"楣"。

按照当时的惯例,揭榜那天,榜上有名的家门前旗杆便可以照竖不误;若是考场失利,自然会把自家门前的旗杆撤去或者放倒,叫作"倒楣"。后来,"倒楣"一词便广泛在口语和书面语中使用,且一直被沿用到现在。不过随着语言的不断发展和演化,人们常把"倒楣"写作"倒霉",慢慢地也就习惯后面的写法了。

"碑"和"丰碑"是一回事吗

"碑"和"丰碑"有很大的差别,绝不是一回事。

将没有文字的竖石或桩称作碑。在古代,碑的作用主要有以下三种:一是立于宫庙前,用来"观日影、辨时刻";二是竖于宫庙大门内拴牲口;三是用以引棺木入墓穴,也就是下棺的工具。古时引棺入墓多是用大木,这大木则是"碑"的特定称呼。秦代以前的碑都用木制的,汉代以后才改用石头。

而古代的丰碑,实际上属于一种特殊的葬礼规格。《周礼》有云:"公室视丰碑,三家视桓楹。"所谓"公室视丰碑",就是公室成员死后,要在墓圹的四周立上大木,上设辘轳,用以下棺于圹。本来是只有天子才能使用这种规格,后来逐步发展到公室成员也可使用,再后来诸侯也可使用。但不管哪个朝代,对丰碑的使用范围限制得都非常严格,并不是所有人都有使用资格的。

"五毒"原来是良药

"五毒俱全"是个非常常用的词,一般都把它用作贬义词,也常用它的比喻义。比如,如果说一个人"五毒俱全",意思就是说这个人已经坏到无药可救了。

但是,"五毒"指的到底是什么呢?从比喻义上来说,有人认为是"吃、喝、嫖、赌、抽",也有人认为是"坑、蒙、拐、骗、偷"。从字面上来看,有人认为是"蛇、蝎、蜈蚣、壁虎、蟾蜍"。而真正意义上的"五毒"却和这些没有丝毫的关系,它其实指的是主治外伤的五种药性猛烈的药。

《周礼·天官》说:"凡疗伤,以五毒攻之。"这里的"五毒"指的是石胆、丹砂、雄黄、礜石、慈石。在这五种药材中,石胆主金创(金属利器对身体所造成的创伤)、丹砂主治身体五脏内疾病,雄黄主鼠瘘(生于颈、腋部之窦道破溃久治不愈者),慈石主周痹风湿。而这些所谓的"五毒"并不是都有剧毒,譬如丹砂和慈石毒性都很小,但是这五种药材通过加工合成后药性就很猛烈。具体的合成方法是:将这五种药材放入坩埚中,加热三天三夜,最终产生的粉末即为五毒。这种药疗效甚好,甚至能救人性命。所以,"五毒"的名称听起来虽有些狰狞,却可以毒攻毒,可以称得上"良药"了。

刀笔吏是什么人

"刀笔吏"最早出现于春秋战国时期。古人是用简牍写字的,出现错误时,便以刀削之,所以古时的读书人为了随时修改错误,便常常随身带着刀和笔。因刀笔一起使用,所以古时那些做文字工作的文职官员常被称为"刀笔吏"。现在,"刀笔吏"也常被用来形容行文言辞犀利,言语如刀。

《清稗类钞·狱讼类》中有几篇关于刀笔吏的记载,从中我们可以窥见其刀笔之锋芒。书中有这样一个故事:苏州有位讼师叫陈社甫,非常善写状子。李某是他的同乡，曾经把钱借给一个寡妇，然而寡妇过了很久之后还是不还钱，李某就在言语上羞辱了她一番。寡妇羞愧难当，竟然想不开，趁着一个下雨的晚上在李家门口上吊自杀。在听了李某的叙述后，陈社甫向他索要了二百两银子，并让李某给寡妇换上一双干净的鞋子，然后写了一张状纸，其中有这么一句："八尺门高，一女焉能独缢；三更雨甚，双足何以无泥？"意思是说，一个柔弱女子，怎么一个人能在那么高的地方自尽呢？更何况，下着大雨的夜里，为什么这个女子的鞋上没有泥巴？当地官员看后，觉得非常有道理，只是判李某买副棺材了事。

可见，刀笔吏的过人之处不仅在于犀利的文笔，还在于分析事情时有过人之处。在古时相互倾轧的官场，"刀笔吏"的作用更是发挥得淋漓尽致。虽然也有一些刀笔吏不仅精通律例，而且坚守自己的道德底线，但是也有不少刀笔吏为了谋求胜诉及一字千金的效果，不惜颠倒黑白，甚至教唆当事人弄虚作假、伪造证据。所以，在古代，"刀笔吏"的名声并不好。

"新婚燕尔"原指弃妇的哭诉

现今，"新婚燕尔"是一个庆贺新婚之词，用来泛指新婚时的甜蜜快乐，还寄托着庆贺者祝愿新婚夫妇如燕子般比翼双飞的心愿。但在古代，这个词却没有代表高兴的意思，相反，它具有悲伤的意思。

"新婚燕尔"最早是以"宴尔新婚"的形式出现在《诗经·邶风·谷风》。《诗》曰："习习谷风，以阴以雨。黾勉同心，不宜有怒。采葑采菲，无以下体……宴尔新婚，如兄如弟……"这里讲述了一个弃妇的故事，倾诉了丈夫把弃妇赶出家门后的悲惨命运，也表达了对丈夫喜新厌旧行为的满腔愤怒。

弃妇和丈夫原本是一对患难夫妻，刚结婚时家里经济条件十分差，婚后两人一起努力，生活慢慢变得好起来。结果家里富裕之后，丈夫却见异思迁，对别的女子产生了感情。把以前那些"及尔同死"的山盟海誓全部遗忘了。丈夫为了娶新妻子，在结婚那天把前妻赶出了家门。弃妇一个人凄惨地离开家，忽而听到一阵阵婚礼的欢喜声音,满腔悲愤地唱出"宴尔新婚,如兄如弟";接着,她又发出了强烈的指控"宴尔新婚,不我屑矣";最后血泪哭诉"宴尔新婚,以我御穷",等等。

"宴尔新婚"最早来源于上面这个故事。可见,最早的"宴尔新婚"其实是对男人"喜新厌旧"的一种形象化比拟,是弃妇血泪的指控。

"宴尔新婚"之所以后来变成"新婚燕尔",是因为在古汉语中,"宴"和"燕"都是通假字,"昏"通"婚"。不过,无论这两个词如何通用,在宋代之前,它的意思是一样的,都是表达弃妇的控诉。宋代以后,这个词语开始变得不同了,意义甚至与之前相反,变成用来形容新婚的甜蜜的词了。

"呆若木鸡"原指一种高的境界

我们现在用"呆若木鸡"形容一个人呆头呆脑、痴傻发愣的样子。很明显这是一个贬义词。然而,"呆若木鸡"最初却是个褒义词,和现在的意思有很大的差别。

"呆若木鸡"出自《庄子·达生》中的一个寓言故事。齐宣王喜欢斗鸡,就找了一个名叫纪子的人专门训练斗鸡。才过去十天,齐宣王便问纪子斗鸡训练情况如何,是否训练好了,纪子回答说还没有,因为这只鸡看起来气势汹汹的,霸气太过外露。又过了十天,齐宣王再次询问,纪子还说不行,因为别的鸡的影子只要被它一看到,它的羽毛就会竖起来,说明它还在紧张,还有好斗的心理。又过了十天,齐宣王有些忍耐不住,再次去问,纪子还说不行,因为纪子认为这只鸡依旧目光炯炯,气势未消。这样又过去了十天,齐宣王已经不想再问了,纪子却说差不多了,可以拿去斗鸡了。因为它看起来不动声色,有些呆头呆脑,就像木头鸡似的。这说明它已经处于完美的精神境界了。齐宣王把这只鸡放进斗鸡场,谁知道别的鸡一看到这只"呆若木鸡"的斗鸡,掉头就逃,连斗一下的勇气都没有了。

后来,人们便经常用"呆若木鸡"来形容那些只是看着呆,实际上却有很强战斗力的人或物。这种看起来像木头的斗鸡不必出击,便会让其他的斗鸡望风而逃。可见,"呆若木鸡"才是斗鸡的最高境界。

差强人意是夸奖人的

很多人在对所做事情的结果不太满意时，都会说"差强人意"，其实，这是一种错误的理解。

"差强人意"一词出自于《后汉书·吴汉传》。吴汉，字子颜，是东汉光武帝刘秀手下的一员大将，曾追随刘秀南征北战，立下了赫赫战功，后被封为大司马。《后汉书》记载：吴汉每次跟随光武帝征战，"诸将见战陈不利，或多惶惧，失其常度。汉意气自若，方整厉器械，激扬吏士。帝时遣人观（大司马）何为，还言方修战攻之具，乃叹曰：'吴公差强人意，隐若一敌国矣！'"意思是说，诸位将领遇见战场上出现不利情况时，有人惶恐害怕，常常失去气度；而吴汉还是泰然自若，严肃认真地整理好器械，激励士兵官吏。有时皇帝会派人去看吴汉在做什么，禀报说他正在多方修整作战进攻的器具，皇帝于是感叹："吴公确实很能振奋人心，其威严庄重可以匹敌一个国家了。"

从刘秀对吴汉的评价中，可以看出他是很满意的。所以，这个词儿的原本意思应该是"还可以，较令人满意"。但是现在很多人用它来表达"不太令人满意"的意思，这明显是一种误用。

"素面朝天"原指女子美丽

"素面朝天"这个词经常被用来形容女子不化妆或者妆容淡雅。而实际上，"素面朝天"是形容女子美丽。之所以会误用，是因为不了解该词词义。

"素面朝天"一词来自于宋代乐史所撰传奇小说《杨太真外传》：杨贵妃集万千宠爱于一身，随之杨家也鸡犬升天。杨国忠被封为"御史大夫，权京兆尹，赐名国忠"；"杨贵妃大姐被封为韩国夫人，三姐被封为虢国夫人，八姐被封为秦国夫人。同日受命，皆每月给钱十万，为脂粉之资。"可见，唐玄宗这位风流才子是多么看重女人的容貌，把杨家姐妹的化妆品钱都给出了。

在杨家姐妹中，最美丽的是虢国夫人，唐玄宗对她也是十分青睐。她自恃长得出众，常常不施脂粉，便直接去朝见天子，即所谓"素面朝天"。这里的"天"指的不是天空，专指皇上。诗人张祐为此写过一首诗："虢国夫人承主恩，平明骑马入宫门。却嫌脂粉污颜色，淡扫蛾眉朝至尊。"

我们可以从这个典故看出，只有容貌漂亮才有资格"素面朝天"。然而随着语义的变化，这个词语被很多女孩子常用来强调一种自然美，表达自己几乎不用化妆品、不施粉黛的情况。

"千金"原指男儿身

现在"千金"多用于称呼他人的女儿，含有尊贵之意。但在古代"千金"却指的是男儿身。

"千金"一词很早就出现了，最早指的是货币单位，后来用于指人，要从南朝梁司徒谢朏说起。

谢朏从小聪慧，不到10岁时就能写出很好的文章，其父谢庄对他十分喜爱，常常把他带在身边。一次，谢朏在随父游山的过程中，被父亲命作游记。只见他文不加点，便一气呵成。和他们一起游玩的宰相王景文对此大加赞赏，对谢庄道："贤子堪称神童，复为后来特达。"这样的夸赞让谢庄非常自豪，他抚摸着儿子的背说："真是我家千金啊。"这是"千金"一词第一次用于说人。

后来，"千金"一词历史上有很长一段时间都被用于比喻出类拔萃的少年男子。

元明以后才开始把"千金"用于女子。最早的文字记载见于元代曲作家张国宾所写杂剧《薛仁贵荣归故里》，其中有句："你乃是官宦人家的千金小姐，请自稳便。"由于这出杂剧广为传唱，后来，"千金"便被人们用来比喻女孩子了。

古代"千金"有男有女，但现在"千金"无疑专指女儿身了。

"慈母"来源于一件伤心事

唐诗中有一首很温馨的诗:"慈母手中线,游子身上衣。临行密密缝,意恐迟迟归。"这首诗几乎家喻户晓。而我们也理所当然地认为"慈母"就是"慈祥的母亲"。其实,在古代,"慈母"是个专门的称谓,"慈"并非"慈祥"之意,这里的"慈母"一词里蕴含着一件伤心往事。

在古代,想成为"慈母"有很多艰难的条件。"慈母"一词最早可见于《仪礼·丧服》中。《仪礼》对"慈母"的条件有诸多规定:"慈母者,何也?传曰:妾之无子者,妾子无母者,父命妾曰:女以为子。命子曰:女以为母。"大致意思是说,如果想做一个慈母,身份限制为小妾,还要没有孩子或者不会生育(至少是没有生育男孩);丈夫要有另外的妾,且这个妾死掉并遗留下一个孩子。当这些条件都具备时,还需要丈夫表示明确的意思:"你把这个没有母亲的孩子当成自己的孩子来养吧!"了解了这些,我们在读到《仪礼·丧服》中"慈母如母"时,才不会感到突兀和费解。所以,根据词源,"慈母"是一件伤心事,它和"生母"的死亡有关,与"慈祥"无关。

由此可见,慈母不是随便哪个女人或者母亲都可以做的,也不是每个儿子都能够拥有的。不过,为《仪礼》所严格定义的"慈母",其词语的意思慢慢发生了改变,到唐代时,"慈母"不再是一个专称,李白诗中有"曾参岂是杀人者,谗言三及慈母惊"的句子,显然这里的"慈母"就不是《仪礼》中的"慈母",而是与现代意义的"慈母"意思更接近了。

"五服"指的是五件衣服吗

在日常生活中,"五服"这个词出现的频率不算太高,但在传统文化里,它却是相当重要的一个词。

"五服"是丧服按五种依亲疏关系分出来的五等服装,它代表的是家族血缘关系的远近,在古代甚是看重。由父系家族组成的中国封建社会,以父宗为重。亲属范围包括自高祖以下的男系后裔及其配偶,即自高祖至玄孙的九个世代,通常称为本宗九族。在此范围内的亲属,包括直系亲属和旁系亲属,为有服亲属,需要服丧。亲者丧服重,疏者丧服轻。服制按服丧期限及丧服粗细的不同,分为五种,就是所谓的五服:

1.斩衰,"五服"中最重的丧服。用最粗的生麻布制作,断处外露不缉边,丧服上衣叫"衰",因此称"斩衰"。表示毫不修饰以尽哀痛,要服丧三年。

2.齐衰,次于斩衰,这是用熟麻布做的。因为缝边整齐,所以叫齐衰。

3.大功,次于齐衰,这是用熟麻布做的,比齐衰精细些。

4.小功,又次于大功,小功服比大功服更精细,丧服是五个月。

5.缌麻,是五服中最轻的一种,比小功服更精细,丧期是三个月。

"五服"之外的本族本宗之人,基本上不用再穿丧服了。因此,在实际上"五服"也代表了血缘关系的亲疏远近。到目前为止,中国农村的很多地方,依然保留着"五服"这种丧礼。

"冠冕"并不皆"堂皇"

"冠冕堂皇"是一个成语，常用来比喻外表很体面实际上却并非如此。但在古代，"冠"和"冕"却有着不同的含义。

帽子在古代被称为"首服"，而"冠"在古汉语里的意思是首服的通称。可见，古时的"冠"指的是帽子。古时候，"冠"与人的社会身份是相对应的，如，庶人戴的为缁布冠。缁为深黑色，缁布冠就是深黑色的布所制作的帽子。而大夫和士戴的是玄冠，用黑缯制成。玄也是一种颜色，是浅黑色。冠的第二个意思是冠礼。冠礼是男子的成人礼，士二十而冠。

与冠相比，冕是首服中最尊贵的，地位对于冠来说，要高得多了。冕的大致规格如下：上面是木板，木板外包麻布，上面是黑色，下面是红色。一般来说，有资格戴冕的只有天子、诸侯、卿大夫。

所以，"冠冕"虽然连用，但二者之间却有很大不同，并不都"堂皇"。

为何喝酒时要"先干为敬"

在一些社交场合尤其是一些宴会上，人们在喝酒时，经常会说"先干为敬"，这是一句社交辞令。其实，这种劝酒方式并不是现代人的发明，而是从传统文化里延伸出来的，在古代就早已有之。

古人的居所与现代的不一样，通常都是堂室结构，这种结构有堂有室。堂在前，室在后，堂上不住人，是古人议事、行礼、交际的场所。逢礼节招待要举办酒席时，室内以东向为尊，即面东而坐代表的是席上最尊贵的人；堂上则以南向为尊，南向而坐就是指最尊贵的客人。按照这种尊卑长幼排序坐好之后，就可以开始酒席了。

喝酒时，主人要比客人先饮酒，是为"献酒"。主人先饮，包含了向客人暗示"酒里无毒",可以放心饮用之意。主人饮过之后,客人同样需要饮酒以回敬主人,是为"酢",亦称"报"。之后,主人为劝客人多饮,自己必先饮以倡之,是为"酬"。客人在主人饮过之后也举起酒杯畅饮,是为"应酬",即以此回应主人的厚意。

这样的礼俗延伸下来,就变成今天我们所见到的"先干为敬"。现在人们在酒宴间主人为了劝客人饮酒,常会自己先干一杯。

"二百五"跟苏秦有关

日常生活中,人们常把傻瓜或处事随便、说话不正经、好出洋相的人称为"二百五"。这种说法最早见于战国时期,跟苏秦有关。

苏秦是战国时有名的说客,他凭借三寸不烂之舌,获得了很多诸侯的信任,身佩六国相印,一时间威风八面。但他也有很多的敌人,后来在齐国被人暗杀。对此,齐王很是愤怒,发誓要为苏秦报仇,可没有证据,一时也抓不到凶手,于是他想到一个办法,让人把苏秦的头从尸体上割下来,悬挂在城门上,旁边贴着一道榜文:"苏秦是个内奸,现在已被人杀掉,真是大快人心。是谁杀了他,请来领赏黄金千两。"榜文刚刚贴出,就立刻有四个人声称是自己杀了苏秦。齐王说:"这种事情可不许冒充呀!"四个人都一口咬定是自己杀了苏秦。齐王说:"这一千两黄金,你们四个人各分得多少?"四个人齐声回答:"一人二百五。"齐王拍案大怒道:"来人,把这四个'二百五'都给我拉出去斩了!"

"二百五"一词就这样被流传了下来,从这个词的故事来看,用它来形容那些傻乎乎、好出洋相的人,倒也贴切。

"石破天惊"原指一种奇境

"石破天惊"一词，经常在媒体的宣传上可以看到。如，中国获得2008年奥运会的主办权，这个好消息如石破天惊般，瞬间传遍全国，让全国人民振奋不已；改革开放的成果令人瞩目，许多来中国的人都感叹中国二十几年来发生的石破天惊的变化。

这两个例子看着没什么问题。让人意外的好消息、让人意外的大变化，用"石破天惊"这个说法，似乎很妥当，但是"石破天惊"说的不仅仅是意外。

"石破天惊"出自唐代李贺的《李凭箜篌引》，其中说："女娲炼石补天处，石破天惊逗秋雨。"大意是说，乐声传到天上，正在补天的女娲因为听得入了迷，竟然忘了自己的职守，结果补天的石头崩裂，瞬间大雨滂沱，"石破天惊"所说的出人意料还包含着难以形容的奇境。

上面的两个例子，意外的消息和变化与"石破天惊"所表达的意境并不一样。《现代汉语词典》（第六版）中对"石破天惊"这样解释："形容箜篌的声音忽而高亢，忽而低沉，出人意外，有不可名状的奇境。后多用来比喻文章议论新奇惊人。"

但"石破天惊"总被一些人简单地理解为"出人意料"。其实，在李贺的诗里就已经解释得很清楚了，"石破天惊"不只是出人意料，还要有不能名状的奇境，这是消息和变化永远表现不出来的，所以用"石破天惊"来修饰一些消息或者变化，就显得有些"四不像"了。

为何愚笨之人被称为"傻瓜"

"傻瓜"常被用来责骂老实而不知变通的人，是个词性偏贬义的词。可是，为什么愚笨之人被人们称为"傻瓜"，而不叫"傻菜"、"傻果"、"傻豆"呢？就"傻瓜"一词的来源，我国著名历史学家顾颉刚先生曾做过考证，他得出结论，"傻瓜"跟古代一个非常古老的部族姜戎氏有关。

在我国古代，秦岭地区有一个地方名"瓜州"。《左传·襄公十四年》记述了范宣子与姜戎氏的谈话，其中有一句话："姜戎氏，昔秦人追逐乃祖吾离于瓜州。"意思是说，以前秦人把你们的祖先吾离一直追赶到了瓜州。据考证，姜戎氏被赶到瓜州后，聚集在瓜州的姜姓人便被人们统称为"瓜子族"。瓜子族人老实勤劳，秉性忠厚。被人雇用时他们不会偷懒，只知道埋头干活。这样就有好事之人把他们的老实和勤劳称作"傻"，又因为他们是"瓜子族"，所以就称他们为"傻瓜"。当时这个称呼褒贬意思没有确定。

清代黎士宏的《仁恕堂笔记》中也记载："甘州人谓不慧子曰'瓜子'。"至今，甘肃、四川一带的人们，还称不聪明的人为"瓜子"、"瓜娃子"。

现代鲁迅的《故事新编·采薇》有句说："这之前的十多天，她（阿金）曾经上山去奚落了他们几句，傻瓜总是脾气大，大约就生气了，绝了食撒赖，可是撒赖只落得一个自己死。"作家浩然《艳阳天》第一一五章也说："谁也不会用自己的性命换一个不懂事儿的小孩子，没有那号傻瓜！"在这里，"傻瓜"的贬义就很明确了。

诸葛亮不曾用过"空城计"

《三国演义》第九十五回是"马谡拒谏失街亭，武侯弹琴退仲达"，这一回内容讲得很精彩，被后人多次改编成京剧、晋剧、徽剧等，并冠以《空城计》的名字广为流传，人们也对诸葛亮所用的"空城计"很是熟悉。然而，历史中的诸葛亮是否真的用过空城计？

《三国志注》中曾详细分析过此事，认为这种说法是不真实的。《三国志》中这样分析：当年诸葛亮屯兵阳平时，司马懿还在宛城为荆州都督，此时魏方主帅是张郃，因此司马懿根本不可能与诸葛亮交锋。后来诸葛亮由阳平攻打蜀地，正值雨天，也没有成功，在此前后，没有魏、蜀在阳平交兵的可能了。因此，诸葛亮在阳平用的"空城计"是《三国演义》作者移花接木的结果，为的是突出诸葛亮的智慧，是一种文化创作方面的虚构而已。

不过，历史上的确有人用过"空城计"，只是与诸葛亮无关。

春秋时期，郑国被楚国大军进攻，一连被攻下几个城池，楚国并很快攻到了郑国国都。郑国国力较弱，城内差不多完全空虚，没有办法抵挡楚军的进犯。这时郑国上卿叔詹，献上"空城计"。要求"士兵们全部埋伏起来，不让敌人看见一兵一卒。店铺照常开门，百姓往来如常，不露一丝慌乱之色。大开城门，放下吊桥，摆出完全不设防的样子"。"空城计"骗过楚军，于是大军连夜撤退，郑国渡过了难关。这就是中国历史上第一个使用"空城计"的战例。

"空城计"也曾在飞将军李广手中出现过。西汉时期，匈奴一直兴兵进犯中原。飞将军李广任上郡太守，抵挡外敌南进。在一次与匈奴的作战中，李广以百名骑兵，应对数千名匈奴骑兵。

李广沉着冷静地把队伍稳住，让他们不露声色地继续前进。到离敌阵仅二里远的地方，李广下令："全体下马休息。"士兵们卸下马鞍，惬意地躺在草地上休息。匈奴部将对此十分奇怪，派了一名军官出阵观察形势。见到敌军，李广立即上马，冲杀过去，那个军官被一箭射死了。然后李广又回到原地，继续休息。匈奴部将看到这种情形，更加恐慌，料定附近定有伏兵，于是慌慌张张地引兵逃跑了。最终，李广的百余骑安全返回大营。

其实，空城计就是一种心理战，赢的是"大胆"，输的是"多疑"。

为何"男左女右"

在日常生活中，"男左女右"似乎是一种约定俗成的习惯，这体现在我们社会生活的各个方面。上公共厕所，男左女右；夫妻二人出席某些礼仪场合，男的在左边，女的在右边……

其实，"男左女右"的习俗最早出现在两千多年前的战国时期，它来源于我国的古代哲学。古代哲学认为，宇宙中通贯万物的是"阴""阳"两大对立面。自然界的事物有大小、长短、上下、左右等分别。古人将其分类，分大、长、上、左为阳，而将小、短、下、右视为阴。阳者刚强，阴者柔弱。男子体强性刚，属阳于左；女子体态娇小，性温柔，属阴于右。这一习俗一直持续至今，形成社会生活中的一种传统习惯。如在排座、照相、服装等都习惯以"男左女右"为序。在传统礼教中，左为上，象征尊严和力量；右为下，象征温柔和体贴。所以，在佩戴戒指时就有"男左女右"的讲究。

除此之外，中医也讲究"男左女右"。在医学上"男左女右"表示男女生理上的不同。在中医诊脉时候，男子取气分脉于左手，女子取血分脉于右手，即使小儿患病观察手纹也取"男左女右"的习惯。当然，至于"男左女右"是否真的代表男女生理上的不同，则是另一个问题了。

第九章

咬文嚼字

字和词，是组成语言的材料。一个人具备了辨字、辨词的能力，才能在运用中得心应手。把每一个字、每一个词、每一条成语、每一个典故都用得恰到好处。所以，对语言的学习，我们要有"咬文嚼字"的劲头，这是学习语言的唯一通道，也是掌握语言的不二法门。

"橄榄枝"不能随便抛

橄榄枝是油橄榄的树枝,它在西方国家被看作是和平的象征。有关"橄榄枝"的典故,出自《圣经·创世记》里面的"诺亚方舟"的神话故事。远古的一天,上帝发现人类的道德意识越来越差,决定惩罚人类,便用洪水来淹没所有人。当上帝得知诺亚夫妇道德良好时,决定赐给他们两人一次生的机会,让他们提前准备好大船和食物,并将各种动物分别挑选一对放在船上。

洪水很快就来了,这场灾难毁灭世界上的一切生物。洪水泛滥的情况严重,诺亚放出鸽子去观察情况。当时世界上一片汪洋,鸽子没有办法落地,便又飞回方舟。七天以后,诺亚再次放飞了鸽子。等到晚上,鸽子飞回来了,嘴里还叼着一片橄榄叶,这代表了大地恢复生机了!世间和平了!诺亚由此获知地上的洪水已退。后来,橄榄枝便被人们祝为和平的象征。

现在"橄榄枝"有两个含义:一是表示一方向另一方求和。另一个含义是,一方愿意化解矛盾并寻求和解。无论是哪一种情况,都要说"伸出橄榄枝"而不是"抛出橄榄枝",否则会让人感觉没有诚意,显得没有礼貌。

"捉刀"与"捉笔"有何不同

在现实生活中,人们经常不明白"捉刀"和"捉笔"的不同,常常把两者混淆。

"捉刀"一词来源于《世说新语·容止》上的一个典故。说的是曹操手下有个武官,名叫崔琰,长得眉目俊朗,英俊潇洒。崔琰的相貌让曹操自愧不如他。有一次,曹操要接见匈奴派来的使者,为了让外国使者见而敬畏,就叫崔琰冒充他代为接见。在接见的时候,崔琰穿戴魏王的衣服鞋帽,与平时相比显得更加威武、雄壮、有气派。曹操自己却扮作侍卫手持钢刀,恭恭敬敬地站在崔琰的坐榻旁,在一旁观察匈奴使者。接见过后，曹操想知道匈奴使者的反应，便派人去偷偷打听。使者说："魏王丰采高雅，可是那个榻侧捉刀人却更加气度威严，看起来是一位真正了不起的英雄！"

后来，代替别人做事便被人们称为"捉刀"。如请人代写文章，就叫"捉刀代笔"；而替人作文的人，叫"捉刀人"。

而"捉笔"一词就比较常见了。"捉"即"握住、拿住"之意；"捉笔"的意思就是"提笔、执笔"的意思，并没有"替别人写作"的意思。

这两个词其实很好区分，"捉刀"有"替"的意思，而"捉笔"则是自己动手写。

为何要说"红得发紫"

"红得发紫"常被我们用来形容某人在某些领域的地位或在某方面红火的程度。"红"有好的意思，通常含有非常成功的含义，可是为什么要红得发"紫"呢？

在过去，紫色是人们最不喜欢的颜色。孔子在《论语·阳货》中说"恶紫之夺朱也"，东汉刘熙《释名·释采帛》中亦有句曰："紫，疵也，非正色，五色之疵瑕，以惑人者也。"因此紫色常被视为一种蛊惑人的邪恶色彩。紫属于杂色，远不如朱（红）正统。以前"紫色的境况"是完全不能胜任现在的"红得发紫"的比喻的。那么，"紫"是如何翻身，甚至胜于"红"的呢？

紫色的"翻身"跟春秋时的齐桓公有很大关系。齐桓公喜欢紫色服装，因为皇帝的特殊喜好，加上满朝文武百官的效仿，"紫"渐渐从不被人重视的杂色变成高贵之色。到了汉朝，紫色的地位又一度攀升，生活中常常以"紫"字命名高贵的东西或事物，如紫薇、紫檀、紫晶、紫貂等。

到了唐朝，对紫色的推崇更甚，规定官员三品以上皆穿紫色，四品深红，五品浅红，六品深绿，七品浅绿，八品深青，九品浅青。显然，"紫"已经在"红"之上了。"红得发紫"是说已经要离开"朱（红）"这个层次，要升级到"紫"那一层级了。

由此可见，"红"到了极致便是"紫"，所以"红"要到发"紫"才是好。

"冏"为何被称为"21世纪最牛的古汉字"

"冏",音 jiong,与"窘"的意思相同,原意为"光明"。它本是象形字,形似一个简易的窗户(墙上挖个洞,洞中用竹片或木棒横七竖八地支撑起来,就成了窗户)。有了窗户自然就有了"光明"了。这个字一直都属于生僻字,几乎很少被人们使用。在 2008 年,"冏"字在一夜之间突然在网络上被人们疯狂使用,并被人们戏称为"21 世纪最牛的古汉字"。

"冏",之所以能够重新焕发青春,是因为人们对它的字形产生了联想。试想,如果把"冏"字看成一张人脸,方形的脸上,耷拉着一副八字眉,下边是张着的嘴巴,那这个字形就很形象地展示了当人处于郁闷、哀伤、尴尬、无奈之时的面部表情。更何况它的读音又恰巧与"窘"相同。因此有心人便把它从古文字堆里挖掘出来,用来表达某些心情。这也算是一种"古为今用"的表现形式吧。

现在,当我们想表达一种有些郁闷、有些尴尬不那么惬意的情感时,而找不到合适的形容词时,不妨就用这个"冏"字来替代。

"黎民"原本不是指百姓

现实生活中,人们常将"黎民"和"百姓"放在一起说。可是在古代,这两个词语却有着不同的意思。

最开始"黎民"是黎族俘虏和奴隶的意思。据《山海经》记载,四千多年前,在黄河流域,黄帝和炎帝两个部落结成联盟,打败了从南方进犯的蚩尤所率领的九黎族,并俘虏了九黎族的人做奴隶,由于他们都来自九黎族,所以黄、炎部落的人就称他们为"黎民"。再到后来,就把受过黥刑的犯人专称为"黎民"。

炎帝和黄帝联合打败蚩尤后,他们之间也开始争逐,黄帝取得了最后的胜利。随后，住在东方的太嗥带领着夷族部落也归顺了炎黄部落，从此三个大族开始合为一体。合并后的炎黄部落约有一百个氏族，每个氏族又各有自己的姓氏。因而炎黄部落内的氏族也被称作"百姓"。但在此时，"百姓"专指的是主人，而"黎民"指的是奴隶。

到了西周时期，"百姓"成为贵族的通称。这时的"黎民"（也称庶民）包括自由民、农奴、奴隶，与"百姓"形成了相互对立的两大阶级。到了春秋末期，由于宗族世袭制的破坏以及土地私有制的出现，"百姓"的地位逐渐降低，他们中的大部分人最后也成为"黎民"。秦始皇统一六国之后，把天下的百姓统一改成"黔首"，"黔首"便是原来"黎民"的意思。

现在在词义上"百姓"与"黎民"没有太大的区别。其实，二词词义的变化也反映了中国五千年文化的发展历程，在历经沧桑之后，等级观念也随之消除。

"家父"与"令尊"有什么区别

我们经常会在书信和社交场合中用到敬称。用一句话概括常用的敬称就是："家大舍小令他人"。具体来说，社交场合中，当我们谈到比自己大的家人，如自己的父母、兄长等，通常要在前面加一个"家"字，如家父、家母、家兄；说到比自己小的家人，如弟弟、妹妹等，就要用"舍"字，如舍弟、舍妹，以此来表示谦虚；而说到别人的家人，如在父母前要加上"令"字，如令尊、令堂，以此来表示对对方父母的尊敬。因此，"令尊"、"令堂"是对别人父母的尊称，而"家父"、"家母"则是对自己父母的谦称。

因此"家父"和"令尊"两者的区别就显而易见了。"家父"是子女对他人谈到自己父亲时所用的称呼，所以想问别人的父亲时不能说"家父如何如何"。"令尊"中的"令"含尊敬的意思，是称呼对方父亲时使用的敬词，所以千万不能称自己的父亲为"令尊"。

"豆蔻年华"一直被乱用

在古代，不同年龄的女子有着不同的称呼。比如，称 12 岁的女子为"金钗之年"；称 13 岁的女子为"豆蔻年华"；称 15 岁的女子为"及笄之年"；称 16 岁的女子为"碧玉年华"；20 岁为"桃李年华"；24 岁为"花信年华"。

在这么多女性年龄的称呼中，"豆蔻年华"是使用率和知名度最高的。豆蔻，多年生草本植物，外形似芭蕉，春末开花，色淡红，极鲜艳。果实和种子可入中药。2 月是豆蔻花含苞待放的季节。"豆蔻年华"的"豆蔻"就是从这种植物中引申出来的。"豆蔻年华"一词被人熟识是源于唐代诗人杜牧的《赠别》诗："娉娉袅袅十三余，豆蔻梢头二月初。"杜牧将体态轻盈、芳龄十三的少女比拟为早春 2 月枝头含苞待放的豆蔻花，这一千古妙喻一直被流传到现在。所以，只能将十三四岁的少女称为豆蔻年华，再往外扩展就太牵强了。

破镜重圆是夫妻"专利"

"破镜重圆"这一典故出自唐代孟棨所著《本事诗·情感》：

陈后主是南朝最后一位皇帝，他的妹妹乐昌公主才貌双全，成年后嫁给了陈后主舍人徐德言为妻。婚后两人两情相悦、相敬如宾。那时杨坚已经建立隋朝，并准备南下灭陈。徐德言与乐昌公主约定若是有朝一日国破家亡，被迫分离，双方都要坚持找到对方，以求重逢。于是，他们将一面铜镜破为两半，两人各执一半作为团聚时的信物。

很快，隋文帝就派兵灭了南陈，乐昌公主因为样貌出众被掠入隋朝大臣杨素家里，受尽宠幸。每年的元宵节乐昌公主都会让家中老仆拿着半块铜镜到集市上以高价叫卖。而徐德言却因为战乱颠沛流离，生活困苦，几年后流浪到京城长安。

正月十五这天，有人以高价叫卖铜镜，他过去一看，拿出自己身上所带的另半块铜镜，两下一合，果然破镜重圆，随即便也知道了自己的妻子已经成为杨素的爱妾。他悲愤交加，于是在镜面上题诗一首："镜与人俱去，镜归人未归！无复嫦娥影，空留明月辉！"乐昌公主看到此诗，便知道是丈夫徐德言留下的，非常伤心。杨素知道此事后派人召见徐德言，让他们夫妻相见。然而此时的徐德言落魄凄惨，乐昌公主也早成已为他人之妾。乐昌公主见到徐德言也不敢与他多说一句话，杨素就命乐昌公主作诗，公主随即赋诗一首："今日何迁次，新官对旧官。笑啼俱不敢，方验做人难。"

杨素被两人的真情所感动，随即让乐昌公主回到徐德言身边，并赠送了大量银两。后来徐德言和公主辗转回到了江南，两人白头偕老。

这就是破镜重圆的故事，被后人大为称颂。后来就把夫妻关系决裂后重新和好比喻为"破镜重圆"，成为夫妻的"专利。"

"震撼"还是"震憾"

在日常生活中，很多人常把"震撼"误认为"震憾"，其错误率达到了令人惊叹的高度。如街头有"震憾价"，广告中经常叫嚣"震憾上演"，新闻中有"全场震憾"，等等，所以"震憾"的"憾"字被《咬文嚼字》列为最常见的100个错别字之一。

撼、憾两个都是形声字，声符都是"感"，在字形上很相似。但出错的原因并不在字形上，而是使用者想当然地以为"震撼"是心灵受到冲击，引起精神上的变化，所以一想到这个词语，脑海里就会冒出竖心旁的"憾"字。这也说明他们并没有真正掌握"震撼"一词的真正含义。

"震撼"是由两个具有强烈动感的语素构成，有震动和摇撼的意思。"震"的本义是雷，由雷引申出来的"震"，有一种惊心动魄的感觉。"撼"的本义是摇，显示的是一种力度。了解这两个字的字义，就能更加准确地理解"震撼"一词的意思。

"憾"是指内心感到苦闷，或者失望和不满足。比如遗憾、抱憾、缺憾、引以为憾等，都是一种心理状态，与"撼"有的含义完全不同，所以不能随意代替。

"狙击"还是"阻击"

人们经常把"狙击"和"阻击"混为一谈。

"狙击"和"阻击"都属于军事上的常用语。这两个词也被广泛地使用于社会生活的诸多方面,用来比喻各个领域存在的对抗性活动,但其具体方式和目标又不尽相同。

"狙击"指的是埋伏起来,伺机袭击敌人。这里的"狙"读作jū。古书上认为"狙"是指一种猴子,这种猴子非常灵巧,善于偷袭。由此"狙"字引申出偷窥、狡诈的意思。"狙击"的方式和特点是一种由一个人或少数人暗中埋伏,伺机对特定目标进行的极具隐秘性的袭击,它可以是一种军事行动,也可以是对个别人的行刺行为。在军事上把隐藏在暗处的伏击者称为"狙击手",能担任狙击手的士兵都是经过特殊训练,射击精确,伪装能力和侦察能力超强。

"阻击"中的"阻",是阻止、阻挡的意思。阻击就是以防御手段阻止对方的行动,是公开的对抗和较量。目的是阻止敌人前进,切断敌人退路以掩护主力部队的行动。

简言之,凡是指出其不意地主动袭击的行为,就应该用"狙击";凡是指公开地被动抵抗的行为,就用"阻击"。所以在该用"阻击"的地方,不能用"狙击"。

"竹杠"岂可随便"敲"

在日常生活中,"敲竹杠"被人们用来描述那些凭着恶势力,利用别人的弱点或寻找借口向别人敲诈、勒索钱财的行为。关于"敲竹杠"的来历,有三种截然不同的说法。

一种说法是:"敲竹杠"一词来源于清朝末年,当时,帝国主义用商船向中国贩卖鸦片,以牟取暴利。清政府虽然对此类行为进行了严肃的整顿,但仍然有不少人冒着被砍头的风险从事贩卖烟土的生意。有一个商人在毛竹刚长出嫩芽时,便让人剖开嫩竹，把烟土藏进去，等毛竹长大后，将毛竹做成竹杠、船篙之类的东西放在他往来的商船上贩卖，这几乎让人看不出丝毫破绽。

一次，在官兵审查他的商船时，一名官员一边抽着烟袋锅一边督促手下的人严加搜查。在监督的过程中，官员随意地用烟袋敲了几下竹杠，这个举动吓坏了这位走私烟土的商人。他误以为官员发现了竹杠里的秘密，便主动贿赂官员。事实上那位官员并没有发现什么竹杠中的秘密，但他见钱眼开，便放走了走私船。这个官员无意"敲竹杠"之举，却敲出了钱。

另一种说法是：一日四川的一位有钱人去山里烧香，由于当时的山路很崎岖，有钱人便乘坐一种用竹竿做的滑竿上山，走到半山腰时，抬滑竿的人就敲起滑杠，暗示要加工钱，否则就罢工，不继续往前走。乘坐滑竿的有钱人无奈，只好乖乖地加了钱。这里"敲竹杠"是指借口向别人要钱或者勒索钱财。

第三种说法是：清代末年，铜钱在市场交易中非常流行。店家接到铜钱后便会丢在用竹杠做的钱筒里，到晚上结账时才倒出来，称为"盘钱"。当地的地痞流氓去店铺勒索钱财时，并不会开口说话，只是恶狠狠地敲打竹钱筒，店主便明白他们的来意，赶紧掏出钱来。另外也有一些黑心店家，当有陌生顾客进门时，就会随意提价。当伙计在接待此类顾客时，店主就会敲一下竹杠，示意伙计提价。这里"敲竹杠"是凭着恶势力，用别人的弱点来索要钱财。

关于"敲竹杠"的来历，这三种说法虽然不同，却都有一定的道理，而且这三种说法都传达了一个相同的道理，那就是不能随便"敲竹杠"。

"失足"只是一个礼节性的问题

在日常生活中我们经常把人犯了严重错误称为"失足"。一般认为"失足"都是很严重的问题，然而，从该词的词源上来讲，"失足"并非是大问题。

谚语有云："人有失足，马有失蹄。"意思是说，人跟马一样，都有可能不小心跌倒。每个人都难免有犯错误的时候，有时无关乎人性的好坏，"失足"也只是指人会不可避免地出现一些过失罢了。

《礼记·表记》说:"子言之:'归乎!君子隐而显,不矜而庄,不厉而威,不言而信'。子曰:'君子不失足于人,不失色于人,不失口于人。'是故君子貌足畏也,色足惮也,言足信也。甫刑曰:'敬忌而罔有择言在躬'。"

这段话可以翻译为:孔夫子说:"回去吧!君子隐退但德行昭著,不骄矜而庄重,不疾声厉色而有威严,不说话就能取信于人。""君子不在人面前丧失进退的节度,不在人面前丧失从容,不在人面前丧失说话的分寸。"因此,君子的外貌要足以使人敬畏,容色要足以使人害怕,言论要足以使人信服。甫刑说:"一个人应该心怀敬戒而自己身上不要有可以挑剔的地方。"

由此来看,"失足"只是一个礼节性问题,是指君子在他人面前失去了进退的节度。在这里,"失足"是一个随时可改正的错误,与需要被"改造"的"犯罪问题"是有很大差距的。

"期间"还是"其间"

"期间"与"其间"两个词音形相近且都属于名词,但是意义和用法上却有很大的不同。主要区别有三点:

第一,范围不同。期间只能用于时间方面,指某个特定的时间段,例如"奥运会期间"。而"其间"不仅可用于时间方面,还可以表示时间范围外的事物。在指某一段时间时,一般是单用,前面不加修饰或限定成分。例如"他进行科研多年,其间获得多次嘉奖"。"其间"是指在时间范围之外的事物,用于不同地方有不同的含义,如"侧身其间"中的"其间"指的是空间。"其间必有缘故",指的是特定的抽象范围。

第二,结构不同。"其间"是代词和名词搭配,"期间"是名词和名词搭配。当"其间"表示时间的时候,"其间"就可以理解为"期间"。

第三,语法功能不同。"期间"不能单独使用,一般在定语结构中做中心语。如"审查期间"、"农忙期间"等。而"其间"的独立性很强,如果在上文交代过时间,便可以单独做时间状语。

"期间"与"其间"音形义都很接近,在一定程度上为"期间"冒名顶替"其间"创造了条件。但二者毕竟有各自不同的用法,尽量不要随意顶替使用。

"东道主"一词有什么典故

"东道主"一词在日常生活中被广泛使用。比如,举办各种会议时,主办方被称作"东道主"。举办运动会时,主办国或者主办城市也被称为"东道主"。那么,"东道主"一词到底从何而来,又有什么典故呢?

春秋时期,秦穆公急于扩张领土称霸东方,晋文公利用秦穆公急于求成的心理,联合秦国围攻了郑国。郑国大夫烛之武临危受命。一天深夜,他巧施计策来到秦军大营面见秦穆公。

烛之武利用秦、晋、郑三国所处的地理位置为由劝谏秦穆公,说:"从现在的情形来看,郑国被灭已成为既定的事实,但如果郑国灭亡对贵国有好处的话,您跑这一趟也值得。但是从地理位置上讲,秦国和郑国之间隔着一个晋国,贵国想要越过晋国来控制郑国的土地,是非常困难的。到头来晋国渔翁得利,贵国却得不到任何好处,您又何必浪费兵力、物资参与这场战争,为晋国求得利益呢?晋国的实力增加一分,秦国的实力就相对削弱一分啊!"

秦穆公点点头,觉得很有道理。烛之武进一步说道:"要是您能帮助郑国渡过此劫,让它作为秦国东方道路上的主人,秦国缺什么,郑国就提供什么,这有什么不好呢?再说晋国国君为人如何?想必您应该很清楚。您曾经有恩于他,他许诺把焦、瑕两地割让给您,可是刚刚渡过黄河,他就在那里筑城防御。晋国国君一向贪得无厌,向东占据郑国后,势必会向西扩张,如果向西不侵占秦地,他能从哪里得到疆土呢?晋国强大是秦国之害,请您好好考虑考虑吧!"最后秦穆公被烛之武说服,不但跟郑国签订了合约,还派了秦军守护郑国。晋文公无可奈何,不得不退了兵,郑国的亡国危机也就这样化解了。

"东道主"一词便由此流传开来。

后来,"东道主"一词泛指招待、迎接客人的主人,请客者做东。到了现代,"东道主"一词在国际体育赛事中被广泛使用。

"雷"有哪些解读

以前"雷"分两种。一种是自然界的"雷",如"雷雨雷电"、"电闪雷鸣"中的"雷",词典中解释为"云层放电时发出的响声";另一种是人造的"雷",如"地雷"、"鱼雷"、"手雷",词典中解释为"军事上用的爆炸武器"。不管是哪一种"雷",都会发出巨大的声响,让人感到震惊或受到惊吓。

这两种用法中的"雷"都是名词,现在又演变出第三个"雷",用作动词、形容词的"雷"。比如说,"我被你雷得外焦里嫩",这里的"雷"是动词;"一个最雷的词语",这里的"雷"是形容词。有一篇新闻报道说:有一所小学五年级学生举行语文期中考试,有一名学生写了一篇名为《我对她的爱情》的作文,把阅卷的老师彻底雷倒了。

这里的"彻底雷倒"意思是说老师读了这篇作文感到很震惊。

总之,这个用作动词或形容词的"雷",用的是比喻义,表示感到很震惊,有如被雷击一样。所以时下,"雷"的新义有两个:一个是指对事物无法理解,让人感到不可思议;另一个指被震惊或被吓倒。

"登徒子"是"好色之徒"吗

我们现在一提到"登徒子",便会想到"好色之徒",这其实是对"登徒子"的一种错误解读。

登徒子是战国时宋玉笔下的一个人物。当时宋玉很受楚襄王的宠幸,这让登徒子甚是忌妒,便向楚王进献谗言,说宋玉的坏话,说宋玉表面上长得英俊潇洒,实际上却是一个好色之徒,让楚襄王不要再让宋玉出入后宫。

楚襄王听到登徒子这样评价宋玉,感到很吃惊,便质问宋玉登徒子的说法是否属实。宋玉不慌不忙地回答道:"臣并非好色之徒,相反,登徒子才是地地道道的好色之徒。"

楚襄王一听来了兴趣,问道:"此话怎讲?"

宋玉回答道:"天下的美女以楚国为最,楚国的美女以臣的家乡为最,臣家乡的美女以臣东边邻居家的女子为最。邻家女子有倾国倾城之貌。但就是这样的一个美貌动人的女子,因为爱慕臣,登上墙头偷偷看了臣三年,臣至今也不为所动。"宋玉继续道:"登徒子先生就不是这样了,他的妻子长得奇丑无比,他居然还跟她生了五个子女!大王您仔细想想,到底谁是好色之徒?"楚襄王听完便有些迷糊了。宋玉虽然是诡辩,但是却有极强的逻辑性——我宋玉在美色面前连眼睛都不眨一下,登徒子却连丑妻都爱得要死要活,登徒子难道不是真正的好色之徒吗?

这段故事出现在宋玉的《登徒子好色赋》。可见,现在把"登徒子"说成是"好色之徒"是很冤枉的。

"三味"还是"三昧"

"三味"与"三昧"字形相似,在日常用语及报刊文章中常被混淆使用。但实际上这两个词的语源、意义有很大的不同,是不能混淆使用的。

"三味"有两种说法。其一是指读书时的三种状态,"读经味如稻粱,读史味如肴馔,读诸子百家味如醯醢",三种体验合称为"三味"。鲁迅先生笔下的"三味书屋",其中"三味"指的就是读书的三种体验。其二是出自宋代李淑《邯郸书目》:"诗书味之太羹,史为折俎,子为醯醢,是为三味。"这里把诗书子史等书籍比作美味佳肴,意为很好的精神食粮。

"三昧"是佛教的重要修行方法之一。原指诵读佛经、领悟经义的三重境界:一为"定",二为"正受",三为"等持"。意思是说,诵经之前要摒弃杂念,做到心神平静,神思专注;领悟经义要态度端正,恭敬虔诚;学习过程中要专心致志,始终如一。只有这样，禅定者才可以进入更高境界并改变生命状态。随着汉民族文化和佛教思想的融合，"三昧"引申为对事物本质精神意义的概括，有"个中三昧"、"得其三昧"等说法，用来比喻领悟学问的精确与深刻。

"望其项背"到底是赶上还是赶不上

在公开发行的一些报纸杂志上，时常会见到这样的句子：

中国人的敢想敢干让西方人也要望其项背。

他的特立独行，只能让模仿者望其项背。

这些句子里用到的"望其项背"都是"赶不上"的意思，但这种用法其实是错误的。"望其项背"，真正的意思是说能够看见别人的颈项和背脊，距离其实很近，表示赶得上或比得上，而不是说两者差距大、无法赶上。

"望其项背"源于"项背相望"。《后汉书·左雄传》中说："监司项背相望，与同疾疢（泛指疾病），见非不举，闻恶不察。"李贤注："项背相望，谓前后相顾也。"前后相顾者，相距并不遥远，绝非可望而不可即。"项背相望"还被用来形容人多拥挤，连续不绝。如明代刘基《宋景濂学士文集序》："海内求贤文者，项背相望。"

可见，"项背相望"表示赶得上或比得上。说"模仿者望其项背"，是说模仿者能够赶得上被模仿者，与表述者想要表达的意思恰巧相反。

上面的两个例子如果想要正确表示应该用"望尘莫及"。"望尘莫及"指的是：只能望见走在前面的人带起的尘土而追赶不上，比喻远远落后。"望尘莫及"是"望其项背"的反义词。

如果一定要使用"望其项背"表示追赶不上时，就应该把"望其项背"用在否定式中。或者在前面加上"难以"、"不能"、"不敢"等否定词。如"他的特立独行，让模仿者难以望其项背"，"中国人的敢想敢干让西方人也不敢望其项背"。总而言之，当表示距离远、赶不上用"望尘莫及"，表示距离近、赶得上用"望其项背"。如果要用"望其项背"表示追赶不上，则必须用在否定句式中。

"屡试不爽"是每次都成功的意思

"屡试不爽"意思是多次尝试都没有出现过差错。爽，有差错的意思。但现代人却把屡试不爽误解成"没有成功"的意思。

现代意义中的"爽"和古代的"爽"是有差异的。现代人说的"爽"有"过瘾"、"带劲"、"有趣"的意思。而在古代，"爽"是差错、失败的意思。因此，过去讲"屡试不爽"是指反复试验都没有出现过差错和问题，现在却解释成了"每次试验都不成功，不过瘾"。因此，我们要想真正理解"屡试不爽"的含义，就应该按照古文的意思来解释，事实上"屡试不爽"确实是次次成功的意思。

"莘莘学子"经常被误用

在某年高考的前一天，某家电视台做了一篇关于高考的报道，标题是"各地纷纷为莘莘学子们参加高考提供便利"。报道结束之后，一名记者说："祝愿莘莘学子们都能取得好成绩。"在这两个用到"莘莘学子"的语句中，其用法都是错误的，这是为什么呢？

因为"莘莘学子"是自由组合的词语，从根本说这个词语并不是一个成语。"莘莘"只是一个叠字形容词，"众多"便是其表达的意思，在古汉语中这个词用得十分广泛。如《周诗》中被《国语》引用的句子"莘莘征夫，每怀靡及"。"莘莘"在现代汉语词典中多用于形容学生多，所以就有了"莘莘学子"一词。

除此之外，"莘莘"的读法也需要注意。"莘莘"应当读作 shēnshēn，然而经常有人错误地读成 xīnxīn。"莘"虽然有 xīn 的读法，但出现的方式都是作为姓或作为地名、植物名等。

"莘莘"本身的意思就是"众多",如果再在它前面加上量词来修饰,比如"广大"、"许多"或是"每一个",就会出现词义的重复,这是语法上的一种逻辑错误。

"光年"是一个长度单位

因为光年包含"年"字,所以经常被人误认为是时间单位,导致经常被误用。

实际上,光年只是一个长度单位,通常是用在天文学中,用来表示很长的距离,如太阳系跟恒星之间的距离。具体来说,光年是指在真空中光一年时间内所走的距离,大约94.6千亿公里(或58.8千亿英里)。在宇宙中,天体之间的距离非常大,如果用常见的公里或千米为单位来计算是非常麻烦的,但是以光年来计量,那么就容易多了。20世纪70年代,联邦德国和美国NASA联合建造并发射的Helio-2卫星是目前人造的最快物体,速度可高达每秒70.22公里(即每小时252792公里),即使以这样的速度飞行,1光年的距离也需要约4000年的时间。由此可见,光年所代表的距离有多大。

"两口子"最早不是指两个人

我们习惯上用"两口子"来称呼夫妻,由于这个词说起来比较顺口,又比较贴近生活,所以很受人们的喜爱。然而,事实上"两口子"并不是指两口人。

关于"两口子"的说法,还有一个故事。清朝乾隆年间,有一个人叫张继贤,是一个才子。在机缘巧合之下,他结识了当地恶少石万仓的妻子曾素箴,二人之间互有好感,暗地里经常来往。

石万仓十分喜欢饮酒,有一次,因为饮酒太多,结果命丧黄泉。对于曾素箴与张继贤的交往,石家人也是知道的,所以心生怀疑,石万仓是不是被害死的?然后他们向县衙门告状,说曾素箴因与他人偷情而杀死亲夫。县官看到状纸,不管是非曲直,就将张继贤和曾素箴打入死牢，从县府押至京城处决。

一次，乾隆皇帝审阅案子，看到了一张诉状，这张诉状文笔不凡，让他大为惊讶，后来发现是张继贤写的。于是，张继贤得到乾隆亲自审问的机会。在交谈中，乾隆皇帝发现张继贤确实是个有才之人，便产生了救他的想法。于是下旨将张继贤和曾素箴分别发配到微山湖的卧虎口和微山湖的黑风口。张继贤、曾素箴二人虽然被冤枉入狱，但两人之间的情谊一直在继续。获皇帝恩准发配他们到"两口"后，二人喜出望外，经常互往互来，非常自由。他们这样来往于卧虎口与黑风口，被人们称为"两口子"。

所以，实际上，"两口子"是指卧虎口和黑风口，并非是指两口人。不过现在用"两口子"称呼夫妻俩却也是最合适、最贴切的了。

"大方之家"不是大方

"大方"一词有很多意思，其中我们最常用的意思就是"不吝啬、出手大方"。然而，有人形容一个人出手阔绰、不小气时会用"大方之家"。如："地震时，他又是捐款又是捐物，真是一个大方之家。"这样的语义延伸是不正确的，因为"大方之家"的意思并不是大方。"大方"还有一种意思为"大地"，后又引申为"大道理"。"大方之家"是指懂得大道理的人，后来泛指见识广博或学有专长的人。

"大方之家"出自《庄子·秋水》："望洋向若而叹曰：野语有之曰，'闻道百，以为莫己若'者，我之谓也。且夫我尝闻少仲尼之闻而轻伯夷之义者，始吾弗信；今我睹子之难穷也，吾非至于子之门则殆矣。吾长见笑于大方之家。"

这段话的大概意思是，河伯抬头望着海神叹了一声，说："民间有个俗语是这样说的'了解了一些道理就以为谁也不如自己了'，我就是这个样子啊！我曾经听说有人看不起孔子和伯夷，认为孔子学识不够渊博，伯夷的仁义不够重，刚开始我并不相信有那样狂妄的人，今天我才看到了您的无穷无尽，我才发现自己就是这狂妄的人中的一个啊，也相信有那样狂妄的人了，我现在觉得我幸亏来到了您的面前，否则我一定会被广见博识的人耻笑的。"

"箪食瓢饮"不是"箪食壶浆"

箪食瓢饮：箪，古代盛饭的圆形竹器。出自《论语·雍也》，大教育家孔子有很多弟子，为世人所知的有 72 人，颜回是他最喜欢的弟子，孔子常用颜回的行为来教育其他弟子。孔子看到颜回的饮食起居后，认为这是值得学习的行为。他对其他弟子说："一箪食，一瓢饮，在陋巷，人不堪其忧，回也不改其乐。贤哉，回也！"意思是说，颜回用竹器盛饭吃，用木瓢饮水，住在简陋的小巷，但他依旧快乐，没有忧愁，真是一个高尚的人啊。后来人们用这个成语来形容读书人安于贫穷的清高生活。

箪食壶浆：食，食物；浆，汤。百姓用箪盛饭，用壶盛汤来欢迎他们爱戴的军队。形容军队受到群众热烈拥护和欢迎的情况，后用作百姓犒师拥军。

"书香门第"的"香"指的是什么

在祖辈上有读书人的家庭，我们常称为"书香门第"。但"香"指的是什么香呢？有人把书的香理解为"书香"的"香"。这样的理解看起来是正确的。可书又为什么"香"呢？是因为写到白纸上的黑字吗？事实上墨迹几乎是没有香的，因此"书香"的"香"一定不是来自墨香。那么这"香"到底从哪里来呢？

原来，古人一般会在书籍里面夹上几片香草，以防止书籍被蠹虫损坏。这种香草的名字叫芸草，属多年生长草本植物，有一股特别的清香气，可以驱除蠹虫，即使枯萎，其香气也不会变淡。古诗中有"芸叶熏香走蠹鱼"的诗句。所以"书香"的"香"指的是"芸香草"。

因为芸草常被人放在书中，所以，与"芸"字有关的词常常与书籍有关。如，"芸编"指书籍，"芸帙"指书卷，用"芸阁"、"芸馆"指代书斋，甚至国家藏书阁也命名为"芸署"，负责校勘书籍、订正讹误的校书郎雅称为"芸香吏"，唐代徐坚的

《初学记》中说:"芸香辟纸鱼蠹,故藏书台亦称芸台。"这些都是从芸香而来。

不过现如今,人们已经很少用芸草了,为了防蠹虫,樟脑丸、檀香片之类已成为人们的首选。对于善于想象与怀旧的文人来说,书香情怀也只是书卷里所蕴藏、积淀的一种说不尽的历史记忆与个人情怀罢了。

古代的"姓"和"氏"是两回事儿

如今说到"姓氏",我们指的就是姓。但是,在古代"姓"和"氏"之间还是有较大的差异的。

原始社会的母系氏族公社时期是最古老的姓产生的时期。通常,如果种族之间有共同的血缘关系,则他们有一个共同的"姓",伴随着"姓"的形成,种族就会很稳定。

进入父系氏族社会后,由姓衍生出来的分支叫作氏。在父系氏族社会,因为人口不断增加,很多新的部落从原来的部落中分离出来,这些部落为了显示出自己与别的部落的差别,就给自己的子部落单独起了一个本部落共享的代号,"氏"也由此发展而来。

"氏"受到历史条件的影响而不断发生变更。到了周朝,"氏"开始飞速地发展。周朝初年,周天子为了能够掌握被征服的广大地区,开始大批量地分封诸侯。而这些诸侯国的后人就以封国名为"氏"。另外,各诸侯国又用同样的方式对卿大夫进行分封,大夫的后人同样以受封地的名称为"氏"。

这样,各种不同形式的"氏"不断出现,并且"氏"的数量远远超过了"姓"的数量。但是仅仅只有贵族才能用"氏",贫贱者有名无"氏","氏"成为贵族独有的标志。

由此可见,"姓"和"氏"实际上包含很重要的信息,因此在古代把"姓"和"氏"严格地加以区别。

在秦汉以后,"姓""氏"合二为一,但仍然以"姓"为主。氏族由于封建宗法制度的崩溃也随之日趋瓦解，战国时期姓氏制度发生混乱是一个最重要的原因。秦统一六国之后，基本上也代表了封建宗法制度的结束，同时旧的氏族及姓氏制度被完完全全废除，"姓"和"氏"也就彻底地合二为一了。

"明日"黄花非"昨日"

"明日黄花"常用来比喻过时的事物。有些人对这个词一知半解，以为"昨日"才代表过去时，用"昨日黄花"才能比喻过了时的事物。所以，在平时我们经常看到有人错把"昨日黄花"当"明日黄花"。可是，"昨日"与"明日"一样吗？这一字之差，意义却有了很大的不同。

《汉语成语词典》解释"明日黄花"也作"过时黄花"。早在宋代胡继宗的《书言故事·花木类》就有说："过时之物，曰明日黄花。"清人程允升在《幼学琼林·花木》中也说："明日黄花，过时之物；岁寒松柏，有节之称。"而对于"昨日黄花"却没有任何可供考证的资料。

"明日黄花"出自北宋苏轼《九日次韵王巩》一诗，诗曰："闻道郎君闭东阁，且容老子上南楼。相逢不用忙归去，明日黄花蝶也愁。"意思是说，如果在九月九重阳节之后去欣赏菊花，那时金黄的菊花已经枯萎，观赏时也就没什么趣味了。苏轼咏叹"明日黄花蝶也愁"，其实是想表达自己怀才不遇的境遇，暗示自己就如同那过时的菊花一样。

由此可见，以"明日黄花"来比喻已经过时的人或事物是有其深刻的文化背景的。我们现在无法考证是否有"昨日黄花"一词。姑且承认有"昨日黄花"一说，那它又表示什么意思呢？菊花是重阳节的时令花，秋季属金，金为黄色，菊花大多数是黄色的，因此农历九月九日的黄花特指菊花，如李白《九日龙山歌》："九日龙山饮，黄花笑逐臣。"按照这样的说法，黄花应该以重阳节为基准了，"今日黄花"是正当时，"明日黄花"已过时，"昨日黄花"正是含苞待放、娇艳欲滴等待人们观赏时的菊花。所以，用"昨日黄花"指代已过时之物是错误的用法。

"忍俊不禁"是指已经笑了

有这样两句话：

身边的外国记者突然忍俊不禁，扑哧一声笑起来。

看到宋丹丹表演的小品，连一向严肃的爷爷也忍俊不禁笑起来。

这两个句子有着明显的错误，因为"忍俊不禁"本来的意思就是已经笑了，它除了有"突然"之意外，还有"笑"的意思，因此在它的后面再加上"笑"，逻辑上就重复了，这是不正确的。

"忍俊不禁"出自唐代赵璘的《因话录》卷五："柜初成，周戎时为吏部郎中，大书其上，戏作考词状：'当有千有万，忍俊不禁，考上下。'"意思是说，（放官印）的柜子刚刚做成的时候，当时周戎为吏部郎中，他模拟考词状的语气，挥笔在柜子上写道："会有成千上万的人来窥视你，并且暗自发笑，探索你的上下。"

所以，我们在使用"忍俊不禁"时，尽量不要出现这种错误。

"七月流火"指的是"天气变凉"

"七月流火"一语出自《诗经·国风·豳风》《七月》篇："七月流火，九月授衣。"意思是说，在农历七月黄昏的时候，如果大火星出现在西边天空，代表着暑热开始消退；到九月时天气就冷了，需要穿厚衣裳了。

但是，七月的天气为什么会变凉呢？据我们所知，一年中最炎热的月份便是七月，天气变凉的开始怎么会是"七月流火"呢？那八九月份呢？八九月的天气总该变凉了吧？其实，"七月流火"中的"七月"指的就是八九月，之所以会产生误会，就是因为人们使用的纪年法不同。

古代生活中用农历（阴历），而我们现在使用的是公历（阳历）。通常来说，农历的七月相当于公历的八九月。这样解释，"七月天变凉"就可以理解了。

那么，"流火"又是什么意思呢？怎么"流火"了天气就变凉了呢？

这里"流火"中的"火"不是我们平时说的"火"，而是指恒星大火星，古代称心宿二，现代命名为天蝎座，是夏季星空里最亮的星座之一，利用它可以确定季节；"流"是移动、落下的意思。"流火"就是大火星向西边落下。

关于"流火"，《辞海》中这样解释："火，星名，即心宿。每年夏历五月间黄昏时心宿在中天，六月以后，渐渐偏西时暑热开始减退。"中国古典文学专家余冠英所著的《诗经选译》说得更直白了："秋季黄昏后大火星向西而下，就叫作'流火'。"

可见，七月流火，指的是大火星西行，天气将寒之意。

"望门投止"被误用

"望门投止"见于《后汉书·张俭传》："俭得亡命，困迫遁走，望门投止，莫不重其名行，破家相容。"意思是说东汉时，宦官侯览擅权专政，他家里人更是仗势欺人，欺凌百姓。张俭便冒天下之大不韪，写信告发了侯览及其家人，但是告发信最终还是被侯览扣下了。侯览反咬一口，向朝廷诬告张俭私结党羽，欲谋不轨。张俭听到此消息后，只好四处逃亡。看到哪家可以避难，就投在谁家门下。张俭一向为人正直，在百姓中声望甚好，老百姓即使冒着风险也愿收留他。直到黄巾起义爆发，汉灵帝下令解除"党锢"，张俭才得以结束逃亡生活。

后来，便有了"望门投止"的成语，形容人在危急情况下，看见有人家就去投宿，求得暂时的存身之处。现在一般用作暂求安身之意，也有急中生智、临机决断的含义。而不是"要去投靠别人，遭到拒绝"的意思。

"文不加点"是指才思泉涌

在中国古代文坛上，出现不少有名的才子。他们才思敏捷，写下无数名篇佳句，同时给后人留下很多典故。"文不加点"的典故就与著名才子祢衡有关。

祢衡，字正平，是东汉末年很出名的才子，他性格刚直，狂傲不羁。因为对曹操的为人很是不满，一再拒绝曹操的召见，曹操虽然心生恼怒，但是惜才不忍心杀他，便罚他做了鼓吏。祢衡不满，便当众裸身击鼓辱骂曹操。曹操非常生气，欲借他人之手杀掉祢衡，将他送与江夏太守黄祖。祢衡终以冒犯黄祖而被杀。

祢衡长于笔札。在江夏的时候，黄祖的长子黄射在洲上宴请宾客，有人献鹦鹉，他为娱乐宾朋好友就让祢衡写赋。祢衡揽笔而作，一气呵成，文不加点，辞采甚丽，《鹦鹉赋》便是如此产生的。萧统曾这样评价祢衡："衡因为赋，笔不停缀，文不加点。"从此留下了"文不加点"这一典故。

所以，成语"文不加点"的"点"是修改、改动的意思，指写文章时一气呵成，没有进行一点修改。现在很多人错误认为"文不加点"的"点"是标点的意思，其实是说不通的。

"蒲柳之姿"是指未老先衰

东晋时期有一位名士叫顾悦，他为人正直守信。扬州刺史殷浩对他的为人十分信任，便给了他极大权力，让他处理州内事务。顾悦很感激殷浩的知遇之恩。为此他天天起早贪黑，长期劳累，很快便未老先衰，才30多岁就满头白发。

有一天顾悦面见简文帝，简文帝知道他与自己年龄相仿，对他的满头白发很好奇，忍不住问道："我们年纪相仿，为什么你的头发比我先白呢？"顾悦回答说："蒲柳之姿，望秋而落；松柏之质，经霜弥茂。"意思是水边的柳树资质比较差，刚到秋天就凋落了；但是松柏质地坚实，经历霜打雨雪反而更加茂盛。顾悦的回答十分巧妙，他没有直接解释自己未老先衰的原因，而是用比较恰当的比喻让皇帝心里得到很大满足，此举让皇帝欣赏他的文采的同时也看重他的人品。

现在有些年轻的女孩用"蒲柳之姿"形容自己，这就有些滑稽了。因为这个词是说未老先衰的模样，并不是形容美丽，也不是形容身材苗条。

"不刊之论"是赞美之意

"不刊之论"，光看字面的意思容易将其误解为贬义词，以为是"不能刊登，不能登大雅之堂的言论"。实际上恰恰相反，"不刊之论"是赞美，是指完全正确的言论。

"刊"是一个形声字，《说文》上解释为"剟也，本义就是砍伐。"引申为削除（错字）、修改，即削去竹简上的错误。这和古代的书写材料有关。古人在竹简上写字，一旦发现差错，就用刀削除写错的部分，然后用笔重新写上正确的文字，这就叫"刊"。

古代把文字工作者称为"刀笔吏"，因为他们的案头经常放着一把刀子，随时要"刊"去书写的差错和修饰文辞。所谓"不刊"就是不容更改和改变。因此"不刊之论"和"不刊之书"等词语都是褒义，是用来称赞图书和文章的。误用者一般是将"刊"字理解为"刊登、发表"的意思了，结果把"不刊之论"当作贬义词使用了。

"惨淡经营"并不指生意萧条

惨淡经营，惨淡是"费尽心思"的意思；经营是"筹划"的意思。惨淡经营是指费尽心思、辛辛苦苦地进行经营筹划。当然也可延伸为在困难的境况中艰苦地从事某种事业。但我们经常把它用于"生意萧条，连年亏损，将要倒闭"等意思上。这是不正确的。

"惨淡经营"出自唐朝杜甫《丹青引赠曹将军霸》:"诏谓将军拂素绢,意匠惨淡经营中。"指的是作画前要先用浅淡的颜色勾勒出轮廓,并苦心构思,精心安排好画面上各部分的位置。后来引申为苦心谋划,从事诗文创作或经营某种事业。

这个成语本来理解起来很简单,之所以会造成误解,主要是因为把"惨淡"当"萧条,不景气"讲。"惨淡"还有一个意思是"尽心尽力,苦费心思"。因此想要准确明白成语的意思,就要了解它的出处和语义,只是望文生义就很容易出错。

"乱七八糟"的"七"和"八"是什么意思

"乱七八糟"是一个经常被人挂在嘴边的成语,我们从字面上就很容易明白它的意思,是指毫无秩序和没有条理,乱糟糟的状态。

但是,"乱七八糟"里面的"七"和"八"指的是什么呢?追本溯源,"乱七八糟"源于我国历史上的两个大事件——"七国之乱"和"八王之乱"。

西汉初年,刘邦为了让皇权更加稳固,铲除了异姓诸侯王,同时又不顾一切地分封同宗诸侯。但结果适得其反。到汉景帝时,汉王朝的中央政权已经受到诸王势力的严重威胁,其中齐、楚、吴三封国将近占了一半的天下。于是景帝听从大夫晁错的意见,采取"削藩"政策。此举让各诸侯王感到害怕,他们决定采取联合一致的态度来对抗中央。吴王刘濞联合楚王刘戊,赵王刘遂,胶东王刘雄,胶西王刘卬,淄川王刘贤,济南王刘辟光以"诛晁错,清君侧"为名,发动叛乱。这就是历史上著名的"七国之乱"。

"八糟"则来源于晋朝皇室内部争权夺利的"八王之乱"。西晋初年,晋武帝司马炎把皇室子弟封为诸侯王。等到晋武帝驾崩之后,由于即位的惠帝昏庸无能,所以司马炎的妻子贾后与辅政的外戚杨骏两人之间开始争权夺利。公元291年,杨骏被贾后设计杀死,汝南王司马亮辅政。这便是历史上有名的"八王之乱"的开始。接着惠帝被废,再复位,后又被俘,直到永熙元年(306年)被毒死,怀帝即位,这场政治动乱才算结束。汝南王亮、楚王玮、赵王伦、齐王冏、成都王颖、长沙王乂、河间王颙、东海王越等八个诸侯王都先后参与了动乱，共历时十六年。

"乱七八糟"这个成语便是由这两个故事组合而成。

"卖关子"卖的是什么

现在提起"卖关子"，会想到是在紧要关头故弄玄虚使对方着急，以引起对方的兴趣。可在古代，"卖关子"其实不代表故弄玄虚。这里面还有一个故事呢。

唐代，有个人叫作李逢吉，倚仗自己是皇亲国戚，肆无忌惮地卖官鬻爵，无所不为。在他的手下，又聚集了张又新、李续子、李仲言、李虞、姜洽、刘栖楚、张权舆、程者范等一群奸佞之臣，在这八人之下，还有八名擅长奉承附会之人，共计有十六人之多。这些人欺压百姓，无恶不作。

一般官员进京，如果有事要见李逢吉，必须得先过这群人的关口。由于这个原因，他们引得朝廷上一些正直的官员以及老百姓们侧目而视，并称他们为李逢吉门下的"八关十六子"。想通过他们的关口，需要先行贿赂，否则事必然不能办成。后来，这群奸佞之人，更是花样翻新，将求什么事该送多少财礼，都明码标价。找李逢吉，无论办什么事，都要先来买关子，关子买得通，事情便办得成。

这群"卖关子"的人真是令人发指，"卖关子"一语也由此流传开来了。

而"关子"一词，也有另一种解释。南宋绍兴元年（1131年），因婺州屯兵的需要，印造有货币职能的票据想要筹措军费，商人用现钱在婺州换取"关子"，然后到设在临安的榷货务兑换铜钱或者盐引、茶引等。这也算是一种货币单位。

由此来看，古代的"卖关子"和现在的"卖关子"还是有很大不同的。

"巧夺天工"赞的是人工

"巧夺天工",夺,胜过。意思是人工技艺的高超,远胜于天然形成的精巧。"巧夺天工"来自一个有名的典故。

袁绍的二儿子袁熙的夫人名叫甄氏,公元 200 年袁绍在官渡之战中被曹操打败,不久吐血而亡。不久公孙康杀死他的次子袁熙。曹操的长子曹丕破邺城后进入袁府,见到甄氏即被她的美貌所惊呆,不久,曹丕禀明曹操,派人把甄氏接到自己府里,宠爱无比。曹丕称帝后,把甄氏立为皇后。甄氏为了让曹丕长久地宠幸自己,每天都按照一条蛇的样子梳头,且一天一个样没有重复的,后宫的人称为"灵蛇髻"。甄皇后的头发虽然是人动手梳成的,但梳的头发的精致巧妙无可匹敌,一次曹丕见了,称甄氏的头发为"巧夺天工",对她宠爱更胜以往。这就是"巧夺天工"一词的来历。

可见,"巧夺天工"是用来形容人工的精巧。

"大传"和传记无关

不知从何时开始,只要是名人的传记都称为"大传",如,《秦始皇大传》《武则天大传》《蒋介石大传》……好像但凡是名人就必须配上"大传"。有了这样的思维,"大传"满天飞也就没有什么奇怪的了。但是,实际上这种用法是不正确的。

在传统文化中,差不多每个名词都有它自己固定的意思,譬如内传、外传、内篇、外篇、大传等。仅仅根据字面意思去理解,往往会南辕北辙。

通常来讲,解释经义的文字叫"内传",如《韩诗内传》。有时人物传记也称为内传。"外传"相当于现在的外编。《国语》一直就被当作"外传"的,因为它弥补了《左传》的不足,一直作为《春秋》的外传。而《左传》一直被称为《春秋》的"内传"。有时,为一些史书中所不记载的人物立传,或者在正史之外另为一个人物作传，记录正史之外的野闻趣事，也可称为"外传"，如《汉武帝外传》、《赵飞燕外传》等。

所谓"内篇"、"外篇"，也有很大不同：通常来讲，内篇是表达全书宗旨的，外篇是对全书主旨内容有所发挥的。与上面的诸词相比，"大传"的意思则单一些。"大传"是《礼记》第十六篇的篇名，孔颖达对"大传"的解释是："名曰'大传者'，以其记祖宗人亲之大义。"另外，到汉朝初年，《尚书大传》也被简称为"大传"。

由此可见，"大传"和"伟大的传记"根本不能画等号，动不动就来个某某"大传"，只能说明没有理解"大传"的真正意思，仅仅是望文生义罢了。

"劳燕"本就"分飞"

我们常把夫妻分别称作"劳燕分飞"，亲人天各一方也称作"劳燕分飞"，不管是形容什么的"劳燕分飞"，里面总包含着不得已和惋惜的感情。我们也经常根据字面意思，认为"劳"就是辛劳的意思，"分"是纷纷的意思，整个成语就是"辛劳的燕子纷纷飞走"的意思。这是一种错误的理解。

《汉语大词典》对"劳燕分飞"这样解释："《乐府诗集·杂曲歌辞八·东飞伯劳歌》：'东飞伯劳西飞燕，黄姑织女时相见。'后人就以劳燕分飞比喻别离之苦。"可见，劳指"伯劳鸟"，"劳燕"分指伯劳和燕子两种鸟类。《汉语成语词典》中也明确列出："'劳'不能解释作'劳苦'。"

至于"劳燕分飞"中的"分飞"是指"劳"和"燕"分别飞去不同的方向，而不是"纷飞"。王实甫的《西厢记》中就有说："他曲未通，我意已通，分明伯劳飞燕各西东。"说的是通常伯劳和燕子相遇后，他们在对方的身份被确认后，或往东或往西，出现在天空中景象是一种分别的姿态。伯劳东去，燕子西行，它们或是匆匆，或是急急，一瞬间的相遇改变不了它们飞行的姿态，有不得已，也有惋惜。因此，相遇总是匆匆，离别总是太急。所以，我们常用"劳燕分飞"来表示别离。

美事何须"染指"

"染指"这个词在商业或者一些体育报道中,经常见到有人滥用或者误用,比如,"四名选手中,除张怡宁外,都未曾染指过世锦赛的单项冠军",就是典型的误用。

"染指"一词,出于《左传·宣公四年》:"楚人献鼋于郑灵公,公子宋(即宋子公)与子家将见,子公之食指动,以示子家,曰:'他日我如此,必尝异味。'……及食大夫鼋,召子公而弗与也。子公怒,染指于鼎,尝之而出。""鼋"即绿团鱼,一种鳖科爬行动物;另一解释为蜥蜴。子公以"食指动"来向子家表示鼋的美味,但当大家都在享用这种美味时,公子宋的桌案上什么也没有,这让公子宋很是生气,便走到大鼎面前,伸出指头往里蘸了下,尝了尝味道,就大摇大摆地走了。这就是"染指"的来源,后以"染指"来比喻牟取不应得的利益,分取非分利益,带有明显的贬否之意。

而在例子中,"染指"带有"夺取"的意思,而"染指"本身却是个贬义词。这里贬词褒用,感情色彩上出现"倒挂"现象,未免会贻笑大方。只有在"求非分之得"这个意思上,用"染指"才是最适合的,比如"某某跨国公司企图以倾销来染指市场"。

"人面桃花"不是指相貌

我们一提到"人面桃花",就会想到是形容人的脸庞如桃花般美丽。而实际上并不是这个意思。"人面桃花"出自唐代孟棨在《本事诗·情感》中记载的一个浪漫故事。

唐代某年的清明节,书生崔护一个人去长安城南的郊外游玩。走到一株桃树下,崔护感觉口渴,便走向附近的一家庄园。走到门前,他轻叩门扉后,一位姑娘打开了门,在一片桃花的映衬下,姑娘显得娇美动人。姑娘见崔护年少俊美,仪态非凡,二人对视之下，不由粉面羞红。问清来意后，姑娘含情脉脉地递上一杯热水，崔护接过一饮而尽。

转眼到了第二年的清明节，崔护想到那位姑娘，突然生出强烈的思念之情。于是直奔城南，但到那里一看，门庭庄园虽然和以前一样，桃花依旧粉艳娇红，大门却上了锁，也找不到思念的人。此情此景让崔护很是怅然若失，于是他在门上题诗《题都城南庄》，诗曰："去年今日此门中，人面桃花相映红。人面不知何处去，桃花依旧笑春风。"这首诗表达了不经意间偶遇美好事物，又在不知不觉中失去的茫然怅惘的心情。后来，人们便以"人面桃花"来表达爱恋的情思。

北宋词人柳永有《满朝欢》一词，词曰："人面桃花，未知何处，但掩朱扉悄悄。尽日伫立无言，赢得凄凉怀抱。"这里的"人面桃花"用来泛指爱恋而不能相见的女子。元代散曲家刘时中在《嘲天子》中写道："杨柳宫眉，桃花人面，是平生未了缘。"这里的"桃花人面"指的是一种未了情，这种未了情只能用时光去追怀了。

综上，"人面桃花"指的是一种感情，常用来比喻男女邂逅，随之分离以后，男子追念旧情的一种情思。现实生活中，"人面桃花"说的不是相貌，也不是指人如桃花一般美丽。

"三甲"不是指的"前三名"

报纸上见到很多"跻身三甲之列"、"与三甲无缘"的用法，都把"三甲"当成了"前三名"来理解。其实，这是一种误解。

封建科举制度是最早用"三甲"来表示名次排列的。科举制度创始于隋唐，到宋代得到了更好的发展，宋朝开始放宽录取和任用范围，并增加录取名额。将进士分为三等，称为"三甲"。《宋史·选举志一》："(太平兴国) 八年 (983年)，进士诸科始试律义……明年 (984年) 进士始分三甲。"明清两代沿袭这种制度，自此开始成为定制。第一甲仅限三人，"赐进士及第"；第二甲"赐进士出身"；第三甲若干人，"赐同进士出身"。可见，"三甲"是科举考中了进士的等别分类，是指"三个等别"，而不是指"前三名"。所以，现在把"三甲"当成"前三名"的用法，属于曲解，是不正确的。

第十章 三教九流

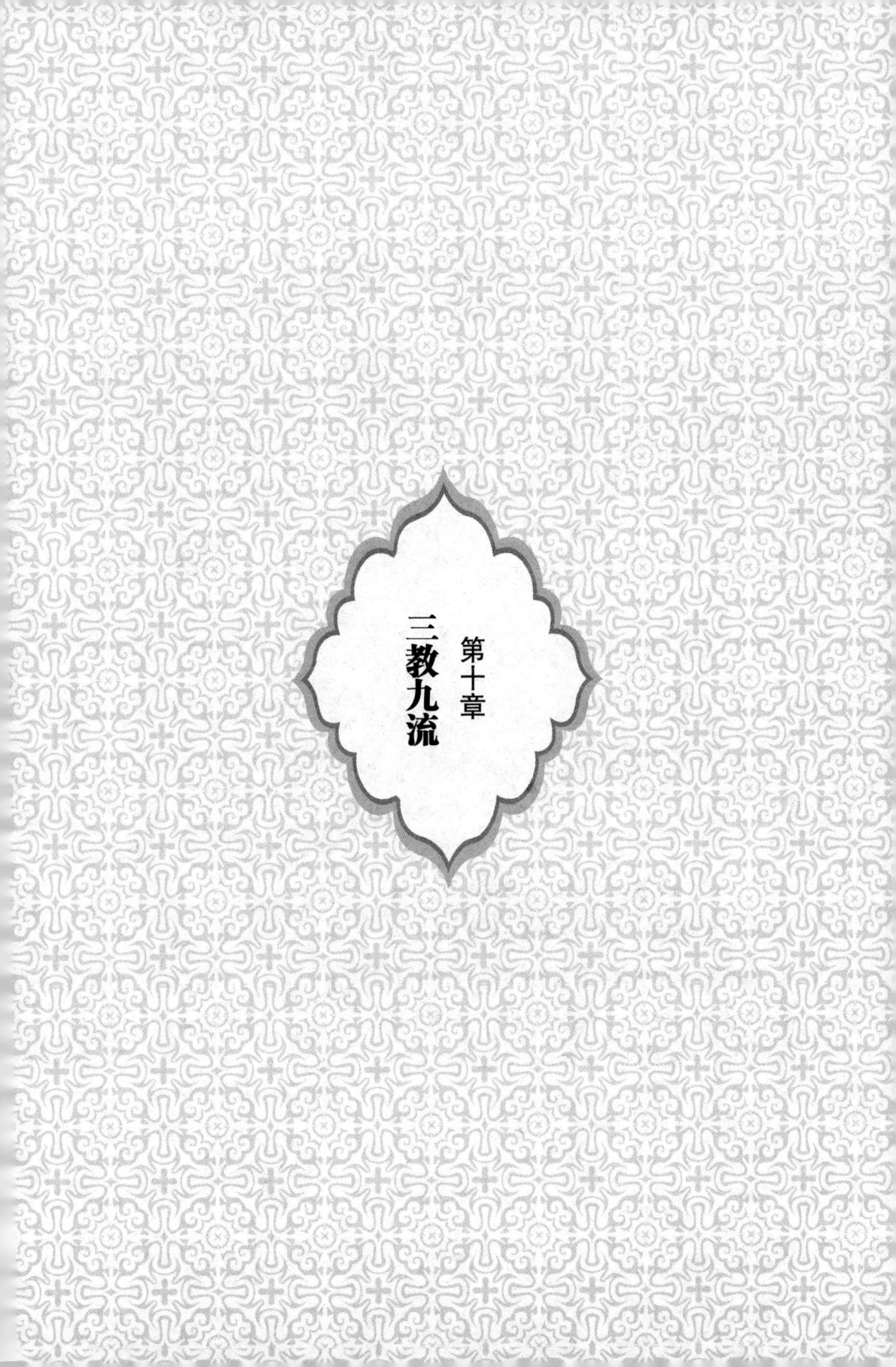

什么是三教？什么是九流？本章阐述了中国传统三大宗教的起源、教义、重要人物及其影响。同时，选取了一些最典型的古代职业及其行业中的著名人物，以客观的态度来探讨社会职业的文化内涵，集知识性和趣味性于一体，雅俗共赏。

"三教九流"原本指的是职业

对于"三教九流"这个词，一般我们会想到的是指过去下层社会闯荡江湖从事各种行业的人，多含有贬义。但是，"三教九流"的说法到底是如何出现的？指的是哪些人呢？

实际上，"三教"指的是儒教、佛教、道教。"三教"排列顺序的先后，始于北周建德二年（573年）。《北史·周高祖纪》："帝（武帝宇文邕）升高座，辨释三教先后，以儒教为先，道教次之，佛教为后。"

最初的"九流"，指的是先秦的九个学术流派，见于《汉书·艺文志》。这九个学派是指儒家、道家、阴阳家、法家、名家、墨家、纵横家、杂家、农家。后来，"九流"被用来代表社会上的各行各业，在"九流"中，又分为"上九流"、"中九流"、"下九流"。

"上九流"是：帝王、圣贤、隐士、童仙、文人、武士、农、工、商。

"中九流"是：举子、医生、相命、丹青（卖画人）、书生、琴棋、僧、道、尼。

"下九流"是：师爷、衙差、升秤（秤手）、媒婆、走卒、时妖（拐骗及巫婆）、盗、窃、娼。

可见，"三教"和"九流"的名称，开始不是贬义，这个名称仅仅是对不同人群的概括称呼而已。自唐人撰《春秋谷梁序》中，把"九流"和"异端"并列在一起，加之佛教、道教里面出现了很多迷信的成分，后人便用"三教九流"来泛指社会上那些形形色色、各行各业的人物，从此含有贬义了。

老子是不是太上老君

老子，姓李名耳，生活在春秋时期，是道家学派的创始人。老子主张"无为"，这一朴素的思想对中国历史产生了深远的影响。相传，老子本是周朝史官，后来，他骑青牛出函谷关，在那里写下《道德经》一书。《道德经》是我国历史上一部成系统的哲学专著，也是道家思想的主要来源。相传，孔子曾求学于老子。孔子对老子的学问非常仰慕，说老子的思想像神龙一般，难以把握。老子所著的《道德经》，至今已经被翻译成一千多种语言，在世界各地广泛流传。

老子在春秋时期只是一个思想深邃的普通人，东汉时期人们开始把他神化。东汉时期，张陵（即张天师）创立了五斗米道，为了和佛教对抗，他尊奉老子为祖师，并尊称老子为太上老君。因此，老子被称为"太上老君"是东汉之后才有的事情。

随着时间的推移，到了唐朝，老子的地位更加尊贵。因为唐王朝的开创者姓李，因此他们尊奉老子为先祖，"太上老君"的称号也一直沿袭下来，直到今天。

道家和道教有何关系

道家和道教之间有着密不可分的关系，譬如，两者都尊崇老庄，但它们又有显著的区别。道家思想是一种哲学派别，而道教则是一种宗教信仰。

道家思想形成于春秋时期。西汉初期，统治者采取"无为"的治国策略，非常推崇道家思想。一直到东汉末年，老庄才和神仙崇拜结合起来，这其实是后人的附会。老子和庄子对待死亡的态度都相当平静，他们不追求长生不老。道教尊老子为宗，又追求长生久视、长生不死，这和老子的哲学思想有相悖之处，将两者完全混为一谈是认识上的误区。东汉时期以道家思想为本的王充著有无神论作品《论衡》，对汉末流行的神仙崇拜进行了全面批判，在中国思想史上获得了很高地位。在西方，道家与道教被统称为 Taoism，以 Religious Taoism（道教）和 Philosophical Taoism（道家）将他们区分开来。西方学者普遍认为道教是纯哲学的道家思想进行宗教化的产物，而道教信仰者则认为道教和道家在思想上是互补的。

唐三藏果真去西天取经了吗

唐僧，就是唐三藏，本名玄奘。因其精通经、律、论三藏，通晓佛教经典，因此被人们尊称为唐三藏。

三藏法师小时候就潜心向佛，他在各地游历的途中看到百姓的许多疾苦，他认为只有佛法才能够拯救这些处于水深火热中的百姓，但当时通行的佛教经典不够完整，在很多方面都有欠缺。鉴于这一欠缺，他萌生了西行取经的想法。唐代贞观三年，即公元629年，他历尽千难万险前往天竺取经求法，前后耗费17年，学习了天竺当时的大小乘学说，并带回许多经典。回唐朝之后，他又花了19年时间对这些佛经进行翻译。

唐太宗听闻之后很感兴趣，玄奘就在回忆中写下了《大唐西域记》，四大名著之一《西游记》就是以这部书为主要模板编写而成的。后来，通过《西游记》这本书，玄奘成为家喻户晓的大师，玄奘不仅对我国佛教发展做出了卓越贡献，还促进了中印两国的文化交流。现在所说的"西天取经"的故事，并不是像《西游记》中描述的那样，真的去了西天，而是指古印度，即佛教的发源地，佛祖释迦牟尼的故乡。

列子为何被尊称为冲虚真人

列子是我国先秦时期著名的思想家之一，他毕生致力于道德学问，曾经向关尹子、壶丘子、老商氏、支伯高子等高人学习。他在郑国隐居四十年，淡泊名利，清静修道，主张"无为而治"。他有很多著作，可惜大都失传。著名的寓言故事《愚公移山》《夸父追日》《杞人忧天》都出自他的笔下。

庄子很推崇列子心胸豁达，宠辱不惊的品格，在《逍遥游》中说他贵虚尚玄，修道炼成御风之术，能够御风而行，常在春天乘风而游八荒。李唐王朝建立之后，皇室遥尊老子为始祖,道家学说在当时受到人们的足够重视。唐玄宗本人很喜欢列子,就封他为冲虚真人,他写的书为《冲虚真经》。"冲虚"是恬淡虚静之意,表示列子的高尚品格。

孙武的军事思想对后世有何影响

孙武,字长卿,被尊称为孙子,生活于春秋时期。他是我国历史上最著名和影响最为深远的军事家。他曾经率领吴国军队大破楚军,占领了楚国国都郢城,差点就灭了楚国。他著作的《孙子兵法》,被后世历代军事家推崇,被誉为"兵学圣典",被译为英文、法文、德文、日文等多种语言文字,是国际上最著名的兵书之一。

孙子的军事思想对后世的影响是不言而喻的。他写作的《孙子兵法》是很多著名军事家的必读作品。他的军事思想还受到一些封建帝王和国家领导人的推崇。曹操潜心研读了许多兵法,最后说:"吾观兵书战事多矣,孙武所著深矣。"意思是说,我看了很多兵书,写得最好的,分析问题最为深刻的是《孙子兵法》。唐太宗也很推崇《孙子兵法》,他对手下名将李靖说:"观诸兵书,无出孙武。"新中国开国领袖毛主席在《中国革命战争的战略问题》一书中,对孙武的"知彼知己,百战不殆"军事观点给予了极高的评价,并认为孙武是中国的大军事家。

《孙子兵法》对后世的影响不仅仅表现在军事上,也表现在现代商业上。当下,《孙子兵法》被很多成功商人列为必读书目。

苏秦的合纵有怎样的外交技巧

苏秦的合纵策略是针对张仪的连横提出来的。简单来说,合纵就是试图联合许多弱国来抗衡一个强国,防止弱国被强国吞并。而连横则是依靠一个强国去攻打另外一些弱国,从而达到吞并土地,扩张势力范围的目的。张仪曾经游说山东六国,想让六国和秦国结成联盟，兼并其他小国。秦国在西方，六国在东方，东西相连，因此称为连横。

后来，秦国和齐国逐渐崛起，同时其他五国逐渐国运衰微。在这一历史大背景之下，苏秦提出了合纵的外交策略。所谓合纵，是从地域上来讲，当时的弱国是以韩赵魏三国为主，北连燕，南连楚为纵。合纵既可以对西面的秦国，也可以对东面的齐国。从策略上来讲，合纵是联合起弱小的国家来共同抗衡一个强国，阻止强国兼并。

客观说来，苏秦的这一策略对于遏制秦国东进和齐国西进起到了一定的作用。因此，在秦赵长平之战后，赵国衰落。秦国东进没有了最大的障碍，山东六国采用苏秦的合纵，苏秦身配六国相印，集山东六国之力合力抵抗强秦东进。

是邹衍创立了阴阳学吗

阴阳学的全称是"阴阳五行学说"，形成于战国时期。而"阴阳"观念的提出，则要早很多，可以追溯到伏羲。相传，伏羲演八卦，其中就提到了"阴阳"，最早记载于《易经》。"五行"的概念则最早记载于《尚书》。

"阴阳"和"五行"这两个概念最初是相互独立的，到战国时期，才逐渐融合，形成一种新的思想，这就是以"阴阳消长，五行转移"为理论基础的宇宙观。阴阳家利用阴阳五行学说来解释社会人事的变动，在战国时期影响很大。

邹衍是阴阳家的代表人物。他博学善辩，人称邹子。他曾经受到过魏国霸主魏惠王，战国四公子之一平原君和燕国明君燕昭王的礼遇。因为年代久远且史籍大多湮没，因此，关于他的生平事迹，已经很难找到史料记载。邹子是阴阳学的代表任务，但他并不是创始人。阴阳学是一门古老的学说，它产生的年代要远远早于儒学，因此，真正的创始人已经不可考了。

古代师爷没有地位吗

古代将帅出征在外，没有固定的办公场所，就以幕为府，幕就是我们熟知的帅帐。后来被称为幕府，在幕府里处理公务的人统称为幕僚，俗称师爷。师爷是政府部门的辅助人员，实际上并没有官衔和职称，也不在政府编制体制之内。师爷大多都由政府官员自己延请，薪酬也由政府官员自己支付。

师爷起源于周官幕人，自此之后，历代均有延伸。这和中国的教育体制有千丝万缕的关系。我国古代教育以儒家经典学说为主，学的都是做人和主政的大道理，而很少去学习如何处理政务等细小琐碎的事务的能力。因此，有的人可能科举成绩非常优异，但真当官了处理政务却一窍不通。为了处理政务，政府官员不得不自己花钱请一些经验丰富的人才来帮助他们处理政事。这些人就是师爷的主要来源。

到了明清时期，师爷在历史舞台上非常活跃。著名的文学家徐渭，近代伟大的民族英雄林则徐，乃至晚清时期赫赫有名影响中国历史发展的李鸿章都曾经做过师爷。因此，师爷在古代的地位虽然并不特别崇高，但也决不卑下。

师爷不是朝廷认可的官僚，到了晚清时期，张之洞请求革除师爷制度，师爷的两千多年历史就此终结。

春秋战国时期为何刺客盛行

春秋战国时期，刺客盛行，最为出名的有四大刺客，他们是：要离、专诸、聂政、荆轲。专诸受吴王阖闾嘱托刺杀吴王僚，他在太湖边隐居了三个月，向当地渔民请教如何将匕首藏在鱼腹里，后来成功地将匕首藏在鱼腹里，顺利完成阖闾交给他的任务。吴王阖闾在吴国称王之后，公子庆忌外逃，对阖闾构成了潜在威胁。他又请要离作为刺客，要离残身灭家，获得庆忌信任，最后成功刺杀了庆忌。聂政受豪富严遂所托，成功刺杀了侠累。荆轲的故事家喻户晓，直到现在还流传着"风萧萧兮易水寒，壮士一去兮不复返"的佳话。

刺客为什么在春秋战国时期会如此盛行呢？这和当时的历史大背景有很大的关系。首先春秋战国时期是礼崩乐坏的大争之世，人们为了达到自己的目的可以不择手段，譬如阖闾为了登上王位，就派专诸刺杀吴王僚。其次，当时很多国家都刚刚由分封社会进入封建社会，对禁武没有充分的认识。最后，春秋战国时期，各路诸侯称霸一方，国家兼并战争不断，即使刺杀行动失败了，刺客也可以逃到其他国家，没有后顾之忧，因此刺客很多，刺杀成功率也很高。

绍兴师爷为何备受关注

清代官场有一句谚语叫"无绍不成衙"。意思是说，没有绍兴人当师爷，衙门就很难运作起来。清朝是师爷这一行业飞速发展的时代，其中以绍兴师爷最具代表性。绍兴师爷广泛分布于全国各地的大小衙门之中，形成势力强大的地域性"师爷帮"，他们互通声气，同进同退，排挤其他籍贯的师爷。

绍兴是文化之乡，绍兴师爷普遍文化素养高，做事精细，擅长案牍事务。因此，许多官员在上任之后都喜欢聘请绍兴籍贯的师爷。此外，绍兴人喜欢游历在外，并不过分眷恋乡土，经常在外地久住数年。这也是绍兴师爷备受器重的另一个原因。

清代最有名的绍兴师爷或许是邬思道了。在著名作家二月河代表作品《雍正王朝》中，邬思道先后做了雍正皇帝和田文镜的幕僚，简直就是智慧的化身。在真实历史中，邬思道一直是田文镜的幕僚。邬思道替田文镜写过一份奏折，因为这份奏折田文镜备受雍正皇帝器重。后来，邬思道和田文镜因为一些小事龃龉，邬思道离开了田文镜。不久，田文镜遇到一些无法处理的事务，只好又低声下气地将邬师爷请了回来。由此可见，绍兴师爷确实有超群的本领。

算命是如何起源的

相传，算命起源于伏羲。算命最初叫作占卜，"算命"只是通俗的叫法。伏羲在洛阳看到老马身上的花纹，受到启发，就根据花纹的正反变化画出了阴阳八卦。后来，周文王"姬昌"被商纣王软禁在羑里，无聊之中，他将伏羲的八卦进行了改进，司马迁著作《报任安书》中写道"文王居而演周易"，这就是后世所说的后天八卦。

伏羲所创立的先天八卦是用来测算天文和时间的，能够测算出天象、气候变化等现象。但到了周文王的时代，人们不仅仅希望知道天象和气候，也希望知道自己的命运和未来的事情，因此，文王创立的后天八卦用来测算人一生的命运变化。现在，通常说的算命就是文王所创的后天八卦。

新中国成立之后，算命被当作封建迷信活动被取缔。然而，在街头巷尾仍有不少算命先生，他们靠给人们测八字为生。客观来讲，算命不完全是迷信。有的算命先生真的是料事如神，犹如半仙。也许，他们只是善于观察事物发展总结规律罢了。

商人在古代有什么地位

商人在古代的地位是非常低的。有的商人虽然靠经商能赚到很多钱，但是，统治者不允许他们穿丝绸衣服，也不允许他们住宽敞的房子，更不允许他们乘坐高大的轿。在古代封建社会统治阶级按照职业将人们分成士、农、工、商四等。商人排在末位。

商人的社会地位如此之低，有着深层次的社会原因。简单说来，主要有以下四个方面：第一，历届王朝都采取"重农抑商"的政策，因为统治者觉得商人经商赚钱之后，很可能会威胁他们的统治；第二，中国古代的行政水平还比较低下，对于统治阶级来讲，商人群体比较难管理，因为他们不像农民，政府可以按照田地来收税；第三，商人以经商为业，在全国各地流动，这对于社会的稳定统治构成了威胁；第四，有的商人在赚取大量财富之后，会帮助一些觊觎权力的人密谋造反，颠覆现有的统治阶级，如战国大商人吕不韦花重金资助身在赵国为人质的秦国公子异人，最终影响了历史走向。

晋商为何能够一枝独秀

明清时期的山西商人被称为晋商，他们从事食盐、票号等商业活动，其中以票号最为出名。晋商称雄中国商界长达5个多世纪，可谓"生意兴隆通四海，财源茂盛达三江"。庚子之变，清政府与西方列强签订了丧权辱国的赔款条约，当时国库空虚，情急之下慈禧太后向著名山西商人乔致庸借贷，才渡过难关。晋商的财富，由此可见富可敌国。

晋商在中国商界取得如此巨大的成功，很值得研究。晋商成功的原因主要有两个方面：第一，得天独厚的地理环境与丰富的自然资源：山西拥有全国独一无二的盐池，物产丰富，而且跟河南、山东等产粮大省相邻，又位于东部和西部，南方和北方相接的位置；第二，晋商精神的支柱作用：山西商人能够在一定的历史条件下自觉发扬一种特殊的精神，包括进取、敬业、团结等，他们奋发向上，互相帮助，这就是晋商精神。正是这种精神，让他们勇往向前，取得了让所有人敬仰的成功。

胡雪岩为何被称为"红顶商人"

通常来说，"红顶商人"是对既是政府官员，又是商人的人的俗称，也被称为"官商"。现在，"红顶商人"通常是说那些并不是政府官员，但与政府高层关系良好，可以影响政府政策的商人。

"红顶商人"这个说法起源于清朝。清朝官员的帽子一般是红色的圆锥模样。三品以上同时又从事经商的官员，便被称为"红顶商人"。现在的"红顶商人"通常指的是著名徽商胡雪岩。胡雪岩白手起家，后来赚到了万贯家财，甚至达到富可敌国的地步。他手头上日常周转的资金就可以达两千万两白银之多。清末时期，左宗棠出兵收复新疆伊犁，胡雪岩凭借自己强大的经济实力，为清军的后勤运输保障立下汗马功劳，因此被清政府赏封布政使衔，从二品文官顶戴用珊瑚，赏穿黄马褂。

当代中国台湾著名作家高阳写作出版了长篇历史小说《红顶商人》，描写了胡雪岩一生的兴衰史，这部书让胡雪岩"红顶商人"的雅号传遍大江南北。后来，这部小说被拍成电视剧，"红顶商人"的名号流传得更远了。

张謇为何成为"状元商人"

张謇是清末民初时期民间最为著名的实业家。他16岁考中秀才，此后长时间担任吴长庆幕僚，一直待在朝鲜，直到28岁才回国，他参加科举考中了举人。后来又连续几次参加科举，但一直都没有考中进士。

考场失意的张謇将目光投向了实业。他希望通过兴办实业来拯救国家危亡。在他的苦心经营下，大生纱厂在投产后的第二年就获得了5万两白银的纯利润，第三年10万两；到1908年纯利润累计达到190多万两。他又创办了大生纱二厂，两个工厂在20世纪20年代获得高达两千多万两白银的利润。除了兴办实业之外，张謇还兴办实业教育，正是他创建了我国第一所纺织专业学校。

经商之余，张謇在朋友和家人的督促下，继续参加科举考试。1894年，慈禧太后六十寿辰设恩科会试，张謇高中状元，授翰林院修撰。因为他出身状元，经商也很成功，因此，人们尊称他为"状元商人"。

天下武功是源自少林吗

少林是中华武林的泰山北斗，少林武术博大精深，藏经阁内收集了三十六路拳脚十八般兵器，武功套路高达七百多种。在金庸和古龙的武侠小说中，少林派一直是武林第一大门派。

少林武术发源于河南中岳嵩山少室山下的少林寺。相传，中国禅宗的创始者达摩祖师曾经在少林寺修行，因此，少林功夫又被称为"达摩七十二绝技"。在隋末唐初时期，少林寺的十三个武僧辅助秦王李世民讨伐王世充，立下汗马功劳，备受秦王器重，得到了封赏，李世民下令少林寺可设立常备僧兵，这一举措极大促进了少林武术的发展。

少林武术的起源与发展，跟嵩山的地理位置和政治背景有很大关系。嵩山处于中原地带，西面临近古都洛阳，是通向东南平原地区的咽喉，自古就是兵家必争之地。为了保证寺院安全，许多僧人在寺院修行的同时也练习武术，在和平年代，可以维护少林寺周边地区的社会治安；在动荡年间，他们也能够匡扶正义。此外，除了清朝外，历届政府都许可少林寺常备僧兵。

少林寺是禅宗祖庭之一。禅宗六祖惠能主张佛教世俗化，在这种理念的影响下，吸引了许多人到少林寺修佛习武，他们中有的人出家为僧，另一部分则是俗家弟子，他们学成武艺之后就离开少林寺。正是这些俗家弟子将少林武术带到全国各地。客观来讲，确实有很多武术是从少林武术里面变化得来的，但并非全部。"天下武功源自少林"只是表明少林武术的博大精深和少林寺对中华武术发展做出的卓越贡献，并非实指。

镖师李尧臣如何名震江湖

李尧臣生活于清末民初，是我国著名的武术家和镖师。他早年曾拜师学太极拳，后来在会友镖局当镖师。在此期间他走南闯北，见多识广，功夫大进。他还教过著名的京剧大师梅兰芳和杨小楼学剑。

李尧臣在会友镖局先后供职27年。后来，会友镖局解散，他就在北京天桥水沁亭开设武术茶社，借此来弘扬中华武术。他武艺高强，忠肝义胆，很有民族气节。抗日战争之前，国民党29军副军长佟麟阁曾经专门聘请他教士兵们刀法，李尧臣欣然应允。29军的战斗力提升了一大截。

后来，暗探向日本人告密，他被日伪警备司令部逮捕。当时，一个懂得柔道和八卦掌的日本军官武田西，执意要和他比武。倘若他赢了，就可以走人；倘若输了，就要给武田西磕头拜师。结果李尧臣两次把这个日本人打倒在地，日本人只好把他给放了。

新中国成立之后，他曾多次受到毛主席等党和国家领导人的亲切接见，并授予他"人民武术家"的光荣称号。

武训也是一个乞丐吗

武训是中国历史上一个大名鼎鼎的乞丐。

清朝末年，民不聊生，一个叫作武行七的人，7岁丧父，不但无法上学，就连生计也很困难，只好靠乞讨过活。在他14岁之后，多次给别人当佣工。雇主欺负他不识字，就用假账欺骗他，说3年的工钱都已经支付完。武行七和雇主争辩，反而遭到毒打。因为不识字吃亏，他不甘心，就决心行乞办学。他在20岁的时候当了乞丐。30岁的时候，他已经在馆陶、堂邑、临清三县买了300多亩地。

公元1888年，他和杨树坊在堂邑柳林镇创办崇贤义塾。第二年，他又和了征和尚在馆陶杨二庄创办义塾。公元1896年，他和会门首领施善政在临清镇创办义塾。他的这些行动感动了当地百姓，当地百姓奏请政府给予他奖赏。清政府调查清楚后，正式封他为"义学正"，并赐给黄马褂和"乐善好施"匾额，准予建立牌坊。此外，政府还赐给他一个名字叫作"训"，从此之后，他就被人们尊称为"武训"。

他死后，清政府专门为他建立了祠堂，一直保存到现在。武训先生的办学精神也影响着现代人，历来受到世人的景仰。

"生旦净末丑"指的是什么

传统中国戏曲中把人物角色分为生、旦、净、末、丑五类。近代以来，不少传统剧种的"末"行逐渐转入"生"行，因此，戏曲人物的角色又分为生、旦、净、丑四种类型。下面将对这五种角色进行简单介绍。

"生"指男性角色，分为老生、小生和武生。老生以唱工为主，代表人物是周信芳；小生指青年角色，又可以细分为巾生、穷生和官生，著名的代表人物有姜妙香，俞振飞和叶盛兰；武生指扮演会武艺的戏剧角色的人物。

"旦"指女性角色，按年龄大小可分为老旦和小旦；按性格分青衣和花旦；按武功分为武旦和刀马旦。梅兰芳、程砚秋、尚小云和荀慧生是现代京剧界享有盛名的四大名旦。

"净"也叫花脸，角色脸上通常涂抹大量色彩，脸上涂抹的颜色是性格和相貌有特点的男性角色，譬如红色代表忠义，白色代表奸佞，黑色代表铁面无私。

"末"在传统戏曲中通常指中年男性角色。

"丑"指相貌丑陋的角色，通常在鼻子处勾画一块白，因此称为"小花脸"。丑又可以分为"武丑"、"文丑"和"一般丑"三种，丑角增加了戏曲的趣味性。

什么人能做私塾先生

在古代中国，私塾先生的地位虽然不高，但是要做私塾先生并非易事，需要很高的标准。通常来讲，私塾先生除了品行端正和学问渊博之外，还要有丰富的教学经验。

一般来讲，最低级也得是秀才才能出任私塾先生（特别贫穷和落后的地方除外）。因此，鲁迅先生笔下的孔乙己就没有人聘请他去私塾教书，根本原因就是因为他没能考中秀才。

对于绝大多数的私塾先生来讲，要教好学生，获得良好的教学声誉是很不容易的。为了让学生早日考取功名，私塾先生很多时候依靠打和体罚。因此，教鞭与戒尺就成为私塾先生必不可少的教学工具。一般说来，只要不是"打"得太过分，家长是不会反对的。而且，很多家长是希望私塾先生严厉对待学生的，他们相信"严师出高徒"。

古代媒婆都是专职的吗

在封建社会的古代中国，人们将那些以说合婚姻为主要职业或者兼职的妇女称为媒婆。媒婆这一职业历史悠久，在古代中国的婚姻中发挥了不可替代的作用。

媒婆可以分为官媒和私媒两种。在古代我国许多朝代都设有官媒工作人员，让她们来管理普通百姓的婚姻。所以，媒人有时也被人们称作官媒。官媒通常从政府领取相应的俸禄。官媒的主要职责包括：记录新生婴儿的出生年月和姓名；通知成年男子按时结婚；在每年农忙之前，提醒青年适龄男女及时结婚，等等。官媒除了本职工作之外，同时也替当地的私人婚嫁做中介。

不过，私媒在老百姓的婚姻中起主要作用，私媒是媒人的主要形式。私媒是相对于官媒而言，她们并不以介绍婚姻为主要职务。私媒通常有自己固定的工作，譬如纺纱织布，她们在本职工作之余为他人做媒牵线。在私媒中，比较成功的是那些从事多种职业的妇女。因为她们有机会经常在各家之间走动，了解各家情况，对于婚嫁的需求了如指掌，因此，她们为别人做媒担保也容易得到信任，非常方便。

由此可见，媒婆并非都是专职的。

管仲是"娼妓业"的鼻祖吗

娼妓在现在是非法的，但在古代却是一种合法的，政府予以承认和支持的机构而存在。据史籍记载，我国春秋时期著名的政治家管仲开创了娼妓合法化的先河。

管仲是齐桓公时期的齐国丞相，他执掌相位时期，设立了"女闾"。所谓"女闾"，就是现在所说的妓院，因此，可以说，管仲是中国历史上第一个设置官方妓院的人。"女闾"的设立开创了我国经营娼妓业的先河。那么，作为大政治家的管仲，为什么要专门设立妓院呢？据说，他想达到四个目的：第一，增加国家财政收入；第二，缓解及调和社会矛盾；第三，招揽四方人士，用美女替齐桓公网罗人才，以此达到齐桓公称霸天下的雄心壮志；第四、将众多的美女集中到一起供齐桓公享乐。

在这四个目的中，最主要的目的是为了从"女闾"收税来扩充军费。管仲设立妓院，或许只是一时的想法，但这一举措对我国后来的公共制度产生了深远影响。即便是在当时，其他国家也纷纷效仿齐国，在自己的国家将娼妓合法化，以此来增加国家税收提升国力。在当时的历史背景下，在东部霸主齐国，娼妓并不像现在这样见不得光，相反在丞相管仲的庇护下，明目张胆，正大光明。或许就是出于这种原因，后世的妓女们都将管仲奉为"保护神"。

图书在版编目(CIP)数据

国学小书院:古文化常识速读本 / 李微微著.—北京：中国华侨出版社,2015.8

ISBN 978-7-5113-5616-1

Ⅰ.①国… Ⅱ.①李… Ⅲ.①国学–通俗读物 Ⅳ.①Z126-49

中国版本图书馆CIP数据核字(2015)第191486号

国学小书院:古文化常识速读本

| 著　　者 / 李微微
| 责任编辑 / 叶　子
| 责任校对 / 孙　丽
| 经　　销 / 新华书店
| 开　　本 / 787毫米×1092毫米　1/16　印张/22　字数/378千字
| 印　　刷 / 北京建泰印刷有限公司
| 版　　次 / 2016年3月第1版　2016年3月第1次印刷
| 书　　号 / ISBN 978-7-5113-5616-1
| 定　　价 / 38.00元

中国华侨出版社　北京市朝阳区静安里26号通成达大厦3层　邮编:100028
法律顾问:陈鹰律师事务所
编辑部:(010)64443056　　64443979
发行部:(010)64443051　　传真:(010)64439708
网址:www.oveaschin.com
E-mail:oveaschin@sina.com